Ragnar Jónasson & Katrín Jakobsdóttir • Reykjavík

Ragnar Jónasson
Katrín Jakobsdóttir

REYKJAVÍK

THRILLER

Aus dem Englischen
von Andreas Jäger

btb

Dieses Buch ist Agatha Christie gewidmet,
die in uns beiden die Begeisterung für Kriminalromane weckte.

Die wichtigsten Personen

Lára Marteinsdóttir	1941–?
Valur Róbertsson	Journalist bei der Zeitung *Vikublaðið*
Sunna Róbertsdóttir	Literaturstudentin, Valurs Schwester
Margrét Thorarensen	Politikstudentin, Valurs Freundin
Jökull Thorarensen	Rechtsanwalt, Margréts Vater, ehemaliger Justizminister
Nanna Thorarensen	Rechtsanwältin, Margréts Mutter
Gunnar Gunnarsson	Theologiestudent, Freund von Valur und Sunna
Katrín Guðjónsdóttir	Margréts Freundin, arbeitet beim Statistikamt
Kamilla Einarsdóttir	Sunnas Vermieterin
Kristján Kristjánsson	Polizist
Guðrún Reykdal	Kristjáns Frau
Snorri Egilsson	Polizist
Dagbjartur Steinsson	Herausgeber und Chefredakteur des *Vikublaðið*
Laufey Karlsdóttir	Dagbjarturs Ehefrau
Baldur Matthíasson	Journalist beim *Vikublaðið*
Sverrir und Kiddi	Mitarbeiter des *Vikublaðið*

Óttar Óskarsson	einflussreicher Rechtsanwalt, der Lára als Haushaltshilfe einstellte
Ólöf Blöndal	Óttars Ehefrau
Þórdís Alexandersdóttir	Schauspielerin
Finnur Stephensen	Großhändler, Þórdís' Ehemann
Páll Jóhannesson	Stadtrat
Gunnlaug Haraldsdóttir	Págalls Ehefrau
Elísabet Eyjólfsdóttir	Págalls Sekretärin
Högni Eyfjörð	Bauunternehmer
Marteinn und Emma	Lára Marteinsdóttirs Eltern

Hinweise zur Aussprache der isländischen Namen auf Seite 350/351.

ERSTER TEIL

1956

6. August

Der graue Hut flog aufs Meer hinaus.

Kristján war aus der kleinen Kabine ins Freie getreten, um den Blick über die Faxaflói-Bucht zu genießen und die Insel näher kommen zu sehen, eine kleine grüne Erhebung vor dem Hintergrund der Berge. Als die Windbö den kleinen Fischkutter traf, hatte er schnell reagiert, aber nicht schnell genug, sodass er anstatt seines Huts nur Luft zu fassen bekam. Obwohl er es nie offen ausgesprochen hätte, fand er, dass es Schlimmeres gab als diesen Verlust – der Hut, ein Weihnachtsgeschenk von seiner Verlobten, hatte eigentlich nicht so richtig zu ihm gepasst. Jetzt hatte er einen Vorwand, sich einen neuen zu kaufen.

Zwar würde er nun seinen Besuch auf Viðey, der Insel direkt vor der Küste bei Reykjavík, ohne Kopfbedeckung absolvieren müssen. Aber was machte das schon, wenn das Ganze ohnehin wahrscheinlich reine Zeitverschwendung war? Kristján war noch keine dreißig und wurde normalerweise nicht mit irgendwelchen wichtigen Aufgaben betraut, aber an diesem langen Augustwochenende – am Montag war Kaufmannstag, ein Feiertag – war sein Vorgesetzter verreist.

Hier auf dem Boot allerdings, unter dem bedeckten Himmel und ohne Schutz vor dem böigen Wind, hatte man das

Gefühl, dass der kurze isländische Sommer schon vorbei war. Da es keine regelmäßige Fährverbindung zur Insel gab, hatte Kristján improvisieren und einen Bekannten, einen alten Fischer, bitten müssen, ihn überzusetzen.

»Wir sind schon fast da«, rief der Bootsführer jetzt mit heiserer Stimme vom Ruderhaus.

Kristján nickte, obwohl es niemand sehen konnte, und schloss noch einen weiteren Knopf an seiner Jacke, um sich vor der Kälte zu schützen. Immerhin brachte der Ausflug einen Tapetenwechsel, dachte er, bemüht, die Sache positiv zu sehen – auch wenn sonst nichts dabei herauskommen würde.

Eine Frau von schätzungsweise Anfang dreißig erwartete ihn am Anleger. Kristján hatte den Fischer gebeten, ihn in anderthalb Stunden wieder abzuholen. Nach der Rückkehr nach Reykjavík wäre dann der ganze Vormittag für diesen Besuch draufgegangen.

Die Frau streckte die Hand aus. »Ich bin Ólöf Blöndal. Willkommen auf Viðey.« Ihre Miene war ernst, und sie lächelte nicht.

»Freut mich, Sie kennenzulernen. Ich heiße Kristján«, erwiderte er. Etwas an Ólöfs Art war ein bisschen seltsam, dachte er. Sie wirkte, als ob sie etwas zu verbergen hätte, und zugleich hätte er schwören können, dass sie erleichtert war, ihn zu sehen.

»Hier entlang«, sagte sie zaghaft und ging voran über den grasbewachsenen Hang hinter dem Anleger. Er folgte ihr, schaute auf ihre kurzen roten Haare und ihren dicken Wollpullover.

Zwei auffällige weiße Gebäude mit roten Dächern tauchten zwischen den beiden grünen Hügeln der Insel auf: das alte Gutshaus aus der dänischen Kolonialzeit und daneben die kleine Kirche. Als sie näher kamen, fiel Kristján auf, wie verfallen sie wirkten – die Farbe blätterte von Wänden und Fensterrahmen ab. Dahinter sah er ein paar baufällige Nebengebäude, eines davon wohl ein ehemaliger Kuhstall, Überbleibsel aus der Zeit, als hier noch ein Bauernhof gewesen war. Auf halbem Weg blieb Ólöf stehen, drehte sich um und sagte: »Dort gehen wir allerdings nicht hin. Mein Mann ist zu Hause – wir wohnen ganz in der Nähe.«

Kristján nickte. »Ist es denn nicht …«

Sie unterbrach ihn. »Wir haben die Schlüssel zum Gutshaus, aber dort wohnt niemand. Es ist ein bisschen verwahrlost, aber eigentlich noch relativ gut in Schuss für so ein altes Haus. Wussten Sie, dass es zweihundert Jahre alt ist? Das älteste Steingebäude in Island.«

»Dieses Mädchen – Lára …«

Wieder fiel sie ihm ins Wort. »Sie sprechen am besten mit meinem Mann.«

Kristján stapfte neben ihr her, und eine Weile schwiegen beide. Auf der Insel wehte ein böiger Wind, doch es war hier wärmer als während der Überfahrt. Nachdem sie ein paar Minuten gegangen waren, fragte er: »Entschuldigen Sie, aber Sie sagten, dass Sie hier wohnen, Sie und Ihr Mann?«

»Wir sind im Frühling hergezogen, in ein Haus, das meiner Familie gehört. Den letzten Sommer haben wir auch hier verbracht. Es ist …« Sie hielt inne. »Es ist einfach einmalig.«

Kristján bezweifelte es nicht. Die Insel war gewiss ein idyllisches Fleckchen, die grünen Wiesen eingefasst vom blauen Wasser der Bucht, mit dem Bergmassiv des Esja im Hintergrund. Und doch fehlte es Ólöfs Worten in seinen Ohren an Überzeugung.

Ein wenig verlegen fuhr sie fort: »Es ist nicht mehr weit bis zu unserem Haus. Es liegt ungefähr auf halbem Weg zwischen dem Gutshaus und der alten Schule.«

Während sie weitergingen, ließ er seinen Gedanken freien Lauf. Er war gerne an der frischen Luft, und er hätte diesen Spätsommertag eigentlich lieber ganz anders verbracht. Vor ein paar Jahren hatten er und ein paar alte Freunde das Bergsteigen entdeckt, inspiriert durch die Nachricht von der Erstbesteigung des Mount Everest durch Edmund Hillary und Tenzing Norgay im Jahr 1953. Zwar wagte Kristján nicht zu hoffen, jemals selbst solche Höhen zu erklimmen, doch er machte gute Fortschritte. Erst vor wenigen Tagen gab es die Meldung, dass der Hraundrangi im nordisländischen Öxnadalur zum ersten Mal bestiegen worden war. Kristján kannte die beiden Isländer, die den Gipfel zusammen mit einem Amerikaner erreicht hatten. Was hätte er darum gegeben, jetzt dort zu sein statt auf den sanften Hügeln von Viðey.

Aber so leicht das Terrain auch zu begehen war, er gab auf der unebenen Wiese dennoch acht, wohin er trat. Er dachte an seine Mutter, die sich oft darüber lustig machte, dass isländische Männer immer so gingen, als müssten sie über Grasbüschel steigen, auch wenn der Boden bretteben war. Sein Hauptaugenmerk lag darauf, die Insel ohne verrenkten oder verstauchten Knöchel zu verlassen – und auch nicht mit einem verdreckten Anzug. Er besaß drei Anzüge: Der hellgraue, den er heute trug, war der neueste; der Nadelstreifenanzug wirkte inzwischen schon leicht verschlissen, und den schwarzen hob er sich hauptsächlich für feierliche Anlässe wie Beerdigungen auf.

Ein altes Holzhaus tauchte vor ihnen auf. Es hatte offensichtlich seine besten Zeiten hinter sich, und die schwarze Farbe blätterte an mehreren Stellen ab. In diesem Moment schoss eine Küstenseeschwalbe zu ihm herunter, und Kristján wollte nach seinem Hut greifen, um den Vogel abzuwehren – ehe ihm mit Verspätung einfiel, dass der ja nun irgendwo in der Faxaflói-Bucht umhertrieb.

»Keine Sorge«, sagte Ólöf. »Die Brutsaison ist vorbei, sie wird Sie nicht angreifen.« Ihr Tonfall war jetzt ein wenig unbeschwerter, als ob sie in diesem Moment ganz vergessen hätte, dass ihr Begleiter ein Polizist im Dienst war.

Ihr Mann kam nicht heraus, um sie zu begrüßen. Das fiel Kristján auf, und er fragte sich, warum Ólöf geschickt worden war, um ihn vom Boot abzuholen. Hatten die beiden das einfach so unter sich geregelt, oder steckte vielleicht mehr dahinter?

»Kommen Sie rein«, sagte Ólöf ein wenig schroff, als sie das Haus erreichten.

Kristján betrat einen Hausflur, der sich als Teil des Wohnzimmers herausstellte. Es war warm im Haus, fast unangenehm heiß für die Jahreszeit.

»Óttar?«, rief Ólöf. »Óttar, er ist da.«

Kristján hörte ein Geräusch im Obergeschoss, dann hallten schwere Schritte durch das alte Holzhaus. Ohne ein weiteres Wort zu verlieren, ging Ólöf weiter ins Zimmer hinein, rückte einen Stuhl an einem großen Eichentisch zurecht und bedeutete Kristján, Platz zu nehmen.

Er folgte der Aufforderung und wartete. Sie setzte sich ebenfalls.

»Guten Morgen«, sagte der Mann, der die Treppe heruntergekommen war. »Ich bin Óttar. Sie sind Kristján, nehme ich an?«

»Ja, richtig. Vielen Dank, dass Sie sich zu dem Treffen bereit erklärt haben. Ich konnte es am Telefon nur kurz erklären, aber die Sache ist die: Wir machen uns Sorgen um Lára.«

»Sie hat beschlossen zu gehen«, antwortete Óttar tonlos. »Sie hat ihre Stellung hier aufgegeben. Ich weiß nicht, warum. Wir waren zu Beginn des Sommers so zufrieden mit ihr – sie machte einen fleißigen und gewissenhaften Eindruck. Nun ja, die Jugend von heute …« Sein Gesicht verriet während seiner Rede keine Regung. Kristján schaute zu Ólöf, die den Blick gesenkt hatte.

»Wie alt ist sie noch mal?«, fragte Kristján, obwohl er die Antwort bereits kannte.

»Fünfzehn«, sagte Ólöf leise.

»Fünfzehn«, wiederholte Kristján. »Und sie hat beschlossen, nach Reykjavík zurückzugehen, sagen Sie? Zu ihren Eltern?«

»Ja«, antwortete Óttar.

»Wann war das?«

»Am Freitag. Freitagmorgen. Ich habe natürlich Einspruch erhoben. Wir hatten eine Vereinbarung, dass sie den ganzen Sommer als Haushaltshilfe bei uns bleiben würde, aber es war nicht möglich, sie zur Vernunft zu bringen.«

Kristján sah wieder zu Ólöf. Sie saß regungslos da und fixierte ihre Hände.

»Wie ich bereits am Telefon erwähnte, hat sie in Reykjavík niemand gesehen oder von ihr gehört …« Kristján ließ die Worte in der Luft hängen, während er die Reaktionen des Paares beobachtete. Ólöf sah nicht auf, Óttars Miene blieb unbewegt.

»Vielleicht hätte ich es anders ausdrücken sollen: Haben Sie Lára am Freitag abreisen sehen?«

»Wir können den Anleger von hier aus nicht sehen«, antwortete Óttar. »Und es war ja wohl kaum meine Aufgabe, das Mädchen dorthin zu bringen. Wenn jemand gehen will, ist das seine eigene Angelegenheit, wenn Sie mich fragen.«

»Was ist mit Ihnen, Ólöf? Haben Sie Lára abreisen sehen?«

Ólöf schüttelte den Kopf. »Ich habe nichts gesehen.« Ihr Worte klangen ein wenig hohl.

»Wie wollte sie zurück in die Stadt kommen?«

»Ich habe absolut keine Ahnung. Sie sagte, jemand würde sie abholen – irgendein Bekannter oder Verwandter, nehme ich an. Ich behalte den Bootsverkehr nicht ständig im Auge.«

»Haben Sie ein eigenes Boot?«, fragte Kristján.

»Ja, selbstverständlich«, antwortete Óttar. »Aber das Mädchen hat nicht darum gebeten, übergesetzt zu werden, und ich war offen gestanden nicht geneigt, es ihr anzubieten, nachdem sie uns solche Unannehmlichkeiten bereitet hatte. Und im Übrigen hatte sie mir, wie bereits erwähnt, erklärt, sie habe schon ihre eigenen Vorkehrungen getroffen.«

»Sind Sie sicher, dass sie abgereist ist?«

»Was ist denn das für eine Frage?«, brauste Óttar auf. »Natürlich sind wir sicher. Sie hat sich verabschiedet, und wir haben sie seitdem nicht mehr gesehen.«

Kristján sah Ólöf an und wartete darauf, dass sie antwortete. Sie schwieg zunächst, dann sagte sie: »Ja, sie ist ganz bestimmt weg. Sie hat ihre Sachen mitgenommen.«

»Ihre Eltern haben regelmäßig von ihr gehört«, sagte Kristján, »und als sie am Wochenende nicht anrief, begannen sie sich Sorgen zu machen. Haben sie sich nicht bei Ihnen gemeldet?«

»Doch, das haben sie«, erwiderte Óttar. »Und ich habe ihnen das Gleiche gesagt wie jetzt Ihnen. Ich verstehe einfach nicht, warum Sie sich die Mühe gemacht haben, eigens hier rauszufahren. Wir hätten Ihre Fragen alle am Telefon beantworten können. Sie sehen doch selbst, dass das Mädchen nicht mehr da ist.«

»Ich muss noch einen Rundgang über die Insel machen, um mir in dem Punkt Gewissheit zu verschaffen. Viðey ist recht groß, nicht wahr?«

»Drei Kilometer lang«, sagte Óttar.

»Die größte Insel in der Bucht«, ergänzte Ólöf.

»Und ich nehme an, dass es viele Stellen gibt, wo man sich verstecken kann?«

»Nun ja«, sagte Ólöf, »da wären natürlich unser Haus und das Gutshaus. Und die Kirche. Und auch die alte Schule. Und …«

»Ich glaube, es ist nicht nötig, dass wir sämtliche Gebäude auf der Insel aufzählen, Ólöf«, ging Óttar dazwischen. »Lass doch dem Mann seinen Willen, wenn er sich verpflichtet fühlt, auf Nummer sicher zu gehen. Obwohl ich mir beim besten Willen nicht vorstellen kann, wieso er denkt, dass Lára sich das ganze Wochenende lang auf der Insel versteckt haben könnte.«

»Wie hat sie gewirkt?«, fragte Kristján.

»Wie meinen Sie das?«, gab Óttar zurück.

»War sie niedergeschlagen? Gibt es irgendeinen Grund zu der Annahme, dass sie etwas zu verbergen hatte? Dass sie Ihnen etwas verschwieg?«

Óttar machte den Mund auf, um zu antworten, dann schien er es sich anders zu überlegen. Nach einer längeren Pause sagte er: »Dem Mädchen fehlte nichts. Es war ihr einfach langweilig geworden mit uns hier. Wir können froh sein, sie los zu sein, sage ich. Nächsten Sommer werden wir unsere Haushaltshilfe sorgfältiger auswählen.«

»Ich verstehe. Aber sie ist jedenfalls nicht bei ihren Eltern angekommen. Und das wirft nun einmal Fragen auf. Natürlich ist es durchaus möglich, dass sie am Freitag dieses Haus verlassen hat und …«

»Möglich?«, unterbrach ihn Óttar. »Ich sage Ihnen, sie ist gegangen, und was immer danach passiert sein mag, hat nichts mit uns zu tun. Es hat keine Meldungen über ein gesunkenes Boot gegeben, also liegt es auf der Hand, dass sie irgendwo sein muss.«

»Genau, ich bin mir sicher, dass wir davon gehört hätten, wenn etwas Derartiges passiert wäre«, sagte Kristján. »Das Problem ist, dass auch keine Meldungen über irgendwelche Boote vorliegen, die am Freitag nach Viðey rausgefahren sind, obwohl das nicht ausschließt, dass jemand gekommen sein könnte, um sie abzuholen. Hat sie hier bei Ihnen im Haus gewohnt?«

»Wo hätte sie denn sonst wohnen sollen?«, fragte Óttar ungehalten.

»Könnte ich ihr Zimmer sehen?«

Óttar zuckte mit den Schultern. »Es ist oben. Aber da gibt es nichts zu sehen.« Er machte keine Anstalten, sich von der Stelle zu rühren, aber Ólöf stand auf.

»Ich bringe Sie rauf«, sagte sie in etwas freundlicherem Ton als ihr Mann.

In dem alten Holzhaus knarrte jede einzelne Stufe. Das Gästezimmer war klein, aber recht gemütlich, mit schräger Decke, einem Bücherregal und einer Dachgaube mit Blick aufs Meer.

»Hat sie die Bücher mitgebracht?«, fragte Kristján.

»O nein, das sind unsere. Wir stellen in alle Zimmer Bücher. Das schafft eine angenehme Atmosphäre. Mein Mann sammelt sie. Er ist Rechtsanwalt, wie Sie wahrscheinlich wissen. Ein recht bekannter sogar.«

Kristján war der Name tatsächlich vertraut. Er nickte.

»Óttar wollte seine Anwaltstätigkeit etwas reduzieren und sich eine Weile der wissenschaftlichen Arbeit widmen. Wir möchten versuchen, künftig jeden Sommer mehr oder weniger hier zu leben. Es ist gut, in der Nähe von …« Sie verstummte und wandte den Blick ab.

»Hat sie alle ihre Habseligkeiten mitgenommen?«, fragte Kristján.

»Ja, alle«, antwortete Ólöf. »Hier ist nichts mehr.«

»Hat sie irgendetwas zu Ihnen gesagt?«

»Bitte?«

»Ich meine Lára. Vor ihrer Abreise?«

»Was meinen Sie?«

»Wie hat sie ihre Entscheidung erklärt?«

Ólöf zögerte. »Sie hat nichts erklärt«, sagte sie schließlich. »Sie … äh … sie ist einfach gegangen.«

»Sie muss doch irgendetwas gesagt haben, bevor sie ging. Ihr Mann sagte, sie habe verkündet, dass sie aufhören will.«

»Ach so, ja, entschuldigen Sie. So habe ich das nicht gemeint. Sie sagte lediglich, dass sie ihre Stellung vorzeitig aufgeben wollte. Sie hat uns um Erlaubnis gebeten. Wir haben sie ihr natürlich erteilt, aber wir waren nicht glücklich darüber.«

»Machen Sie sich denn keine Sorgen um sie?«

»Sorgen? Äh … nein, wir haben ja gerade erst erfahren, dass sie nicht zu Hause angekommen ist. Aber ich bin sicher, dass sie wohlauf ist.«

»Wollen wir es hoffen.«

»Gehen wir wieder nach unten?«

Kristján nickte und folgte Ólöf die schmale, knarrende Treppe hinunter.

Als sie wieder das Wohnzimmer betraten, war Óttar nirgends zu sehen. Kristján sah sich um und zuckte zusammen, als Óttar plötzlich hinter ihm hustete. Er fuhr herum, und sein Herz schlug unangenehm schnell.

»Sie werden am Telefon verlangt.«

»Was?«, fragte Kristján erstaunt.

»Telefon. Für Sie«, wiederholte Óttar, als ob es die normalste Sache der Welt wäre. »Hier drüben – in meinem Arbeitszimmer.«

»Oh.« Verdutzt folgte Kristján Óttar in das mit Büchern vollgestellte Zimmer. Sein Blick fiel auf ein Regal mit gebundenen Ausgaben von Urteilen des Obersten Gerichtshofs. Auf dem Schreibtisch sah er ein schwarzes Telefon, der Hörer lag daneben. Es roch hier merklich nach Schimmel. Anscheinend war das Haus innen genauso marode, wie es von außen gewirkt hatte.

»Wer will mich sprechen?«, fragte Kristján.

»Jemand von der Polizei natürlich«, antwortete Óttar.

Kristján nahm den Hörer ans Ohr. Nervös trat er von einem Fuß auf den anderen, wobei ihm auffiel, dass die Bodendielen ein hohles Dröhnen von sich gaben. Darunter musste ein feuchter Keller sein. In so einer alten Holzhütte würde ich nicht wohnen wollen, dachte er.

»Kristján Kristjánsson am Apparat«, sagte er in den Hörer.

»Kristján, hallo. Hier ist Eiríkur.« Eiríkur stand in der Polizeihierarchie zwei Stufen über ihm und war der Chef seines Chefs.

»Hallo …«, erwiderte er zögerlich.

»Óttar hat mich angerufen. Er hätte gerne eine Erklärung für die ziemlich merkwürdigen Fragen, die Sie ihm und seiner Frau gestellt haben.«

»Das waren reine Routinefragen. Ich untersuche einen Vermisstenfall – es geht um ein fünfzehnjähriges Mädchen, das seit Tagen spurlos verschwunden ist …«

»Mit anderen Worten: ein Mädchen, das von zu Hause weggelaufen ist?«

»Nun ja, das können wir nicht mit Sicherheit sagen. Sie hat hier auf Viðey als Haushaltshilfe gearbeitet. Ihre Eltern machen sich Sor…« Er konnte den Satz nicht zu Ende bringen.

»Es gibt keinen Grund, Óttar und Ólöf wegen dieser Sache Unannehmlichkeiten zu bereiten. Sie sind extra deswegen auf die Insel gefahren?«

Kristján hätte gerne protestiert und Erklärungen geliefert, doch er dachte sich, dass es vermutlich nichts bringen würde. »Ich wollte ohnehin gerade wieder aufbrechen. Ich bin schon mit allem fertig.«

»Sehr gut. Grüßen Sie Óttar von mir, ja? Und auch Ólöf Blöndal, seien Sie so nett.« Eiríkur hängte auf.

Kristján legte den Hörer behutsam auf die Gabel und versuchte den Anschein zu erwecken, dass alles in Ordnung sei.

»Nichts Dringendes«, sagte er zu Óttar.

Ólöf stand im Wohnzimmer, als sie aus dem Arbeitszimmer kamen.

»Nun, ich denke, das war vorläufig alles. Es sei denn, Ihnen ist noch etwas eingefallen.« Kristján sah die beiden abwechselnd an.

»Nein, nichts weiter.«

»Dann können wir nur hoffen, dass das Mädchen wieder auftaucht«, sagte Kristján.

Erneut antwortete Óttar für beide: »Das wird sie bestimmt. Und ich gehe davon aus, dass wir keine weiteren Besuche dieser Art bekommen werden.«

»Nur eine Sache noch«, sagte Kristján: »Das Boot, das mich abholt, wird noch eine Weile auf sich warten lassen. Hätten Sie etwas dagegen, wenn ich bis dahin noch einen Spaziergang über die Insel mache?«

»Tun Sie sich keinen Zwang an«, sagte Óttar, »die Insel gehört uns nicht.«

»Dann werde ich mir jetzt ein wenig die Beine vertreten. Vielen Dank, dass Sie sich die Zeit genommen haben.«

Kristján machte sich auf den Weg zum alten Schulhaus, das Ólöf erwähnt hatte. Es stand am Ostende der Insel und war das einzige Überbleibsel eines Dorfs, das während des Zweiten Weltkriegs verlassen worden war. Während er den grasbewachsenen Weg entlangging, wurde ihm bewusst, wie einsam es hier war. Im Mittelalter war Viðey der Sitz eines reichen Klosters gewesen, später hatten hier Statthalter residiert, aber heutzutage waren die einzigen Bewohner neben Óttar und Ólöf die Seevögel, deren Kreischen vom Strand herüberwehte.

Kristján war länger unterwegs, als er gedacht hatte. Als er das Schulhaus, einen zweistöckigen Holzbau, endlich erreichte, fand er es natürlich leer, und nichts deutete darauf hin, dass Lára je dort gewesen war. Er lief zurück zu der Stelle, wo er an Land gesetzt worden war, und machte nur einmal kurz halt, um an der Tür des Steinhauses aus dem achtzehnten Jahrhundert zu rütteln, die jedoch verschlossen war. Er erinnerte sich, dass Ólöf gesagt hatte, sie besäßen einen Schlüssel, doch es widerstrebte ihm, das Paar noch einmal zu stören und zu fragen, ob er ihn sich ausleihen könne.

Er überlegte, was er als Nächstes tun sollte. Viðey wurde durch eine kleine Landenge zweigeteilt, und Kristján spielte mit dem Gedanken, sie zu überqueren, um den Nordteil zu erkunden, doch ihm wurde schnell klar, dass die Zeit dafür nicht reichte.

Um das Boot nicht warten zu lassen, marschierte er mit zügigen Schritten zum Anleger zurück. Über den schmalen Sund hinweg hatte man einen prächtigen Blick auf Reykjavík, das sich unaufhaltsam zur Großstadt entwickelte. Überall schossen neue Siedlungen wie Pilze aus dem Boden, und oben auf dem Hügel begann das ehrgeizige Projekt der modernen Kirche Gestalt anzunehmen.

Letztendlich kam er dann doch zu früh am Landungssteg an. Das Boot war noch nicht da, was ihm die Gelegenheit gab, noch einmal zurückzugehen und einen kurzen Blick in die kleine Kirche der Insel zu werfen, von der er vermutete, dass sie nicht verschlossen war. Obwohl er sich ziemlich sicher war, dass er das vermisste Mädchen dort nicht finden würde, wollte er sich dennoch mit eigenen Augen davon überzeugen.

Die Kirche war wirklich sehr klein, und die Luft roch abgestanden, doch das Interieur war überraschend reizvoll, mit einer ungewöhnlich hohen, blau und grün gestrichenen Kanzel und ebenso farbenfrohen Bänken. Kristján kam der Gedanke, dass dies kein schlechter Ort wäre, um Guðrún zu heiraten, auch wenn es bestimmt recht umständlich sein würde, die Hochzeitsgäste mit Booten hin- und zurückzubringen. Er würde es als Möglichkeit im Kopf behalten. Er und Guðrún waren jetzt ein halbes Jahr verlobt und fingen allmählich an, sich über ihre Zukunft Gedanken zu machen, übers Heiraten und Kinderkriegen. Sie wohnten im Westen von Reykjavík, wo Guðrún seit Kurzem in einem Lebensmittelgeschäft arbeitete. Ja, eines schönen Tages würden sie vielleicht wirklich hier vor dem Altar stehen …

In der kleinen Kirche gab es nicht viele Stellen, wo man sich hätte verstecken können, und aus dem muffigen Geruch schloss er, dass die Tür schon länger nicht mehr geöffnet worden war. Nachdem er hinter der Kanzel und unter den Bänken nachgesehen hatte, trat er wieder ins Freie und atmete dankbar die frische Luft ein. Sein Blick schweifte zum Friedhof. In diesem Moment wurden seine Gedanken durch das ferne Tuckern eines Motors unterbrochen. Er blickte aufs Wasser hinaus und entdeckte in der Ferne das Boot, das sich stetig auf die Insel zubewegte.

Er schlenderte langsam zum Anleger hinunter. Dabei versuchte er, sich zu entspannen und den Augenblick zu genießen, trotz der Zurechtweisung, die er von seinem Vorgesetzten Eiríkur kassiert hatte. Völlig zu Unrecht natürlich. Kristján wollte nur seine Arbeit machen, aber Leute wie Óttar und Ólöf hatten einflussreiche Freunde. Er sagte sich, dass es sinnlos war, sich deswegen zu grämen.

Er erreichte den Anleger noch vor dem Boot und wartete. Die Sonne brach jetzt zwischen den Wolken hervor, und der böige Wind, der ihn begrüßt hatte, schwächte sich zu einem lauen Lüftchen ab. Kristján blickte über die Bucht und verspürte einen Anflug von Bedauern wegen des Huts, der ihm entrissen worden war.

Seine Gedanken kehrten zu dem vermissten Mädchen zurück. Wahrscheinlich war sie wohlauf, hatte sich nur irgendwo verkrochen, und ihre Eltern regten sich ganz umsonst auf. Ihm fiel ein, dass er ja gar nicht wusste, wie sie aussah. Er würde um ein Foto von ihr bitten müssen, falls sie nicht bald auftauchte.

Insgesamt war es aber mehr als wahrscheinlich, dass sie bald wohlbehalten gefunden und dies auf absehbare Zeit sein letzter Ausflug nach Viðey bleiben würde.

Als der alte Fischkutter am Steg anlegte, hatte Kristján jedoch auf einmal das deutliche Gefühl, dass der Fall alles andere als abgeschlossen war.

1966

8. August

Die Frau saß an einem der kleinen Tische im Café Mokka und las eine Zeitung, vor sich eine halbe Waffel mit Sahne und Marmelade und eine nicht mehr ganz heiße Tasse Kaffee. An der Wand neben ihr hing ein Poster, auf dem ein Atompilz und verängstigte Kinder abgebildet waren. Aber die Frau beachtete es gar nicht, so vertieft war sie in die heutige Ausgabe der *Vísir* mit der Meldung über ein ungelöstes Verbrechen.

Ermittler Kristján Kristjánsson: Láras Verschwinden wirft immer noch einen langen Schatten.

Vor zehn Jahren war Kristján Kristjánsson der erste Polizeibeamte vor Ort, als Lára Marteinsdóttir verschwand. Der erfahrene Ermittler erklärte unserem Reporter, dass Láras ungeklärtes Schicksal immer noch einen langen Schatten über das Land wirft. Lára arbeitete als Haushaltshilfe im Haus des Anwalts am Obersten Gerichtshof Óttar Óttarsson und seiner Frau Ólöf Blöndal auf der Insel Viðey, als sie eines Tages spurlos verschwand. Die damals erst fünfzehnjährige Lára wurde als reizendes Mädchen geschildert, von allen gemocht. Zehn Jahre später ist das Rätsel immer noch ungelöst. Wie Kristján Kristjánsson gegenüber *Vísir* ausführte, ging die Polizei damals verschiedenen Hinweisen nach, die jedoch alle ins Leere liefen. Es wurde nie geklärt, wer Lára mit seinem Boot nach Reykjavík gebracht haben könnte, und es wurden weder eine Leiche noch irgendwelche Spuren gefunden. Eine Zeit lang war die Rede davon, ausländische Polizeibehörden um Hilfe zu bitten, doch in den letzten Jahren gab es diesbezüglich keine neuen Entwicklungen. Es ist, als wäre Lára vom Erdboden verschwunden.

Dem Artikel beigefügt war ein unscharfes Foto eines hübschen jungen Mädchens mit dunklen Haaren und ebensolchen Augenbrauen, das ein Samtkleid mit hohem Kragen trug. Es gab auch ein Foto von Kristján Kristjánsson, mit Hornbrille und hoher Stirn. Sein Gesichtsausdruck war zugleich freundlich und verhärmt, als ob ihn die Suche nach Lára ausgelaugt hätte. Die Frau betrachtete die beiden Fotos eine Weile eingehend, ehe sie die Zeitung zusammenfaltete und aufstand, ohne ihren Kaffee ausgetrunken oder ihre Waffel aufgegessen zu haben. Ein Gefühl der Unruhe beschlich sie, wie jedes Mal, wenn sie Láras Namen hörte, und sie hatte gänzlich den Appetit verloren. Um sich abzulenken, müsste sie über etwas anderes nachdenken. Sie ließ die Zeitung auf dem Tisch liegen und trat eilig aus dem Café auf die Skólavörðustígur, wo ein kalter Wind über den Gehsteig fegte und die im Bau befindliche imposante Hallgrímskirkja oben auf dem Hügel das Straßenbild dominierte.

Kristján Kristjánsson saß unterdessen in der alten Polizeiwache in der Pósthússtræti, mitten im Zentrum von Reykjavík, und las ebenfalls die *Vísir*.

Er war noch nicht in das nagelneue Polizeipräsidium in der Hverfisgata umgezogen, freute sich aber schon darauf, in einem Neubau mit allen modernen Annehmlichkeiten zu arbeiten. Und das Beste war, dass das Präsidium nur einen Steinwurf von seinem Haus in Stangarholt entfernt war und er in Zukunft zu Fuß zur Arbeit gehen konnte. Wahrscheinlich würde er auch sein eigenes Büro bekommen. Einen Moment lang hing er noch diesen angenehmen Gedanken nach, ehe er sich wieder seiner Lektüre widmete.

> Was ist mit Lára passiert? Könnte eine unbekannte Person sie mit einem Boot von Viðey nach Reykjavík gebracht haben? Ist sie mitsamt ihrem ganzen Gepäck vom Meer verschlungen worden? Oder hat sie Reykjavík noch erreicht, nur um dort einem skrupellosen Verbrecher zum Opfer zu fallen? Oder hat sie womöglich ihr Verschwinden selbst inszeniert und ist noch am Leben, vielleicht irgendwo am anderen Ende der Welt, unter neuem Namen und mit neuer Familie? Oder könnte es gar sein, dass jemand von unseren Lesern etwas über das Schicksal des Mädchens auf dem Foto weiß?

Kristján seufzte. Die Spekulationen des Reporters gingen ihm auf die Nerven. Er fand, dass sie dem Ernst der Sache nicht gerecht wurden – ein junges Mädchen, das nie einer Seele etwas zuleide getan hatte, war verschwunden und hatte, wie er fürchtete, ein schreckliches Schicksal erlitten. Aber was konnte man in einem solchen Interview schon sagen, außer dass man sein Bestes getan hatte?

Aber stimmte das auch? Hatte er wirklich sein Bestes getan?

Er sprang auf und trat ans Fenster. Es war ein ungemütlicher Tag, eine Vorahnung, dass der Herbst dieses Jahr früher einsetzen würde. Ein ominöser Wind wehte durch die Austurstræti, und die Gesichter der Passanten, die Besorgungen machten oder in die nahe gelegene Bank gingen, waren verkniffen vom Ankämpfen gegen die Böen. Der August hatte ungewöhnlich kalt und stürmisch begonnen, und unter dem wolkenverhangenen Himmel wirkten die grauen Gebäude und die Straße düster und trostlos.

Kristjáns Gedanken wanderten zehn Jahre zurück zum

August 1956. Zu den Tagen, als ihn, damals noch ein »Frischling« bei der Polizei, erstmals die Ahnung beschlichen hatte, dass es mächtige Kreise gab, die darauf aus waren, die Ermittlung zu beeinflussen. Zurück zu dem Moment, als das Telefon in Óttars Arbeitszimmer klingelte und Eiríkur, einer der ranghöchsten Polizeibeamten von Reykjavík, ihm zu verstehen gab, dass der Fall keine besondere Beachtung verdiene. Kristján war in die Stadt zurückgekehrt, gedemütigt und ernüchtert durch die Zurechtweisung. Denn er war damals überzeugt, nur seine Pflicht zu tun, wie es sich für einen gewissenhaften Polizisten gehörte. Aber was konnte man in einer solchen Situation seinem Vorgesetzten erwidern? Das war die Frage, die sich Kristján in den vergangenen zehn Jahren immer wieder gestellt hatte, obwohl er mit niemandem darüber sprach, außer mit seiner Frau, die nur mit den Schultern zuckte und sagte, er solle sich nicht damit aufhalten und nach vorne schauen.

Und dann war da noch Högni. Kristján war nur allzu bewusst, dass er diesem Hinweis ebenso wenig nachgegangen war … Aber damals hatte niemand die Neigung verspürt, prominente isländische Persönlichkeiten mit unangenehmen Fragen zu behelligen.

Natürlich war der Fall an jenem Augusttag auf Viðey nicht zu den Akten gelegt worden, im Gegenteil.

Nachdem Lára nicht nach Hause gekommen war, hatte man sie im Radio und in den Zeitungen als vermisst gemeldet. Das Verschwinden des Mädchens sorgte für Aufsehen, denn auf Island kam es nicht alle Tage vor, dass ein junges Mädchen verschwand. Ihre großen dunklen Augen auf dem Foto, das in der Presse zirkulierte, schien an die Öffentlichkeit zu appellieren, fast so, als ob Lára im Besitz irgendeines schrecklichen Geheimnisses wäre. Der Druck auf die Polizei war enorm, und die Verantwortung dafür lag bei Kristján, doch er war seiner Pflicht nicht nachgekommen.

Kristján hatte mit einigen anderen Beamten die Ermittlungen durchgeführt. Zusammen mit einem Kollegen hatte er Láras Eltern in Grjótathorp aufgesucht, einem Labyrinth schmaler Gassen mit alten Holzhäusern, das sich von der Stadtmitte den Hang hinauf erstreckte. Sie hatten begonnen, sich Sorgen zu machen, nachdem sie am Wochenende von Láras Verschwinden nicht den üblichen Anruf von ihrer Tochter erhielten.

»Sie hat uns immer angerufen«, hatte Láras Mutter gesagt. Mutter und Tochter sahen einander ausgesprochen ähnlich, nach dem Foto von Lára in den Zeitungen zu urteilen. »Sie ist ein häuslicher Mensch und hat uns immer alles anvertraut. Und dann hatte sie auf einmal die Idee, den Sommer über als Haushaltshilfe zu arbeiten, also hat sie sich bei dem Paar auf Viðey um eine Anstellung beworben und wurde genommen. Überrascht hat es mich nicht, so fleißig und wohlgeraten, wie sie ist.«

Láras Vater war etwas älter als ihre Mutter. Beide waren Lehrer, und Lára war ihr einziges Kind. Das Zimmer des Mädchens war blitzsauber und aufgeräumt, das Bettgestell aus weiß gestrichenem Metall mit einer bunten Tagesdecke überzogen, die Lára im Handarbeitsunterricht selbst gehäkelt hatte. Sie hatte einen guten Farbgeschmack, dachte Kristján damals. Seltsam, wie ihm diese unbedeutenden Details auch ein Jahrzehnt später noch gegenwärtig waren. Der Schrank war voll mit all den Kleidungsstücken, die sie nicht nach Viðey mitgenommen hatte, hauptsächlich Wintersachen, darunter auch das Samtkleid, das sie auf dem Schwarz-Weiß-Foto trug und das sich als grün herausstellte.

An einer Wand stand ein einfacher Frisiertisch mit Stuhl,

beides anscheinend selbst gebaut, und in der Schublade befanden sich einige Postkarten von einer Cousine Láras, die in Kopenhagen lebte. Im Bücherregal standen eine Bibel und mehrere Romane, darunter Werke von Halldór Laxness, dem kürzlich der Literaturnobelpreis verliehen worden war.

Das Zimmer enthielt nichts, was irgendeinen Hinweis auf Láras Schicksal geliefert hätte. Kristján hatte hinter den Romanen im Bücherregal ein Tagebuch gefunden, aber wie sich herausstellte, umfasste es nur das Schuljahr 1954/55. In Láras sorgfältiger Handschrift las er darin Schilderungen der Hauptmahlzeiten, die sie jeden Tag gegessen hatte, sowie Bemerkungen über ihre Klassenkameraden in der Austurbær-Schule, vor allem über die gut aussehenden Jungen.

Kristján fragte Láras Mutter, ob das Mädchen regelmäßig Tagebuch geführt habe, und die Frau bejahte und fügte hinzu, dass sie ihre Tochter ermuntert habe, auch über ihr Leben auf der Insel zu schreiben. »Es sollte ein Abenteuer werden«, fuhr sie fort. »Meine Lára hat bisher kein besonders ereignisreiches Leben gehabt. Sie bereitet sich auf ihre Abschlussprüfungen vor und hat in ihrer Freizeit in einem Milchgeschäft gearbeitet. Die Stelle auf Viðey war ihre Chance, ein Abenteuer zu erleben und vielleicht ein wenig erwachsener zu werden.« Bei diesen letzten Worten hatten sich die Augen der Mutter mit Tränen gefüllt. »Wenn Sie mich fragen, wäre es viel besser gewesen, sie wäre nicht gegangen. Erst fünfzehn, und jetzt …«

Soweit Kristján sich erinnerte, hatte die Frau den Satz nicht vollendet.

Er entsann sich auch, die Eltern gefragt zu haben, ob Lára an jenem fatalen Wochenende mit jemandem in Reykjavík verabredet gewesen sein könnte. Der Vater antwortete, dass seine Tochter keinen Freund habe. »Lára hatte immer ein sehr enges Verhältnis zu uns. Ich kann mir nicht vorstellen, dass sie nach Reykjavík gekommen wäre, ohne uns Bescheid zu sagen.«

Kristján kannte zahlreiche Beispiele von jungen Leuten, die ihre eigenen Gründe hatten, ihren Eltern nicht alles anzuvertrauen. Aber wie sich herausstellte, konnte keine von Láras Freundinnen der Polizei irgendwelche Informationen über einen Freund oder andere Männer liefern, mit denen sie eventuell durchgebrannt sein könnte.

Laut Láras Eltern hatte sie Óttar und Ólöf über ein Mädchen kennengelernt, das im vorigen Sommer dort gearbeitet hatte. Kristján überlegte, dass es sich lohnen könnte, mit dem betreffenden Mädchen zu sprechen, aber das hatte keine Priorität. Was kann sie schon über Láras Schicksal wissen?, dachte er sich.

Lára hatte ihre Eltern jedes Wochenende angerufen, und sie schien mit ihrem Leben zufrieden zu sein. Natürlich hätte sie sich niemals in Hörweite ihrer Arbeitgeber beklagt, doch ihre Eltern waren sich einig, dass sie glücklich klang. Sie hatte Anfang Mai mit einem Boot auf die Insel übergesetzt und wollte bis Ende August bleiben. Und dann hatte sie Óttar und Ólöf zufolge völlig unerwartet erklärt, dass sie das Arbeitsverhältnis vorzeitig beenden wolle. Láras Mutter hatte den Kopf geschüttelt. »Ich kann Ihnen versichern, dass es Lára absolut nicht ähnlich sieht, etwas nicht zu Ende zu bringen. Im Milchladen ist sie immer pünktlich zur Arbeit erschienen, und sie hätte nie gewollt, dass es von ihr heißt, sie sei eine, die schnell aufgibt.«

Kristján riss sich aus seinen Erinnerungen los und merkte, dass er immer noch am Fenster der Polizeiwache stand. Er trank den Rest kalten Kaffee aus seiner Tasse und verzog das Gesicht wegen des bitteren Geschmacks. Láras Geschichte verfolgte ihn immer noch. Er hatte nicht die Absicht, den Fall zu den Akten zu legen, obwohl er schon so lange zurücklag und alle Spuren inzwischen wahrscheinlich längst kalt waren. Aber der Kummer in den Augen ihrer Eltern war ihm so nahegegangen, dass er sich geschworen hatte, alles in seiner Macht Stehende zu tun, um ihr Leid zu lindern.

Damals hielt man es für das Wahrscheinlichste, dass Lára von jemandem in einem Boot mitgenommen wurde und entweder noch während der Überfahrt oder später in Reykjavík den Tod gefunden hatte. Er nahm an, dass dies die bequemste Erklärung war – ein unbekannter Täter, ein furchtbares Verbrechen, das nie aufgeklärt würde.

Und doch musste Kristján sich unweigerlich fragen, ob sie ihre Aufmerksamkeit nicht stärker auf Viðey hätten konzentrieren sollen. Natürlich hatten sie damals die Insel abgesucht, ohne irgendeine Spur zu finden. Und Óttar und Ólöf waren bei ihrer Aussage geblieben: dass Lára beschlossen hatte, ihre Stellung aufzugeben und nach Reykjavík zurückzukehren. Aber er wusste nur zu gut, dass die Polizei noch gründlicher hätte suchen und das Paar strenger hätte verhören können.

Mit einem öffentlichen Aufruf suchte man nach einer Person, die Lára an dem besagten Wochenende in ihrem Boot mitgenommen haben könnte, doch es hatte sich niemand gemeldet. Und der Hafenmeister von Reykjavík steuerte auch keine brauchbaren Informationen über Boote bei, die an jenem Freitag zwischen Viðey und der Hauptinsel verkehrten. Da die Insel an ihrem nächstgelegenen Punkt nur etwas über vier Kilometer von der Küste entfernt war, wäre es durchaus möglich gewesen, unbemerkt mit einem kleinen Boot hinüberzufahren, und es musste auf dem Rückweg auch nicht zwangsläufig in Reykjavík angelegt haben. Die Nachforschungen der Polizei waren im Sande verlaufen: Suchtrupps hatten die Strände abgegrast, doch weder eine Leiche noch irgendein

Stück von Láras persönlichen Sachen waren je gefunden worden. Das Mädchen war einfach wie vom Erdboden verschluckt.

Kein Wunder, dass der Fall die Fantasie der Menschen angeregt hatte. Man konnte nichts finden, was Láras Ruf in irgendeiner Weise abträglich gewesen wäre; sie hatte keine Geheimnisse und schien ein Mädchen zu sein, mit dem jeder sich identifizieren konnte – ein Mädchen, das sich einfach nur einen Tapetenwechsel gewünscht hatte. Ein Mädchen, das seine Pflichten gewissenhaft erfüllt hatte, bis zu dem Moment, als sie beschloss, ihre Stellung vorzeitig aufzugeben – falls es tatsächlich so gewesen war.

Die Art und Weise ihrer Abreise von Viðey war und blieb ein Rätsel – es sei denn, sie hatte die Insel nie verlassen.

1976

7. August

»Es ist gut für die Abteilung, Kristján, gut für dich und gut für die Polizei«, hatte sein Chef gesagt. Die Worte hallten in Kristjáns Kopf immer noch nach, als er in seiner Wohnung in einem Mietshaus in Kópavogur saß und dem Journalisten eine Tasse Kaffee anbot.

»Tee wäre mir lieber, falls Sie welchen dahaben«, erwiderte sein Besucher höflich.

Gut für dich …

Wie konnte es gut für ihn sein, die ganzen Einzelheiten von Láras Verschwinden noch einmal auszugraben? Er selbst hätte alles darum gegeben, den Fall vergessen zu können, der seit zwanzig Jahren wie ein Bleigewicht an seinem Hals hing. Obwohl er seither die eine oder andere Stufe in der Polizeihierarchie erklommen hatte, war er doch nie das Gefühl losgeworden, dass er vielleicht mehr erreicht hätte, wenn diese Ermittlung nicht gescheitert wäre. Und nun war er gezwungen, aufs Neue das Gesicht dieses Fiaskos zu sein.

»Die werden die Geschichte aufwärmen, ob es uns gefällt oder nicht«, hatte sein Chef hinzugefügt, »also sollten wir besser die Gelegenheit beim Schopf packen, unsere Sicht der Dinge darzulegen.« Auf die Idee, in Kristjáns Namen selbst mit der Presse zu sprechen, war er offenbar nicht gekommen.

Nein, es war immer Kristján, der den Löwen zum Fraß vorgeworfen wurde.

Wie es der Zufall wollte, war Láras Schicksal in den letzten Monaten durch ein anderes Ereignis überschattet worden. In diesem Sommer hatte das Verschwinden zweier Männer namens Guðmundur und Geirfinnur die Schlagzeilen beherrscht, und dann die dramatische Geschichte der vier Tatverdächtigen, die zunächst verhaftet und anschließend wieder auf freien Fuß gesetzt worden waren. Kristján hatte mit dieser Ermittlung nichts zu tun gehabt.

Der Journalist, Ólafur, der zugleich der verantwortliche Redakteur der Zeitung war, hatte eine angenehme Art, und Kristján ging davon aus, dass er das Interview zumindest fair führen würde. Als treuer Leser der *Vísir* war er im Allgemeinen zufrieden mit der Berichterstattung der Tageszeitung. Das Interview sollte auf der Titelseite der Wochenendausgabe erscheinen.

Draußen brach bereits die Dämmerung herein. Die langsame Rückkehr der Dunkelheit im August nach den Wochen der Mitternachtssonne erfüllte Kristján stets mit einem Gefühl der unguten Vorahnung, und das war so, seit er vor zwanzig Jahren die Ermittlungen im Fall Lára aufgenommen hatte. Manchmal fantasierte er, dass sie einfach von der Nacht verschluckt worden war.

»Bevor wir anfangen, möchte ich Ihnen zunächst dafür danken, dass Sie mich in Ihrem Haus empfangen, Kristján«, sagte der Redakteur. »Das ist für mich keine Selbstverständlichkeit. Also, die Idee ist, dass wir die Leser in der Wochenendausgabe an diesen tragischen Fall erinnern wollen, wobei das Interview mit Ihnen das Herzstück unseres Features werden soll.«

Kristján nickte und versuchte, sein Unbehagen zu ignorieren. Er hoffte jedenfalls, dass es nicht länger als eine Stunde dauern würde, da er um halb zehn die neueste Folge von *Columbo* sehen wollte. Im Moment verpasste er auf Islands einzigem Fernsehsender lediglich einen schwedischen Dokumentarfilm über Waffenproduktion.

»Können Sie für uns noch einmal die Ereignisse jenes schicksalhaften Tages rekapitulieren, an dem Sie Láras Namen zum ersten Mal hörten?«

Kristján schwieg eine Weile. Schließlich begann er: »Damals war es für mich natürlich zunächst ein ganz normaler Arbeitstag. Ich weiß noch, dass es recht kühl war, wie es im August manchmal vorkommt. Und ich weiß auch noch, dass ich annahm, das Mädchen sei einfach von zu Hause weggelaufen – oder vielmehr von ihrem Arbeitsplatz als Haushaltshilfe.«

»Es deutete also nichts darauf hin, dass daraus ein Fall werden könnte, über den Sie zwei Jahrzehnte später noch sprechen würden?«

Kristján schüttelte den Kopf: »Ich war jung und unerfahren, erst vierundzwanzig. Natürlich glaubte ich damals, alles zu wissen, aber dann wurde ich so richtig ins kalte Wasser geworfen.«

»Denken Sie oft an Lára?«

Die Frage klang aufrichtig, aber Kristján konnte sich nicht dazu durchringen, ebenso aufrichtig zu antworten. Der Redakteur hatte es sich in dem gemusterten Sessel bequem gemacht, der zu der dreiteiligen Polstergarnitur gehörte. Auf dem Couchtisch zwischen ihnen standen Teetassen und ein schwarzer Kassettenrekorder. Der Mann war Anfang dreißig, hatte dunkle Haare und trug einen eleganten grauen Anzug. Kristján hatte das Gefühl, ihn zu kennen, aber das lag nur daran, dass er ihn in den ersten Jahren nach der Einführung des isländischen Fernsehens 1966 schon so oft die Nachrichten hatte präsentieren sehen. Damals war er immer schwarz-weiß gewesen, aber jetzt saß er plötzlich in Farbe in Kristjáns Wohnzimmer.

»Ja, ich denke natürlich oft an sie«, antwortete Kristján nach einer Pause, obwohl die ehrliche Antwort gelautet hätte, dass er jeden Tag an sie dachte.

Denn in Wahrheit hatte er eben nicht sein Bestes getan. Man hatte ihm nicht erlaubt, der vielversprechendsten Spur nachzugehen, da man sie für zu weit hergeholt hielt. Diese verdammten Seilschaften – sie zogen sich durch das gesamte politische Spektrum. Nur ja keinen Staub aufwirbeln, wenn die Gefahr bestand, dass man irgendwelchen »bedeutenden« Persönlichkeiten auf die Füße trat. Und Kristján hatte mitgespielt. Er wollte doch nur seinen Job behalten und seine Vorgesetzten zufriedenstellen. *Sind Sie wahnsinnig? Natürlich hat Högni Eyfjörð nichts damit zu tun* … Das war damals die Standardantwort.

Er ließ die Jahre Revue passieren, die seither verstrichen waren. Ein Fischer hatte ihn nach Viðey übergesetzt, zu seinem dritten und – wie sich herausstellte – letzten Besuch im Rahmen seiner Ermittlungen. Natürlich hatte der Mann von Láras Verschwinden gehört, und er hatte gefragt, ob sie immer noch nach ihr suchten. Kristján bestätigte es. Er hatte einen neuen Hut getragen. Seiner Erinnerung nach war das Wetter perfekt, nur ein leichter Wind, dazu strahlende Sommersonne.

Ich hab mal diesen Högni auf die Insel gefahren – Sie wissen, wen ich meine?

Kristján war sofort klar, von wem der Fischer sprach.

Högni Eyfjörð?

Bauunternehmer und mehr, aus guter Familie, mit guten Beziehungen, im gleichen Alter wie der Anwalt und seine Frau auf Viðey.

Ja, und er hatte sich richtig in Schale geworfen. Er hätte seine Fähre verpasst, hat er mir erzählt, und er brauchte kurzfristig eine Überfahrt auf die Insel.

War das vor Kurzem?

Nein, es ist ungefähr einen Monat her. Es war ein Freitagabend, wenn ich mich recht erinnere. Es ist wahrscheinlich nicht wichtig, aber ich wollt's Ihnen trotzdem sagen, weil Sie ja von der Polizei sind.

Aber Kristján war dem Hinweis nicht nachgegangen … Hatte sich dem Druck gebeugt.

Der Redakteur und ehemalige Nachrichtensprecher hüstelte, worauf Kristján aus seinen Erinnerungen ins Wohnzimmer und in die Gegenwart zurückkehrte.

»Wie bitte?«, fragte er, als er merkte, dass er einen Moment lang abwesend gewesen war, so sehr hatte ihn die Vergangenheit in Beschlag genommen.

»Ich habe gefragt: Kristján, was glauben Sie, was mit Lára passiert ist?«

So seltsam es klingen mochte, Kristján war auf diese Frage nicht wirklich vorbereitet, doch er antwortete ohne Zögern: »Ich glaube, dass sie noch am Leben ist.«

»Ist das Ihr Ernst?«, rief der Redakteur erstaunt.

Zweifellos hatte er ihm gerade die Überschrift für seinen Artikel geliefert, dachte Kristján.

»Ja, wirklich. Ich habe so eine Ahnung.«

»Könnten Sie mir sagen, warum Sie das glauben?« Der Redakteur war so freundlich und wirkte so ehrlich interessiert, dass Kristján sich genötigt sah, ihm eine Erklärung zu liefern.

»Also … Es gibt keinerlei Hinweise darauf, dass ihr etwas zugestoßen wäre. Sie war ein junges Mädchen in Diensten einer anständigen Familie, die sie gut behandelte. Dann verschwindet sie plötzlich, zusammen mit ihren Habseligkeiten. Sie kann sich ja kaum mit all ihrem Gepäck ins Meer gestürzt haben. Das ist höchst unwahrscheinlich. Nein, ich glaube, sie ist aus freien Stücken abgereist, aber ich weiß nicht, warum.«

Er blickte auf und sah, dass seine Frau Guðrún ihn von der Küche aus missbilligend beäugte. Er wusste, was das bedeutete. Sie hatten schon über seine Theorie diskutiert, und sie hatte ihn wiederholt davor gewarnt, sie öffentlich zu äußern. Es würde nur alte Wunden aufreißen und Láras Eltern das Leben schwer machen, da er – wenn auch nur indirekt – anzudeuten schien, dass Lára vor irgendetwas in ihrem Elternhaus davongelaufen sein könnte.

Nun, jetzt hatte er es getan. Und er bereute diese spontane Entscheidung nicht. Vielleicht würde das die Ermittlung wieder in Gang bringen – vielleicht irgendjemandem einen Anstoß geben.

»Das ist mir neu«, sagte der Redakteur. »Ist damals in diese Richtung ermittelt worden?«

»Wissen Sie, wir hatten nur wenige Anhaltspunkte. Alles nur Vermutungen. Das Mädchen war einfach verschwunden. Hören Sie, ich möchte Sie um einen Gefallen bitten, wenn ich darf …«

»Selbstverständlich.«

»Ich würde gerne eine Botschaft an Lára senden, für den Fall, dass sie irgendwo unter einem anderen Namen als erwachsene Frau lebt.«

Der Redakteur nickte.

Plötzlich kam sich Kristján vor, als ob er an einem Fernsehinterview teilnähme, als ob das Wohnzimmer ein Studio wäre und er im Scheinwerferlicht säße, in die Kamera blickte und Lára direkt anspräche.

»Was ich sagen will, ist: Lass uns nur wissen, dass es dir gut geht, wo immer du bist … Es würde sehr vielen Menschen ihren Seelenfrieden zurückgeben.«

Nicht zuletzt mir, dachte Kristján.

Er wusste, dass es Wunschdenken war, aber manchmal war es in Ordnung, sich etwas zu wünschen. Er wusste auch tief in seinem Innersten – oder etwa nicht? –, dass Högni Eyfjörð nichts mit dem Verschwinden des jungen Mädchens zu tun hatte. Die Vorstellung war völlig absurd. Warum hätte ein Unternehmer, der an jedem zweiten Bauprojekt in der Stadt beteiligt war, einem harmlosen Teenager etwas antun sollen?

Jetzt ging es Kristján schon ein wenig besser. Es war ihm gelungen, sich selbst aufs Neue davon zu überzeugen, dass Lára am Leben war.

Er unternahm einen Versuch, das Thema zu wechseln. »Wenn ich fragen darf – gibt es einen großen Unterschied zwischen dieser Arbeit und dem Produzieren von Fernsehprogrammen?«

Der Redakteur lächelte. Er hatte wohl nicht damit gerechnet, selbst interviewt zu werden. »Um ehrlich zu sein, das hier macht mir gerade viel mehr Spaß. Es war ein großartiges Abenteuer, bei der Einführung des Fernsehens in diesem Land mitzuwirken, aber wir brauchen alle bisweilen eine Veränderung. In zehn Jahren will ich vielleicht wieder etwas völlig anderes machen. Und Sie?«

»In zehn Jahren?«

»Ja, 1986.«

»Das ist noch lange hin«, sagte Kristján. »Aber ich werde dann immer noch bei der Polizei sein.« Er musste gar nicht lange nachdenken, denn es war eigentlich selbstverständlich. Einmal Polizist, immer Polizist. Er hatte seine Arbeit gut gemacht, hatte sich immer an die Vorschriften gehalten. Er und seine Frau suchten nach einer größeren Wohnung – ein Einfamilienhaus sollte es diesmal sein. Sein Gehalt war vielleicht nicht das üppigste, aber immerhin hatten sie ein festes Einkommen. Sie legten beide jeden Monat etwas zurück und ignorierten die Werbung für Urlaubsreisen, und mit etwas Glück würden sie in ein paar Jahren in ihr Eigenheim umziehen können. Das Problem war, dass die derzeitige galoppierende Inflation ihre Ersparnisse fast so schnell auffraß, wie sie sie beiseitelegen konnten. Die neuen Kronenmünzen aus Aluminium waren so leicht, dass sie auf dem Wasser schwammen, das sagte schon alles. Trotz alledem spielte er seit einer Weile mit dem Gedanken, sein eigenes Haus zu bauen oder vielleicht in einer der neuen Vorstädte irgendetwas mit einem Dach und vier Wänden zu kaufen und es nach und nach auszubauen.

»Sie fühlen sich offenbar wohl bei der Polizei.«

»Ja, ich glaube, da habe ich schon immer hingehört. Mein Großvater war Polizist, und obwohl mein Vater keiner war, kann man wohl behaupten, dass es mir im Blut liegt. Ich fühle mich dort zu Hause, und ich hoffe, mit meiner Arbeit der Gesellschaft dienen zu können.«

»Sind die ursprünglichen Ermittlungen zu Láras Verschwinden glatt gelaufen? Können Sie uns etwas darüber erzählen?«

Kristján stutzte einen Moment. »Ja, es lief alles glatt, oder … vielleicht ist das der falsche Ausdruck, denn wir hatten ja keinen Erfolg. Wir haben Lára nicht gefunden, obwohl ich glaube, dass wir objektiv betrachtet alles getan haben, was in unserer Macht stand – wir haben mit allen Beteiligten gesprochen und … nun ja, wir haben eine professionelle Ermittlung durchgeführt.« Er registrierte einen schlechten Geschmack im Mund, während er das sagte, versuchte sich aber nichts anmerken zu lassen.

»Hatten Sie ausreichend Unterstützung?«

»Bitte?«

»Von oben? Von Ihren Vorgesetzten?«

»O ja, alle Unterstützung, die ich brauchte.« Das war die korrekte Antwort, oder zumindest war es die Antwort, die man abdrucken konnte. »Das Wichtigste bei jeder Ermittlung ist, dass einem die Freiheit gewährt wird, in jedem Winkel nachzusehen, und genau das haben wir getan. Aber natürlich kommt es auch vor, dass man Hilfe braucht, und dann bittet man eben darum.«

»Verstehe. Könnten Sie uns Viðey beschreiben, wie es damals war? Seitdem hat sich ja viel verändert.«

»Zweifellos. Das Ehepaar, für das Lára gearbeitet hatte, ist weggezogen. Sie waren mehrere Sommer dort, soviel ich weiß …«

»Óttar und Ólöf, ja.«

»Genau. Ich weiß noch, dass ich mir dachte, was für ein beschauliches Leben die beiden dort führten, obwohl nach dem Verschwinden des Mädchens natürlich nichts mehr so war wie zuvor. Ich denke, das war einer der Gründe, warum sie schließlich weggegangen sind. Dürfte ich Sie fragen, ob Sie auch mit ihnen gesprochen haben?«

»Sie waren leider nicht bereit dazu. Nicht jeder ist darauf erpicht, die Vergangenheit wieder ans Licht zu zerren.«

Wieder einmal bereute Kristján, dass er in dieses Interview eingewilligt hatte und sich freiwillig so in Bedrängnis bringen ließ.

»Verständlich«, bemerkte er trocken. Auch wenn es nicht die Schuld des Redakteurs war – er machte ja nur seine Arbeit. Er war nicht der erste und gewiss nicht der letzte Journalist, der über Lára schrieb.

»Haben Sie die beiden oft besucht? Auf Viðey?«

Ganz kurz spielte Kristján mit dem Gedanken, dem Mann eine Lüge aufzutischen, aber das war keine realistische Option. Ein Polizist durfte einen Journalisten nicht anlügen. So etwas flog am Ende immer auf, und wenn das passieren sollte, wären die Konsequenzen offensichtlich. Kristján hatte keine Lust, seinen Job wegen einer Lüge zu verlieren, sosehr er sich auch für seine damaligen relativ oberflächlichen Ermittlungsmethoden schämte.

Er fragte sich, ob er sich auf die Ausrede verlegen sollte, es sei ihm nicht gestattet, über Einzelheiten der Ermittlung zu sprechen, doch er bezweifelte, dass seine Vorgesetzten über diese Antwort sehr erfreut sein würden. Es war seither viel Zeit vergangen, und er durfte nicht den Anschein erwecken, dass er – oder die Polizei – irgendetwas zu verbergen hatte.

»So oft wie nötig«, antwortete er nach einer Pause. »Ich war drei Mal bei ihnen. Das erste Mal allein, nachdem Lára als vermisst gemeldet worden war. Dann gab es eine organisierte Suchaktion auf der Insel, über die auch in den Nachrichten berichtet wurde. Ein Suchtrupp durchkämmte die Insel von einem Ende zum anderen – Polizeibeamte, Freiwillige, die Angehörigen ... Ich nehme an, Sie sind noch zu jung, um sich daran zu erinnern.«

Wieder lächelte der Redakteur. »Ich habe die Vorgeschichte recherchiert, bevor ich hierherkam, und ich habe Fotos des Suchtrupps in den Zeitungsarchiven gesehen. Das muss ja eine Riesenaktion gewesen sein.«

»Wir waren zu diesem Zeitpunkt in großer Sorge um Lára, da seit Tagen niemand mehr von ihr gehört hatte, und die Öffentlichkeit verlangte Antworten. Wir hatten keine andere Wahl, als eine gründliche Suche durchzuführen. Aber das arme Mädchen war nirgendwo zu finden.«

Ein eigenartiges Schweigen folgte auf diese Worte, als ob sie auf furchtbare Geheimnisse und eine unermessliche Bürde hindeuteten. Es war ja tatsächlich so, dass die Geschichte Kristján seit zwei Jahrzehnten belastete. Obwohl er nicht sonderlich religiös war, betete er fast jeden Abend zu einer höheren Macht, und das Gebet war stets das gleiche: dass das Rätsel um Láras Schicksal gelöst würde. Um ihretwillen und um ihrer Familie willen, aber tief in seinem Innersten wusste er auch, dass es nicht minder wichtig für ihn selbst war. Er konnte den Gedanken kaum ertragen, noch länger mit dem ungelösten Rätsel leben zu müssen, und doch hatte er keine Wahl.

Bisweilen saß er abends, nachdem alle anderen längst gegangen waren, noch in seinem Büro und schlug die alten Akten auf. Dann versuchte er herauszufinden, ob er vielleicht irgendetwas übersehen hatte, irgendein unbedeutendes Detail. Er ging im Geist die Vernehmungen durch, soweit er sich daran erinnern konnte, die beteiligten Personen, sogar ihr Mienenspiel, in der Hoffnung, dass die Zeit den Unterschied zwischen Wirklichkeit und Einbildung noch nicht verwischt hatte.

Schließlich fuhr er fort: »Ich habe eine lebhafte Erinnerung an den Tag, an dem wir uns auf die Suche nach ihr gemacht haben. Es war ein eiskalter Herbsttag, als ob die Wettergötter sich gegen uns verschworen hätten und nicht wollten, dass Lára gefunden wurde. Wir teilten uns in Gruppen auf, und wir hatten Experten dabei – Leute, die die Insel gut kannten, obwohl man sich dort kaum verlaufen kann, so klein, wie Viðey ist. Es gibt nicht viele Gebäude: die Kirche, das Gutshaus, das alte Schulhaus, das Bauernhaus und ein paar Ruinen. Aus irgendeinem Grund habe ich mir immer vorgestellt, dass sie in der Kirche Zuflucht gesucht hätte – warum, weiß ich nicht –, aber da war sie natürlich nicht. Sie war überhaupt nicht auf der Insel.«

»Wenn ihr Gepäck nicht auch verschwunden wäre, hätten die meisten Menschen wohl geschlossen, dass sie ins Wasser gegangen sei, nicht wahr?«

»Ja. Ihr Gepäck, richtig. Das passte einfach nicht zusammen.«

»Und später waren Sie dann noch einmal auf der Insel, sagten Sie?«

Kristján nickte. Das war die Überfahrt mit dem Fischer gewesen, bei der das Gespräch auf Högni gekommen war.

»Ja, ich bin noch einmal rausgefahren, um mit dem Paar zu reden. Da war die Spur schon kalt geworden, falls es denn je eine heiße Spur gegeben hatte. Es gab kein Lebenszeichen von ihr, keine Hinweise, kein Mensch hatte sie gesehen oder von ihr gehört. Aber ich fand, dass ich noch einen letzten Versuch unternehmen müsste, um sicherzustellen, dass die beiden nicht irgendetwas vergessen hatten zu erwähnen, und sei es nur irgendein unbedeutendes Detail …«

Der Redakteur unterbrach ihn: »Waren die zwei denn verdächtig?«

Die Frage brachte Kristján aus dem Konzept. Wie sollte er darauf antworten? Natürlich waren sie verdächtig gewesen – seiner Ansicht nach. Bei seinen Vorgesetzten sah die Sache schon anders aus. Eiríkur, der leitende Beamte, hatte ihm mehr als deutlich zu verstehen gegeben, dass Óttar und Ólöf nicht behelligt werden durften. Einige Zeit nach Láras Verschwinden hatte Kristján sich Óttars Karriere einmal genauer angesehen. Er war Rechtsanwalt mit einem offenbar tadellosen Ruf. Es war nahezu undenkbar, dass ein Mann wie er einem jungen Mädchen etwas angetan haben könnte. Neben seiner Anwaltstätigkeit hatte Óttar sich in öffentlichen Debatten hervorgetan und sich auch in der Geschäftswelt einen Namen gemacht. Er hatte zudem gute Verbindungen zu politischen Kreisen. Tatsächlich verfügte ein Mann wie Óttar wohl über ein Netz von Beziehungen quer durch die isländische Gesellschaft, auch wenn er damals mit Anfang dreißig noch recht jung gewesen war. Er hatte an der Universität von Island Vertragsrecht gelehrt und darüber hinaus als Konsul gedient, und das Paar besaß neben dem Bauernhaus auf Viðey noch ein Einfamilienhaus im Zentrum von Reykjavík.

Ólöf kam aus guter Familie, der die beiden zweifellos ihren Reichtum verdankten. Der Stammbaum der Blöndals las sich wie eine Aufzählung von Großhändlern, Parlamentsabgeordneten und Ministern. Prominente Bürger, die nie einer Seele etwas zuleide tun würden – das hatte der äußere Anschein nahegelegt, aber natürlich konnte Kristján das Paar nicht ganz ausschließen. Das Mädchen war praktisch vor ihren Augen verschwunden. Soviel er wusste, hatten sich zu der Zeit nur drei Menschen auf der Insel aufgehalten, und dann waren plötzlich nur noch zwei übrig. Es erinnerte ihn an einen Krimi von Agatha Christie, den er einmal gelesen hatte.

Ein gewissenhafter Polizeibeamter hätte sich diesen Aspekt der Ermittlung entschlossen vorgenommen, das Paar zur Vernehmung aufs Revier bestellt und ihnen ordentlich auf den Zahn gefühlt, weil es nur um Lára gehen musste und nicht um die Interessen seiner Vorgesetzten. Aber Kristján hatte die Prüfung nicht bestanden, ein ums andere Mal.

»Es gab keine Verdächtigen in dem Sinn«, sagte er schließlich, seine Worte sorgfältig abwägend. »Es gab ja nie irgendwelche Hinweise darauf, dass ein Verbrechen begangen worden war. Wir suchten nach einem vermissten Mädchen und ermittelten nicht in einem Mordfall …«

Aber wenn Lára ermordet worden war, war es dann nicht offensichtlich, dass das Paar auf Viðey darin verwickelt sein musste? Waren sie nicht die Einzigen, die eine Gelegenheit dazu gehabt hätten? Sie könnten Láras Sachen vernichtet und ihre Leiche beseitigt haben. War es vielleicht ein schrecklicher Unfall gewesen, ein Streit, der auf die schlimmstmögliche Art geendet hatte, sodass sie das Geschehene vertuschen mussten, um ihren Ruf zu schützen? Erstaunlicherweise waren sie in der Presseberichterstattung relativ gut weggekommen. Die Öffentlichkeit hatte nicht zu glauben gewagt, dass der Rechtsanwalt und seine Gattin irgendetwas mit dem Verschwinden des Mädchens zu tun hatten. Kristján erinnerte sich an ein Interview mit Ólöf Blöndal, das er im *Morgunblaðið* gelesen hatte. Darin hatte sie an die Öffentlichkeit appelliert, bei der Suche zu helfen; sie hatte Lára mit Lob überschüttet und erklärt, wie fleißig sie gewesen sei. *So ein hübsches, lebhaftes Mädchen*, das war die Beschreibung, die ihm von diesem Interview im Gedächtnis geblieben war. Und so stellte er sich Lára vor, auch wenn er ihr nie begegnet war. Es war merkwürdig, wie eng verbunden er sich ihr fühlte.

»Verstehe. Es gab also keine Verdächtigen. Wurde denn nie erwogen, den Status der Ermittlung zu ändern und sie zu einer Mordermittlung hochzustufen?« Die Stimme des Redakteurs hatte an Schärfe zugelegt.

Kristján zögerte und blickte sich hilflos um. Er wusste nicht, wie er antworten sollte, und sah die Schlagzeilen schon vor sich.

In diesem Moment trat Guðrún aus der Küche und sagte unvermittelt: »Ich fürchte, Kristján und ich müssen jetzt los. Wir sind mit Freunden verabredet.«

»Wie bitte?«

»Ach ja, hatte ich das etwa nicht erwähnt?«, sagte sie unbekümmert, als ob nichts natürlicher sein könnte als diese offensichtliche Lüge.

»Nein, das haben Sie nicht, aber es ist kein Problem. Ich hatte auch nicht vor, Ihnen noch länger die Zeit zu stehlen.«

»Das tun Sie doch nicht«, sagte sie.

»Wir brauchen dann noch ein Foto von Ihnen«, wandte sich der Redakteur wieder an Kristján. »Ein aktuelles, meine ich. Darf ich Ihnen einen Fotografen vorbeischicken?«

Kristján schwankte einen Moment und fuhr sich mit einer Hand über den Kopf. Sein Haar lichtete sich seit einer Weile – er hätte den Hut, der ihm vor so langer Zeit auf der Faxaflói-Bucht davongeflogen war, jetzt gut gebrauchen können. Das Foto von ihm, das die Zeitungen benutzten, wann immer der Fall Lára wieder hervorgekramt wurde, war alt, und er war seither nicht jünger geworden. Er wünschte, er könnte sich weigern, aber er wollte nicht unkooperativ erscheinen.

»Ja, warum nicht …«, sagte er und zuckte mit den Schultern.

1986

1. August

Þórdís Alexandersdóttir war immer noch eine glamouröse Erscheinung, mit üppiger dunkler Haarpracht und Augen, die in der Lage schienen, das gesamte Spektrum menschlicher Emotionen auszudrücken. Eines ihrer Talente war ihre schier grenzenlose Wandlungsfähigkeit. Sie konnte ein schlichtes Kostüm anziehen, ihre Haare zu einem Dutt binden und nur das allerdezenteste Make-up auflegen. Doch dann erschien sie wieder in einem bunten Kleid mit tiefem Ausschnitt, offenem Haar und dem grellsten roten Lippenstift. Obwohl sie in letzter Zeit ein paar Kilo zugelegt hatte, waren ihre Bewegungen immer noch leichtfüßig, und sie kaschierte ihre fülligere Figur durch geschickte Auswahl ihrer Garderobe.

In diesem Moment begutachtete sie ihre äußere Erscheinung im Spiegel in ihrem Einfamilienhaus in der Laugarásvegur. Ihre heutige Aufmachung bestand aus einem schwarzen Kleid mit einem Schultertuch aus roter Wolle und schwarzen Lederstiefeln. Sie legte etwas Lippenstift auf und lächelte ihr Spiegelbild an.

Ihre Mutter hatte ihr die Überzeugung eingepflanzt, dass man stets ein gutes Bild abgeben musste, vor allem in Krisensituationen. Es kam nicht infrage, dass man seinen Kummer offen zur Schau trug. Þórdís schnaubte bisweilen missbilligend, wenn sie die Frau von nebenan, eine Französischlehrerin, in Jeans und Pullover zur Arbeit gehen sah, mit einer Frisur, als ob sie sich gerade erst aus dem Bett gewälzt hätte. Das war ein Verrat an der Sache der Frauen, dachte Þórdís. Sie selbst gab sich immer Mühe, einen guten Eindruck zu machen, und trug stets Nagellack, auch wenn sie nur kurz einkaufen ging.

Zweifellos hatte das Theater diese Tendenz verstärkt. In ihrer Glanzzeit war Þórdís eine der begehrtesten Schauspielerinnen Islands gewesen und für ihre Darstellungen – von Shakespeare-Heldinnen bis hin zu modernen Rollen – von der Kritik hoch gelobt worden.

Aber die Angebote waren spärlicher geworden, je älter sie wurde. Während die Herren der Schöpfung, mit denen sie die Schauspielschule besucht hatte, immer noch erfolgreich waren und nun an der Seite deutlich jüngerer Frauen spielten, war sie heutzutage nur noch selten gefragt – und wenn, dann durfte sie nur ältliche Tanten oder Ammen spielen, in ein graues Schultertuch gehüllt, und mit schriller, heiserer Stimme wenige Sätze sprechen. Und seit sich herumgesprochen hatte, dass Þórdís gerne mal ein Gläschen über den Durst trank, waren die Anfragen noch dünner gesät, während ihre männlichen Kollegen, die dem gleichen Laster frönten, sich nach wie vor ihre Rollen aussuchen konnten.

Þórdís selbst war der Meinung, dass sie ihren Alkoholkonsum vollkommen unter Kontrolle hatte. Und außerdem, dachte sie, gab es doch jede Menge Studien, die belegten, dass Rotwein gut für die Gesundheit war, genau wie Schokolade.

Nach einem weiteren Blick in den Spiegel lief sie zurück ins Schlafzimmer und legte eine Halskette mit einem Anhänger in Form eines riesigen silbernen Kreuzes um. Es erschien ihr angemessen, da sie auf dem Weg ins Krankenhaus war, um am

Sterbebett ihres Mannes zu wachen. Sie malte sich aus, wie die Krankenschwestern ihr Blicke voll ehrlichem Mitgefühl zuwerfen und am nächsten Tag in der Cafeteria bewundernd über sie reden würden.

Bei diesem Gedanken stiegen ihr die Tränen in die Augen, und sie verließ eilig das Haus. In ihrer roten Stola und mit dem Kreuz auf der Brust kam sie sich beinahe vor wie ein römisch-katholischer Kardinal.

Finnur Stephensen lag seit nunmehr acht Wochen im Krankenhaus. Bei ihm war Darmkrebs diagnostiziert worden, und bei der OP stellte sich heraus, dass die Krankheit sich schon über seinen gesamten Verdauungstrakt ausgebreitet hatte. Nachdem klar war, dass die Ärzte nichts mehr für ihn tun konnten, hatte sich sein Gesundheitszustand rapide verschlechtert, und nun blieb ihm nur noch wenig Zeit.

Þórdís rauschte ins Zimmer, wo er unter einer weißen Krankenhausdecke lag, sein Gesicht aschfahl, die Augen matt. Sie beugte sich über ihn und streichelte seine Wange. Finnur würde ihr fehlen. Sie hatten sich vor über vierzig Jahren am Gymnasium von Reykjavík kennengelernt, wo Þórdís eine der wenigen Schülerinnen gewesen war. Er war der Sohn eines Reykjavíker Großhändlers und hatte zu gegebener Zeit das Geschäft seines Vaters übernommen, das er anschließend mit großem Erfolg weiterführte. Er hatte immer schon einen guten Riecher dafür gehabt, was gerade besonders begehrt war, sei es Sportkleidung, Küchengeräte oder alkoholische Getränke. Sie und Finnur waren eine Zeit lang getrennte Wege gegangen, hatten aber wieder zusammengefunden, als er auf die vierzig zuging. Sie war zwei Jahre jünger als er.

Am Gymnasium waren sie schon bald ein Paar geworden. Er war damals so schüchtern und bescheiden wie sie forsch und selbstbewusst. Sie glichen einander aus. Doch mit der

Zeit war Þórdís seiner überdrüssig geworden. Die Clique, mit der er ständig zusammensteckte, langweilte sie. Sie fand, dass diese Typen nichts zu bieten hatten – sie redeten immer nur über Geld, Politik und Intrigen, und mit Kultur hatten sie alle nichts am Hut. In der emotionalen Atempause, die die Trennung ihr gewährte, hatte sie sich in einen Schauspielerkollegen verliebt.

Nach einer kurzen und stürmischen Affäre kehrte sie zu Finnur zurück. Und er hatte sie mit Respekt und Verständnis aufgenommen, hatte sich aufrichtig bemüht, Interesse an ihren künstlerischen Ambitionen und ihrer Theaterkarriere zu zeigen, und sie in allen ihren Aktivitäten unterstützt. Sie unternahmen zusammen Reisen, besuchten Kunstgalerien im Ausland, genossen erlesenes Essen und sammelten Lebenserfahrung. Der Erfolg seines Großhandelsunternehmens bedeutete, dass sie sich so gut wie keinen Wunsch versagen mussten. Er hatte Þórdís immer bewundert, und sie hatte ihn ihrerseits mit Anekdoten aus dem Theaterleben unterhalten und mit ihm über die Persönlichkeiten und Kontroversen der Kulturszene diskutiert.

Sie glaubte, dass ihr nie wieder ein Mensch so nahestehen würde wie Finnur. Wie würde ihr Leben ohne ihn aussehen? Sie würde ihre Tage in dem viel zu großen Haus am Laugarásvegur fristen und sich mit Rotwein trösten, weil sie niemanden zum Reden hatte. In einem Versuch, diesen plötzlichen Anflug von Verzweiflung abzuschütteln, konzentrierte sie sich darauf, sich seine Beerdigung auszumalen, und sah sich selbst ganz in Schwarz, von Kummer gezeichnet, aber dennoch elegant, in einer voll besetzten Kirche, wo der Motettenchor – vielleicht mit einer einzelnen Solistin – für den musikalischen Rahmen sorgte.

Sie seufzte. Sie würde schrecklich einsam sein.

Finnur lag in seinem Zimmer auf der Krebsstation des Nationalkrankenhauses, den Blick zum Fenster gewandt, doch er drehte den Kopf, als seine Frau hereinkam. Sie war ein so auffallender Kontrast zu der kalten Sterilität des Krankenzimmers: eine Vision in Rot und Schwarz, begleitet von einer Parfümwolke, vermischt mit einem leisen Hauch von Alkohol. Er kannte seine Þórdís, kannte alle ihre Tugenden und Laster, und er liebte sie so, wie sie war. Sie setzte sich auf einen Stuhl am Bett, nahm seine Hand und hielt sie fest.

Er war müde. Spürte die Krankheit, die seinen Körper von innen auffraß. Oh, wie er es vermisste, feines Essen zu genießen, das Bouquet eines edlen Weins zu würdigen und ihn zusammen mit Þórdís zu kosten. Stattdessen lag er hier, vollgepumpt mit Morphium. Immer wenn die benebelnde Wirkung nachließ, meldeten sich die Schmerzen in seinem Bauch und erinnerten ihn daran – als ob er es je vergessen könnte –, dass die Krankheit erbarmungslos ihren Lauf nahm. Nach und nach hatte er das Interesse am Leben verloren. Wenn das Morphium durch seine Adern strömte, dämmerte er vor sich hin und ließ seine Gedanken driften. Bilder vergangener Ereignisse tauchten vor seinem inneren Auge auf, manche real, andere – nun, da war er sich nicht so sicher.

Þórdís, überschwänglich lachend, der Mittelpunkt der Theaterpartys, bei denen er sich bereitwillig im Hintergrund gehalten hatte. Seine Eltern auf dem Bauernhof, wo er aufgewachsen war. Sie waren so fleißig gewesen, hatten sich ohne Unterlass geplagt, seine Mutter gütig, aber ernst, sein Vater unentwegt in Aktion. Als Finnur zehn Jahre alt war, hatte sein Vater eine Stelle in Reykjavík angeboten bekommen, und die Familie war in die Hauptstadt gezogen, wo sie zunächst in einer Souterrainwohnung in Hringbraut gewohnt hatten, um dann ganz allmählich in der Gesellschaft aufzusteigen. Sein

Vater fing mit dem Import von Töpfen und Pfannen an, aber sein Geschäft florierte bald und wuchs, bis es schließlich eines der größten Großhandelsunternehmen Islands wurde. Finnur hatte die Aufbauarbeit fortgesetzt und dabei ein noch ausgeprägteres Gespür für das Geschäft an den Tag gelegt.

Er und Þórdís hatten sich bereits über die Aufteilung des Erbes verständigt: Finnurs Neffe würde die Leitung des Großhandelsgeschäfts übernehmen, während Þórdís die Mehrheit der Anteile behielt. Finnur hatte seine Zweifel an den Fähigkeiten seines Neffen. Der junge Mann besaß nicht Finnurs Tatkraft, er war zu sehr am Luxusleben interessiert. Ein bisschen wie Finnurs alter Kumpel Högni Eyfjörð – immer ein neues Mädchen an seiner Seite, stets der flotte Bonvivant.

Finnurs Gedanken wanderten weiter, getrübt vom Morphium.

»Finnur, mein Schatz. Wie geht es dir heute?«

Er murmelte etwas als Erwiderung, versuchte seine Frau anzulächeln.

Eine Krankenschwester steckte den Kopf zur Tür herein, sah die beiden teilnahmsvoll an und bot dann Þórdís einen Kaffee an.

»Danke«, sagte Þórdís und folgte ihr hinaus auf den Flur, wo ihr ein Kaffeebecher mit dem Logo des Nationalkrankenhauses in die Hand gedrückt wurde.

»Es geht jetzt schnell bergab mit ihm«, sagte die Schwester mit ernster Miene. »Können Sie heute länger bleiben?«

»Ja«, antwortete Þórdís. Das Ganze kam ihr so unerträglich grausam vor.

»Gibt es irgendwelche Kinder oder andere Angehörige, die vielleicht gerne kommen würden?«

»Nein«, sagte Þórdís matt. »Nicht heute.«

»Er hat viel geredet, aber wir können ihm nicht immer folgen. Über alles Mögliche – die Lebenshaltungskosten, die Inflation und so weiter. Aber eines war auffällig. Er fing an, davon zu reden, dass er nach Viðey fahren müsse.«

Þórdís war verblüfft: »Nach Viðey?«

»Ja, er sagte, er müsse dorthin«, wiederholte die Schwester.

Þórdís' Blick schweifte kurz zum Fenster. Dann lächelte sie und sagte: »Das muss das Morphium sein, das ihn verwirrt.«

Sie ging zurück in Finnurs Zimmer. Draußen schien die Sonne und flutete den Raum mit jenem gnadenlosen Spätsommerlicht, das alles so hart und klar hervortreten lässt – vor dem sich nichts verbergen lässt. Jede Falte in Finnurs Gesicht zeichnete sich deutlich ab, als sie ihn dort am Fenster liegen sah, seine Haut so blass, dass sie fast grau war.

Finnur ließ seine müden Augen auf Þórdís ruhen. Sie war ins Zimmer zurückgekommen, und das Aroma von Kaffee überlagerte jetzt den Parfümduft und ihre Weinfahne. Er lächelte schwach. Sein Geruchssinn war offenbar der einzige, der noch richtig funktionierte. Er hatte schon immer eine sensible Nase gehabt. Was das Krankenhaus so fremdartig machte, das war das Fehlen normaler Gerüche. Alles war desinfiziert, geschrubbt und gewaschen mit Putzmitteln und Seife ohne jegliche Duftstoffe. Finnur liebte Þórdís' Geruch.

Seine Gedanken gingen wieder auf Wanderschaft. Der Duft von frisch gemähtem Gras auf dem Bauernhof. Der Geruch der Erde, wenn er Kartoffeln erntete. Dann Paris, sein erster Besuch dort, ein komplexer Anschlag auf die Sinne, eine Mischung aus Rotwein, Parfüm, Knoblauch und dem Kloakengestank, der an heißen Tagen von der Seine aufstieg. Der Duft von pinkfarbenen Rosen. Die Meeresaromen von Salz und

Seetang. Der Geruch des Todes, vermischt mit denen von Erde und Gras.

Seine Lider hatten sich geschlossen. Konnte er sie öffnen? Er merkte, dass sein Atem schwerer ging. Ja, Þórdís war da, er konnte sie immer noch wahrnehmen: das Parfüm, der Kaffee, die Lotion, die sie jeden Tag auf ihre Haut auftrug. Sie liebte es, sich zu verwöhnen.

Es gab da etwas, was er ihr sagen musste, etwas Wichtiges …

Þórdís bemerkte die Veränderung in der Atmung ihres Mannes und erkannte mit Schrecken, dass es offenbar zu Ende ging. Tränen schossen ihr in die Augen, aber es kümmerte sie nicht mehr, wie sie aussah. Ihr Mann war im Begriff, sie zu verlassen.

Sie fasste seine Hand und sah ihn eindringlich an, als ob sie sich das Bild dieses lieben Gesichts einprägen wollte, das so viele Jahre ihr Begleiter gewesen war.

Finnur schlug die Augen auf. Zuerst starrte er mit verschleiertem Blick zum Fenster, dann sah er Þórdís unverwandt an. Und während er das tat, wurde sein Blick klarer und wirkte mit einem Mal so lebendig, als ob all seine Vitalität sich in diesem einen Augenblick konzentrierte.

»Viðey. Du musst nach Viðey fahren.«

Þórdís begegnete seinem Blick.

Finnur ließ einen langen Atemzug entweichen. Das Funkeln in seinen Augen erlosch.

Und zugleich schien es im Zimmer immer dunkler zu werden.

Finnur Stephensen hatte diese Welt verlassen.

1986

14. August

Valur Róbertsson saß mit der Zeitung von dieser Woche im Café Mokka.

Das Blatt kam frisch aus der Presse, und der berauschende Geruch der Druckerschwärze mischte sich mit dem des frisch gebrühten Kaffees. Das Mokka war nicht sehr gut besucht – nur ein paar Stammgäste, die Valur vom Sehen kannte, aber er war auch nicht hier, weil er Gesellschaft suchte. Das Mokka war Reykjavíks Versuch eines kosmopolitischen Cafés: Hier servierte man den Gästen schon seit Ende der Fünfzigerjahre Espresso, und obwohl Valur damals noch nicht auf der Welt gewesen war, kam es ihm vor, als hätte sich das Lokal in der Zwischenzeit kaum verändert, mit seinen Retro-Möbeln, der modernen Kunst an den Wänden und den tief hängenden Kupferlampen. Er wollte nur in Ruhe die Zeitung durchlesen, sich die Ernte der Woche zu Gemüte führen. Danach erwartete er seine Schwester. Sie trafen sich mindestens einmal in der Woche im Mokka, um einander bei Kaffee und Waffeln das Neueste aus ihrem Leben zu erzählen.

Die Titelseite sprang ihn regelrecht an. Er war stolz darauf. Ein Blickfang, aber nicht reißerisch. Dagbjartur, der Herausgeber und Chefredakteur des *Vikublaðið*, betonte stets, dass es der Titel war, der Zeitungen verkaufte – es war eindeutig der

Schlüssel zum Straßenverkauf, und es ließ sich nicht leugnen, dass sie manchmal übers Ziel hinausschossen. Aber Valur war ehrgeizig – er hatte nicht vor, auf Dauer beim Boulevardjournalismus hängen zu bleiben. Er wollte der beste Enthüllungsjournalist Islands sein, deshalb spielte er so weit wie möglich nach seinen eigenen Regeln, während er sich größte Mühe gab, seinen Chef zufriedenzustellen. Er schätzte, dass er sich in ungefähr einem Jahr einen Namen gemacht haben würde, der es ihm ermöglichte, zu einer Tageszeitung oder sogar zum Fernsehen zu wechseln. Das Radio reizte ihn nicht, denn sein Instinkt sagte ihm, dass das Fernsehen die Zukunft war, zumal jetzt, da in Kürze Islands erster privater Fernsehsender den Betrieb aufnehmen würde. Es war alles in Bewegung, die Gesellschaft wandelte sich zum Besseren, und die Welt war voller Möglichkeiten. Er war zwar erst fünfundzwanzig, arbeitete aber schon als Journalist, seit er zwanzig war. Er hatte sich hochgearbeitet und war inzwischen seit über zwei Jahren beim *Vikublaðið*, fast seit der Gründung. Der Lebenszyklus einer Wochenzeitung war nicht besonders lang. Aber nun hatten ihre Verkaufszahlen zwei Wochen hintereinander Rekorde gebrochen, und alles deutete darauf hin, dass sie es diese Woche wieder tun würden. Und es war die dritte Ausgabe in Folge, bei der Valur für die gesamte Titelseite verantwortlich war.

Das alles hatte er Lára zu verdanken, dem bedauernswerten Mädchen, das vor dreißig Jahren spurlos verschwunden war.

Wie die meisten Isländer war Valur mit der Geschichte aufgewachsen. Das immer gleiche alte Foto des Mädchens tauchte in regelmäßigen Abständen in der Presse auf, als ob es sich in die Volksseele eingebrannt hätte. Jeder kannte dieses Bild. Valur war schon als Kind von dem Rätsel fasziniert gewesen – warum, konnte er nicht so recht sagen. Láras Geschichte war von einer undefinierbaren Aura des Mysteriösen umgeben, als ob das Mädchen nicht ganz von dieser Welt, nie ein Wesen aus Fleisch und Blut gewesen wäre – obwohl sie das natürlich damals und vielleicht immer noch war. Darin lag die heimliche Macht ihrer Geschichte: dass niemand mit Sicherheit sagen konnte, ob sie noch am Leben oder tot war.

Er und seine Schwester Sunna hatten früher oft über den Fall spekuliert. Da sie einen Altersabstand von nur zwei Jahren hatten, verbrachten sie immer viel Zeit miteinander und waren auch jetzt – beide in ihren Zwanzigern – noch allerbeste Freunde. Sie hatten alle möglichen Theorien über Láras Schicksal aufgestellt. Viele ihrer Zeitgenossen sicherlich ebenso, denn Láras Name war damals in aller Munde gewesen, doch Valur musste zugeben, dass er und seine Schwester mit einer besonders blühenden Fantasie gesegnet waren. Er hatte im Journalismus ein Ventil für seine Kreativität gefunden, während sie an der Universität von Island Vergleichende Literaturwissenschaft studierte. Eines Tages würde sie Gedichte schreiben, sagte sie immer, und er glaubte ihr. Er fand selbst, dass sie eine ziemlich gute Dichterin abgeben würde, und war stets bereit, sie zu ermutigen, wenn sie es nötig hatte.

Es war über einen Monat her, dass ihm Sunna die Idee auf einem Silbertablett präsentiert hatte – bei einem Kaffee im Mokka selbstverständlich.

Im August würde sich Láras Verschwinden zum dreißigsten Mal jähren. Valur hatte einen Monat zuvor mit den Vorarbeiten begonnen. Er hatte den Chefredakteur Dagbjartur in dessen Büro aufgesucht. Dagbjartur war Anfang sechzig, er hatte alle möglichen Umbrüche im Zeitungsgeschäft überlebt und war offenbar entschlossen, seine Karriere als Chefredakteur des *Vikublaðið* zu beenden. Er war zunächst alles andere als beeindruckt gewesen, als Valur ihm die Idee vortrug. *Alles, was über Lára geschrieben werden kann, ist schon geschrieben worden*, hatte Dagbjartur argumentiert und hinzugefügt, dass er nicht glaubte, dass sie jetzt noch gefunden würde. Aber Valur war hartnäckig geblieben; er hatte darauf hingewiesen, dass das Rätsel um das verschwundene Mädchen das Land vereint habe und dass eine ausführliche Reportage garantiert den Absatz steigern würde. Valurs Plan war, dass er einen ganzen Monat darauf verwenden würde, ihre Geschichte aufs Neue gründlich zu recherchieren und Interviews mit allen Personen zu führen, die sie gekannt hatten, in der Hoffnung, dabei den einen oder anderen neuen Hinweis ans Licht zu bringen.

Zweifellos hatte das Argument der verkaufsfördernden Wirkung den Ausschlag gegeben, als Dagbjartur schließlich widerstrebend grünes Licht für eine Reihe von Reportagen über Lára gab.

Drei Wochen und drei Ausgaben später ließ sich nicht mehr leugnen, dass Valur richtiggelegen hatte. Die Zeitung war den Verkäufern aus den Händen gerissen worden, und das Interesse an Lára war so groß wie seit Jahren nicht mehr. Valur hatte es sogar selbst in die Nachrichten geschafft und sollte im Fernsehen und im Radio Interviews geben. Es war, als wäre er das Gesicht der Ermittlung geworden, die nie wirklich eingestellt worden war.

Aber trotz allem hatten sich keine neuen Hinweise ergeben. Mit seiner akribischen Detektivarbeit hatte Valur nur erreicht, dass eine Reihe interessanter Details im Zusammenhang mit dem Fall erneut zur Sprache kamen. Während er neue Interviews zu dem Konvolut beigesteuert hatte, hatten die Informationen, die er von den Befragten erhielt, nichts ans Licht gebracht, was nicht schon vorher bekannt gewesen wäre. Doch seine Präsentation war gut, das hatte auch Dagbjartur zugegeben und ihm auf die Schulter geklopft. Verdientermaßen, wie Valur fand.

Er würde noch einen weiteren Artikel schreiben. *Ich habe mir das Beste bis zum Schluss aufgehoben*, hatte er Dagbjartur versprochen, der inzwischen durch die bevorstehende Zweihundertjahrfeier der Stadt Reykjavík abgelenkt war.

Valur rechnete nicht wirklich damit, sein großes Versprechen einlösen zu können. Die meisten seiner Ideen hatte er schon verbraucht, und er hatte mit den wichtigsten Personen gesprochen. Das schwierigste Gespräch war das mit Láras Eltern gewesen. Bislang war er mit seinen wiederholten Versuchen gescheitert, mit Óttar und Ólöf zu sprechen, dem Ehepaar, das in dem Haus auf Viðey gewohnt hatte. Vielleicht würde er noch vor dem Wochenende einen weiteren Anlauf unternehmen und versuchen, Óttar in seinem Büro zu erwischen.

Es gab noch eine andere Möglichkeit, von der er hoffte, dass sie Ergebnisse bringen würde. Es war ihm noch nicht gelungen, mit dem Polizisten in Kontakt zu treten, der die ursprüngliche Ermittlung geleitet hatte. Soweit Valur wusste, war der Mann noch am Leben, aber er erwies sich als schwer zu fassen. Valur hatte ihn zu Hause angerufen. Eine Frau hatte sich gemeldet, bei der er eine Nachricht hinterlassen hatte, doch niemand hatte zurückgerufen. Valur hatte noch einmal angerufen, wieder ohne Erfolg. Noch hatte er nicht versucht, den Mann an seiner Haustür abzufangen, aber vielleicht sollte er das wirklich tun … Denn irgendetwas musste er machen, um die Zeitung vom kommenden Donnerstag voll zu bekommen. Aber jetzt galt es erst einmal, sich für seine gute Arbeit mit einem Kaffee zu belohnen, und dann konnte er sich auf das Wochenende freuen. Nicht, dass Valur sich jemals richtig freinahm, er war immer irgendwie im Dienst, auf der Jagd nach Klatsch und Tratsch, den er seinen Quellen in verschiedenen Cafés und Bars entlockte, oft bei einem Glas des isländischen »Cocktails« *bjórlíki* – alkoholarmes Bier mit einem Schuss Wodka.

Valur bemerkte Sunna erst, als sie sich ihm gegenüber an den Tisch setzte.

»Hi, hast du schon für mich bestellt?«, fragte Sunna. Sie hatte ein sonniges Gemüt, das sich auch in ihrer Stimme ausdrückte.

»Nein. Ich wusste ja nicht, wann du genau kommst.«

Sie lächelte, während sie ihren Notizblock, einen Stift und ein dünnes, zerlesenes Buch auf den Tisch legte.

»Was liest du denn da?«, fragte er.

»Elías Mar. Es ist eine Gedichtsammlung, ungefähr zehn Jahre alt. Ich war gerade zum Kaffee bei ihm.«

»Bei ihm zu Hause?«, fragte Valur, angemessen beeindruckt. Elías Mar war ein führender modernistischer Schriftsteller, inzwischen schon über sechzig.

»Ja, in der Weststadt. Es war ein bisschen so, als ob man einen Trödelladen betritt – alles voller Bücher, und es müffelt ein wenig. Aber er ist ganz reizend. Ich schreibe meine Magisterarbeit über ihn, und es geht doch nichts über eine persönliche Begegnung mit dem Thema.«

»Ist das nicht geschummelt?«, fragte er scherzhaft. »Sich mit dem Thema treffen – ist das erlaubt?«

»Das Leben ist ein Wettbewerb, vergiss das nicht.«

»Und, wie war er?«, fragte Valur, um zu zeigen, dass er sich für das Leben seiner Schwester interessierte, obwohl er in Wirklichkeit nur über die nächste Ausgabe der Zeitung und den Fall reden wollte. Das war schließlich etwas, was sie beide interessierte.

»Elías? Er war gut drauf. Und was ist mit dir – hast du Lára schon gefunden?« Sie stand auf. »Ich hol mir einen Kaffee.«

Das war typisch Sunna – immer in Eile. Entweder beantwortete sie ihre eigenen Fragen, oder sie wartete die Antwort gar nicht erst ab. Valur blieb sitzen und übte sich in Geduld, bis sie zurückkam.

»Also, was gibt's Neues? Hast du sie gefunden?«, fragte sie noch einmal, während sie sich mit ihrem Kaffee an den Tisch setzte.

»So etwas braucht seine Zeit.« Er lächelte. »Ich stecke ein bisschen in der Klemme, ehrlich gesagt.«

»Wie das?«

»Ich muss die Story noch über mindestens eine weitere Woche strecken.«

Sie lachte. »Strecken? Du kannst keine Nachrichten aus dem Hut zaubern – entweder hast du noch mehr Material, mit dem du arbeiten kannst, oder du hast es nicht …«

»Na klar, du hast ja auch noch nie einen richtigen Job gehabt – als ewige Studentin, die du bist«, entgegnete er lachend. »Glaub mir, so läuft das nun mal. Manchmal musst du etwas aus dem Nichts erschaffen, wenn du deinen Job behalten willst.«

»Du musst bestimmt keine Angst haben, dass du deinen Job verlierst. Das ganze Land redet über Lára, und das ist allein dein Werk. Deine Artikel waren der Renner – die Zeitung macht dank dir bestimmt ein Bombengeschäft.«

Valur wusste, dass sie wahrscheinlich recht hatte. Vielleicht sollte er die Gelegenheit beim Schopf packen und um eine Gehaltserhöhung bitten.

»Hast du die alten Zeitungen durchforstet?«, fragte sie, hilfsbereit wie immer.

»Natürlich hab ich das, bis zum Erbrechen. Ich habe mich ganze Tage lang in der Nationalbibliothek verschanzt, anstatt draußen das schöne Sommerwetter zu genießen. Ich habe stapelweise Zeitungen vom August 1956 durchgeackert, zum Teil auch bis Ende September. Wie es aussieht, hat es eine Weile gedauert, bis die Leute anfingen, ihr Verschwinden ernst zu nehmen. Der erste Bericht, den ich finden konnte, ist mehrere Tage danach erschienen, und das war auch nur eine kurze Meldung im *Morgunblaðið*, wo es hieß, dass die Polizei um sachdienliche Hinweise zu einem vermissten jungen Mädchen bittet. Kurz darauf war sie schon zu einer Riesenstory angewachsen, die meistens auf den Titelseiten prangte. Ich habe mir sämtliche Namen von allen Personen notiert, die damals vernommen wurden, und seitdem versuche ich, mit möglichst vielen von ihnen zu sprechen.«

Er griff nach der Aktentasche, die neben ihm am Boden stand. Es war eine schlichte, abgewetzte braune Ledertasche, die seine Eltern ihm zum ersten Arbeitstag als Journalist geschenkt hatten.

»Hier …« Er hielt ihr sein Notizbuch hin. Er benutzte immer die gleiche Art und verbrauchte im Lauf eines Jahres mehrere davon. Die Notizbücher waren sein kostbarster Besitz, und er ließ sie so gut wie nie aus den Augen.

»Was denn, du lässt mich tatsächlich reinschauen?«, fragte Sunna verblüfft. Sie nahm das Notizbuch und schlug es auf. »Es geschehen noch Zeichen und Wunder.«

»Ja, da steht alles drin – alles, was bei dieser merkwürdigen Reise von Nutzen sein könnte. Aber es gibt bestimmt das eine oder andere, was ich übersehen habe, Ideen …«

»Valur, willst du mir etwa erzählen, dass du hoffst, den Fall zu knacken?«

Er lächelte. Natürlich hatte er an diese Möglichkeit gedacht, aber nicht allzu ernsthaft. Er hatte sich ausgemalt, was für ein Prestige es ihm bringen würde. Ruhm und Reichtum … Im Grunde seines Herzens wusste er jedoch, dass es vollkommen unrealistisch war.

»Nein, natürlich nicht, Sunna. Sei nicht albern. Ich muss einfach nur Zeitungen verkaufen.«

»Ich dachte, das machen die Zeitungsjungen. Sie stehen bei Wind und Wetter auf der Straße und verkaufen das *Vikublaðið*, während du in der warmen Stube an deiner Schreibmaschine sitzt.«

Er lächelte.

»Kann ich es mir ausleihen?«

»Was?«

»Dein Notizbuch.«

Valur dachte darüber nach. Das war nicht seine Absicht gewesen, aber es ließ sich nicht leugnen, dass er in einer Sackgasse steckte und ihm die Ideen ausgingen. Vielleicht brauchte er ein, zwei Tage Urlaub von Lára, während Sunna seine Notizen durchlas. Ihre Magisterarbeit konnte bestimmt warten. Alles, was er brauchte, waren ein paar gute Ideen. Eine neue Perspektive auf den Fall, um damit noch einen weiteren Artikel zu füllen. Etwas, was das Interesse der Leser fesselte …

»Also schön, nimm es. Aber gib es mir auch ganz bestimmt am Montag zurück, ja?«

»Ja, klar.«

»Das ist mein Ernst. Hüte es wie deinen Augapfel, Sunna.«

»Ach, nun hör aber auf, da stehen schließlich keine Militärgeheimnisse drin. Übrigens, hast du auch mit dem leitenden Ermittler gesprochen? Ich erinnere mich, ihn im Fernsehen gesehen zu haben. Er hat früher schon Interviews zu dem Fall gegeben, nicht wahr?«

»Er reagiert nicht auf meine Anrufe.«

»Dann warst du nicht hartnäckig genug.«

»Ach, sei doch still. Es ist ja nicht so, als hätte ich schon das Handtuch geworfen. Ich habe mir das für nächste Woche vorgenommen. Ich schaue heute Nachmittag noch mal in der

Redaktion vorbei, und morgen nehme ich mir frei. Nach diesen drei Wochen bin ich total geschafft.«

»Das Leben eines Starreporters ist hart.«

»Also gut, nimm das Notizbuch und zeig mir, wozu du fähig bist, ich bin offen für Anregungen. Irgendetwas muss ich übersehen haben. Ich rechne nicht damit, dass ich nächste Woche irgendwelche Bomben platzen lassen kann, aber alles ist besser als nichts …«

Sunna lächelte. »Du kannst dich auf mich verlassen. Übrigens, warst du auch schon auf Viðey?«

Valur zögerte. »Nein, das nicht. Es …«

»Doch, du warst dort – ich habe es in einem deiner Artikel gelesen. Wo du das Wetter schilderst, die Vogelwelt im Sommer, das üppige grüne Gras auf der Insel, wo Lára verschwunden ist.«

»Ach, das – das habe ich erfunden. Ich habe es mir gespart, extra hinzufahren. Ich war früher schon öfter auf Viðey. Da gibt es nichts mehr zu holen.«

»Du solltest deine Leser nicht anlügen, Valur«, sagte Sunna streng, obwohl in ihrer Stimme ein spöttischer Ton mitschwang.

»Es war eine Notlüge. Ich fahre nächste Woche auf die Insel, versprochen. Und du musst mir versprechen, dass du mir ein paar gute Ideen lieferst.«

1986

14. August

In der Redaktion war es ruhig, als Valur eintrat. Außer ihm war nur der altgediente Reporter Dagbjartur Steinsson da. Das *Vikublaðið* hatte vor Kurzem sehr unkompliziert neue Räumlichkeiten in einem alten Haus in der Kárastígur anmieten können, denn der Vermieter war ein Freund von Dagbjartur. Valur hatte einen Schreibtisch am Fenster mit Blick auf die Faxaflói-Bucht. Die Aussicht war erholsam, und an diesem Nachmittag war das stille Meer herrlich blau. Eines Tages, so hoffte Valur sich einen alten Traum zu erfüllen, würde er in eine kleine Jacht investieren. Seine Freunde redeten schon seit Jahren darüber, dass sie zusammenlegen wollten, um ein Boot zu kaufen. Sie hatten alle einen Segelschein, aber irgendetwas kam immer dazwischen, normalerweise die Tatsache, dass einer von ihnen pleite war – oder alle.

»Wie geht's dir, Valur, mein Junge?«, begrüßte ihn Dagbjartur auf seine gewohnt kumpelhafte Art. Kahlköpfig und korpulent – er aß gerne gut –, ging er stets zum Mittagessen nach Hause und spazierte hinüber zum alten Thingholt-Viertel, wo er mit seiner Frau wohnte. Valur hatte den Verdacht, dass sein Chef mindestens zwei üppige warme Mahlzeiten am Tag vertilgte. Dazu trank er unzählige Tassen Kaffee und rauchte seine Pfeife, doch dem Alkohol hatte er schon vor langer Zeit abgeschworen und war sogar so weit gegangen, sich das sogenannte Gelassenheitsgebet in sein Feuerzeug eingravieren zu lassen. Dagbjartur schien das Leben nie allzu ernst zu nehmen. Valur hatte den Eindruck, dass er sich auch kaum Gedanken um Geld machte. Sollte die Zeitung bankrottgehen, würde ihm vermutlich einer seiner nützlichen Kontakte einen neuen Posten verschaffen.

»Hervorragend«, antwortete Valur. »Ich war gerade im Mokka und habe die Zeitung durchgelesen. Wir haben wirklich gute Arbeit geleistet.«

»Das kannst du dir als Verdienst anrechnen. Es ist ein wahres Wunder, dass wir mitten in der Saure-Gurken-Zeit die Zeitung mit gutem Material füllen können.«

»Gibt es denn gar keine anderen Nachrichten?«

»Es ist nicht viel los zurzeit. Der Fischereiminister hat sich in die Walfangdebatte eingeschaltet, aber niemand will im August etwas darüber lesen. Es will überhaupt niemand irgendwas lesen – außer natürlich über Lára.«

»Vergiss nicht den neuen Radiosender – der wird in ein paar Tagen auf Sendung gehen.«

Dagbjartur schnaubte. Valur wusste, dass er von seiner ganzen Veranlagung her Neuerungen kritisch gegenüberstand. Wenn es nach Dagbjartur ginge, würde alles immer so weitergehen wie bisher, und die Vorstellung eines freien Rundfunkmarkts fand er einfach nur entsetzlich. Er hatte seinen Mitarbeitern schon oft genug Vorträge zu dem Thema gehalten. Valur hatte ihn manchmal auf den inneren Widerspruch hingewiesen, dass er gegen einen privaten Radiosender war, während er selbst für eine Zeitung im Privatbesitz arbeitete, aber dieses Argument hatte keinen Eindruck auf ihn gemacht.

»Und dann ist da noch die Zweihundertjahrfeier von Reykjavík«, sagte Valur, um taktvoll das Thema zu wechseln.

»Die Zweihundertjahrfeier, ja.« Jetzt hellte sich Dagbjarturs Miene auf. »Das wird ein Ding. Angeblich werden sechzigtausend Besucher erwartet. Es wird die große Story des Monats – wobei ich selbst keine große Lust habe hinzugehen.«

»Also, ich gehe auf jeden Fall hin«, erklärte Valur.

»Oh, ich denke, ich muss mich zumindest mal blicken lassen«, meinte Dagbjartur mit Leidensmiene. »Soweit ich weiß, werden die Feierlichkeiten das gesamte Stadtzentrum in Beschlag nehmen, sodass man kaum vor die Tür treten kann, ohne hineingezogen zu werden.« Er schüttelte den Kopf. Obwohl Valur sich über Dagbjarturs Geschimpfe amüsierte, wusste er doch, dass der alte Chefredakteur, wenn es darauf ankam, durch und durch Profi war.

»Du wirst uns schon irgendwas Interessantes über das Jubiläum schreiben«, fügte Dagbjartur hinzu.

Valur lächelte. »Ich werd's versuchen.«

»Ich will nichts von versuchen hören – du machst es, und es wird ein Erfolg, mein Junge. Wir haben bei dieser Zeitung keinen Platz für Mittelmaß.«

»Keine Sorge. Und vergiss nicht, es steht noch ein weiterer Artikel über Lára aus. Ich werde noch einen Versuch unternehmen, diesen Polizisten zu erwischen, der einfach nicht an sein Telefon geht.«

»Gut. Also, ich wollte heute sowieso früher Schluss machen. Du bleibst doch noch ein bisschen länger, nicht wahr?«

Eigentlich hatte Valur nicht vorgehabt, noch zu bleiben, nachdem Dagbjartur weg war.

»Ja, ich wollte noch etwas dableiben«, sagte er dennoch und schluckte seine Enttäuschung herunter. »Ich habe da ein paar Ideen, an denen ich herumfeilen will – und schon mal ein bisschen für nächste Woche vorarbeiten.«

»Wunderbar, mein Junge. Dann hältst du jetzt die Stellung.«

Dagbjartur sah auf die Uhr. »Ich glaube, ich werde den Rest des Tages von zu Hause arbeiten.«

»Okay, alles klar«, erwiderte Valur.

Dagbjartur machte sich auf den Weg, während Valur an seinem Schreibtisch sitzen blieb. Inzwischen bedauerte er es fast, Sunna sein Notizbuch überlassen zu haben. Er hätte die Zeit nutzen können, um es auf der Suche nach Inspiration durchzublättern. Aber er versuchte es positiv zu sehen – vielleicht würde Sunna etwas auffallen, was ihm entgangen war.

Er griff nach dem Telefonbuch, um noch einmal die Nummer von Kristján zu wählen, dem Polizisten, der mit dem Fall Lára betraut gewesen war. Ja, man konnte wohl sagen, dass Láras Verschwinden den armen Mann sein gesamtes Berufsleben hindurch verfolgt hatte – dieser eine Fall, der nach dreißig Jahren immer noch nicht aufgeklärt war. Als die ersten Presseberichte über den Fall erschienen, fanden sich in den Zeitungen Fotos von Kristján bei Pressekonferenzen – ein adretter junger Mann von vierundzwanzig Jahren im Anzug und mit Hut. Alle Fotos waren schwarz-weiß. Im Jahr 1966 war Kristján erneut ins Scheinwerferlicht gezerrt worden, und die Reporter wollten von ihm wissen, warum das Mädchen immer noch nicht gefunden worden war.

Valur bezweifelte, dass es ihm gelungen war, sämtliche Zeitungsberichte zu dem Fall in den Archiven zu finden. Zu Anfang hatte er sich darauf beschränkt, die Berichterstattung vom Herbst 1956 zu lesen, dann die von August 1966 und August 1976. Im August 1976 war nur ein Foto von Kristján veröffentlicht worden, zusammen mit einem Exklusivinterview, das er der Zeitung *Vísir* gegeben hatte. Da war er vierundvierzig gewesen, sah aber aus, als wäre er schon in den Fünfzigern. Entweder hatte der Fotograf ihn an einem schlechten Tag erwischt, oder die Jahre waren nicht freundlich zu ihm gewesen. Die Titelseite wurde beherrscht von einem großen Farbfoto von Kristjáns zerfurchtem Gesicht und einem kleineren Schwarz-Weiß-Foto von Lára – das ikonische Porträt von ihr, das ganz Island kannte.

Das Foto von Lára war anscheinend im Sommer entstanden. Sie trug ein dunkles Samtkleid mit kurzen Ärmeln und hatte lange dunkle Haare. Nur durch dieses Bild war sie dreißig Jahre später immer noch lebendig und lächelte dem ganzen Land zu, wann immer der Fall aufs Neue hochgespült wurde. Und zweifellos war die Wirkung auf die Leser immer die gleiche: Der Mord an einem Menschen war schlimm genug, aber das Leben eines jungen Mädchens in der Blüte ihrer Jugend auszulöschen, war unverzeihlich.

Und doch war der Schuldige immer noch auf freiem Fuß. Und würde wahrscheinlich nie gefasst werden.

Es sei denn ... Es sei denn, Lára war noch am Leben. Das war vielleicht der faszinierendste Aspekt an dem Rätsel – die Möglichkeit, dass Lára eines Tages gesund und munter wiederauftauchen könnte. Es war vielleicht eine vergebliche Hoffnung, aber dennoch eine Hoffnung.

Was immer die Wahrheit sein mochte, es war klar, dass Valur alles daransetzen musste, den Kontakt zu Kristján herzustellen. Er wählte die Nummer des Polizisten, doch auch diesmal hob niemand ab.

Aber zu seiner Arbeit für die Zeitung gehörte mehr als nur der Fall Lára, und Valur nutzte die Zeit, um einen Beitrag für den Kulturteil zu schreiben. Die Journalisten teilten die Rezensionen zu Musik, Kino, Fernsehen und Büchern unter sich auf. Valur hatte angeboten, über das Fernsehprogramm zu schreiben, und er plante eine Lobeshymne auf *Bergerac*, die britische Serie über einen Detective auf der Insel Jersey, der jede Woche auf ihren Fernsehbildschirmen zu Gast war. Außerdem wollte er eine kurze Rezension zu einem Buch schreiben, das er gelesen hatte. Er las nicht viel außer den Zeitungsnachrichten, und wenn, dann zumeist Biografien, wie auch in diesem Fall. Dann und wann, wenn die Zeit knapp und die Zeitung noch nicht gefüllt war, beauftragte er Sunna, eine Rezension zu einem der zahlreichen Bücher zu schreiben, die sie für ihr Studium las. Er konnte sie nie dazu überreden, ihren Namen unter die Rezensionen zu setzen, nicht einmal ihre Initialen.

Valur war mitten in der Arbeit an seinem Text über Bergerac und suchte gerade nach dem passenden Adjektiv, um den Hauptdarsteller zu beschreiben, als das Telefon klingelte. Er hob ab und meldete sich mit seinem Namen, in der vagen Hoffnung, dass es Kristján war, der endlich zurückrief.

»Hallo …« Eine Frauenstimme, dachte er, obwohl die Verbindung schlecht war und er ihre Stimme nur ganz schwach hörte, als ob sie vom Land anrief oder gar aus dem Ausland. »Sind Sie der Valur, der über …« Eine Pause, es knackte in der Leitung. »… der über Lára geschrieben hat?«

»Ja, der bin ich«, sagte er.

Er hatte schon etliche Anrufe dieser Art erhalten, seit die Artikel erschienen – kleine Hinweise von geringer Bedeutung, aber auch so manches bizarre Gespräch, in dessen Verlauf schnell klar wurde, dass es dem Anrufer nur um Aufmerksamkeit ging und er in Wirklichkeit gar nichts zu sagen hatte. Und doch spürte Valur instinktiv, dass dieser Anruf in keine der beiden Kategorien fiel.

»Ich wollte mit Ihnen über Lára sprechen. Ich …« Wieder brach sie ab, und er wartete geduldig. Er war sich sicher, dass es nicht an der Verbindung lag – der Frau waren plötzlich Zweifel gekommen, und sie überlegte noch, wie viel sie ihm anvertrauen sollte.

»Ja, natürlich«, sagte er schließlich, um sie zum Weiterreden zu bewegen. »Ich arbeite immer noch an einer Artikelserie über sie.« Dann – er wusste selbst nicht, warum – fügte er hinzu: »Eine tragische Geschichte.«

»Ja«, erwiderte sie. Er glaubte ein Auto vorbeifahren zu hören, als ob sie auf der Straße stünde. Vielleicht rief sie ihn aus einer Telefonzelle an, weil sie anonym bleiben wollte. Allein das war schon interessant.

»Ich möchte Ihnen helfen, Valur. Es ist lange her, und das Mädchen hat Besseres verdient.«

Das kam überraschend. Er wartete, lauschte angestrengt. Wieder hörte er das Rauschen eines vorbeifahrenden Autos.

»Ist sie am Leben?«, fragte er schließlich und merkte, wie sein Herz schneller schlug, während er es sagte. Er wünschte, der Anruf würde aufgezeichnet.

»Nein, sie lebt nicht mehr«, antwortete die Frau schlicht. Ihre nüchterne Feststellung brachte Valur völlig aus der Fassung. Er hatte das seltsame Gefühl, als ob ein ihm nahestehender Mensch gestorben wäre. Natürlich hatte er nie wirklich geglaubt, dass Lára noch lebte, aber in irgendeinem Winkel seines Bewusstseins hatte er sich offenbar gestattet, es zu hoffen. Er war überzeugt, dass die Frau die Wahrheit sagte, obwohl er selbst nicht wusste, warum, und natürlich konnte er sich nicht sicher sein.

»Woher wissen Sie das?«, fragte er und bereute es augenblicklich. Er wollte sie nicht verschrecken, indem er sie gleich zu Anfang zu sehr bedrängte. Er würde vielleicht nie wieder von ihr hören, würde sie nie ausfindig machen können.

Sie war lange still, dann sagte sie: »Es spielt keine Rolle. Ich weiß nur, dass sie getötet wurde.« Sie fuhr fort, als ob sie zu sich selbst spräche und nicht zu ihm: »An dem Samstagabend. Nicht am Freitagabend.«

»Was?«

»Sie wurde getötet. Das weiß ich sicher«, wiederholte sie.

Er schrieb hektisch mit, um alles festzuhalten. *Lebt nicht mehr. Getötet. Am Sa-Abend, nicht Fr-Abend.*

»Können Sie mir Ihren Namen sagen?«

»Nein. Oder …« Wieder eine Pause. »Sie können Julia zu mir sagen.«

»Okay. Was kann ich für Sie tun, Julia?«, fragte er zögernd.

»Ich möchte Sie um Ihre Hilfe bitten, Valur«, antwortete sie. »Ich möchte, dass das Mädchen in geweihter Erde beigesetzt wird, oder vielmehr … dass sie ein ordentliches Begräbnis bekommt.«

Valurs Herz raste jetzt, doch wie gewohnt gab er sich alle Mühe, das Gespräch Wort für Wort zu notieren.

»Wie kann ich Ihnen dabei helfen?«, fragte er vorsichtig. »Wissen Sie, wo die Leiche ist?«

Schweigen.

Und dann: »Ja, ich weiß es. Ich weiß es nur zu gut. Aber Sie müssen mir etwas versprechen.«

Jetzt war er es, der zögerte, ehe er antwortete: »Ähm, ja …?«

»Die Sache ist damit erledigt.«

»Was?«

»Wenn ich Ihnen sage, wo sie ist, Valur, dürfen Sie darüber schreiben, aber Sie dürfen keine weiteren Nachforschungen anstellen.«

»Wie meinen Sie das?«

»Dreißig Jahre sind eine zu lange Zeit. Sie muss Frieden finden.«

Valur beschlichen allmählich Zweifel. Sagte die Frau die Wahrheit oder fantasierte sie nur? War das Ganze vielleicht nur ein Produkt ihrer Einbildung?

»Wie kann ich wissen, dass Sie mich nicht anlügen?«, fragte er und bedauerte augenblicklich seine Wortwahl.

»Weil ich …« Sie stockte. »Weil ich weiß, wo sie ist. Ich will, dass sie gefunden wird. Aber ich will nicht in den Fall hineingezogen werden – ich will nur, dass alles ein Ende hat.«

»Sie wissen, dass die Polizei das anders sehen wird, Julia … Selbst wenn ich kein weiteres Wort darüber schreibe.«

»Ich … Versprechen Sie mir, dass Sie darüber nachdenken. Lára muss Frieden finden nach all den Jahren. Ich kann nicht … kann nicht …«

»Ja, einverstanden«, sagte er und hielt seine Stimme ruhig.

»Sie hören wieder von mir.«

»Wie kann ich Sie erreichen?«

Aber sie hatte schon aufgelegt.

Auf dem Heimweg von der Arbeit hatte Valur in Óttars Kanzlei vorbeigeschaut, aber auch diesmal war es ihm nicht gelungen, zu dem Mann selbst vorzudringen. Zu Hause angekommen, rief er Sunna an und erzählte ihr von seinem Gespräch mit der Frau, die sich Julia nannte. Sie diskutierten hin und her, bis Valur am Ende beschloss, Dagbjartur anzurufen, auch wenn es schon sehr spät war.

Aus Gründen, die er selbst nicht genau benennen konnte, glaubte Valur der Frau. Zum einen war klar, dass sie ihm nicht ihren richtigen Namen genannt hatte, und das allein war vielleicht ein Hinweis darauf, dass sie die Wahrheit sagte.

»Ist das dein Ernst?«, war Dagbjarturs Reaktion, nachdem Valur ihm den Inhalt des Telefonats wiedergegeben hatte.

»Ja. Es war ein bisschen merkwürdig …«

»Ein bisschen merkwürdig? Mensch, wir sind da vielleicht an einer Riesenstory dran. Die Sensation des Jahres. Hast du sie vom Haken gelassen?«

»Vom …? Nein, nicht direkt … Sie wird sich bestimmt noch einmal melden.«

»Bist du dir da ganz sicher?«

»Absolut«, antwortete Valur voller Überzeugung, obwohl er sich in Wirklichkeit alles andere als sicher war.

»Gut, du gehst der Sache nach, aber wir müssen hundertprozentig sicher sein, dass unsere Quellen einer Überprüfung standhalten.«

»Ja, natürlich …«

»Du kümmerst dich gleich Montag früh darum, Valur. Aber behalt es um Himmels willen für dich. Wir können nicht riskieren, dass die Konkurrenz das in die Finger kriegt.«

»Ja, natürlich, ich sage kein Wort«, versicherte er Dagbjartur. Dass er schon mit Sunna gesprochen hatte, verschwieg er.

»Du wirst sehen, das wird der Knüller – damit mischen wir die Saure-Gurken-Zeit auf. Wir werden die Spannung anheizen … Das wird garantiert den ganzen Mist über die Zweihundertjahrfeier in den Schatten stellen.« Dagbjartur lachte triumphierend, ehe er sich verabschiedete und auflegte.

Valur blieb regungslos vor dem Telefontischchen stehen, dann legte er behutsam den Hörer auf die Gabel.

Das wird der Knüller … Wir werden die Spannung anheizen … Was zum Teufel meinte Dagbjartur damit?

1986

14. August

Ólöf Blöndal machte sich Sorgen. Aber Ólöf lebte ohnehin in der ständigen Angst, etwas falsch zu machen. Angst, etwas Falsches zu sagen, Angst, dass ihr eine unpassende Bemerkung entschlüpfen könnte. Sie hatte Angst, das falsche Essen zu kochen. Oder sich nicht angemessen zu kleiden. Es machte sie schon nervös, wenn sie nur zum Einkaufen fahren musste, weil sie sich ausmalte, dass sie im Schnee stecken bleiben oder einen Unfall bauen könnte oder dass ihr das Benzin ausgehen würde. Und was, wenn der Wagen eine Panne hätte?

In diesem Moment machte Ólöf sich Sorgen, weil sie ein Hühnchen gekauft und zu spät festgestellt hatte, dass ihr die Aromat-Würze ausgegangen war. Óttar mochte sein Hühnchen immer auf die gleiche Weise zubereitet, in Sahnesauce und kräftig mit Aromat gewürzt. Es war ein Gericht, das sie in Norwegen kennengelernt hatten, in dem Winter, den sie in Bergen verbracht hatten. Aromat war die entscheidende Zutat, ohne das wäre es ein völlig anderes Rezept.

Ólöf stand ratlos in der Küche des Hauses, in dem sie mit Óttar wohnte. Sie hatten ihr Haus in Reykjavík schon vor einigen Jahren verkauft und waren in dieses neue, wesentlich größere im Nobelvorort Garðabær gezogen. Die Küchenschränke waren dunkelbraun und weiß, die Tischplatte und die Arbeitsflächen aus Resopal. Alle freien Flächen waren mit Nippes vollgestellt, darunter zahllose Deko-Hühner in allen möglichen Größen und Formen, die Ólöf sammelte, seit ihre Großmutter ihr in den frühen Fünfzigerjahren eines aus Spanien mitgebracht hatte. Jetzt schenkten alle ihr ständig Hühner – ihre Freundinnen, ihre Kinder und auch Óttar –, sodass die Küche inzwischen einem Hühnerstall glich. Abgesehen davon sah ihr Haus so aus wie all die anderen frei stehenden Einfamilienhäuser in dem Vorort, auch wenn es ungewöhnlich groß war – aber Mäßigung war für Óttar ja ein Fremdwort. Anfangs war es ihr Geld gewesen, das er mit vollen Händen ausgegeben hatte, das ererbte Vermögen ihrer Familie. Aber es hatte nicht lange gedauert, bis er sich einen Namen als Anwalt gemacht und mächtige Freunde und Mandanten gewonnen hatte. Schon bald nach seinem Examen hatte er sein Talent im Akquirieren von Mandaten unter Beweis gestellt, wobei er Ólöfs Familienbeziehungen ausnutzte, um eine florierende Anwaltskanzlei aufzubauen, und das hatte ihnen ermöglicht, sich ihr erstes Eigenheim zu bauen, als sie noch relativ jung waren. Ólöf vermisste das alte Haus, sie fühlte sich in dem Vorort nicht zu Hause. Aber eigentlich konnte sie sich nicht beklagen. Es war nur schade, dass Óttar immer so müde und gereizt war.

Anfang der Fünfzigerjahre war die Idee geboren worden, dass sie ihre Sommer auf der Insel Viðey verbringen würden, in einem alten Landhaus, das schon seit Langem im Besitz der Familie Blöndal war. Die Anwaltspraxis würde von allein laufen, hatte Óttar leichthin erklärt – er war noch nie der Typ gewesen, der sich Gedanken ums Geld machte. Aber dieses Experiment hatte im Sommer 1956 ein jähes Ende gefunden.

Ólöf riss sich aus ihren Tagträumen in die Gegenwart zurück. Vielleicht war ja noch genug Zeit, rasch zum Laden zu fahren und die richtige Gewürzmischung zu kaufen. Sie merkte, wie ihr angesichts des Dilemmas der Schweiß ausbrach. Warum musste immer irgendetwas schiefgehen? Sie fasste ihren Entschluss: Sie würde noch einmal losfahren und eine Dose Aromat kaufen. Sie schlüpfte in den pastellgrünen Mantel, den sie sich kürzlich gekauft hatte, lief hinaus zum Wagen und fuhr auf dem schnellsten Weg zum Laden, wo sie eine große Dose Aromat-Streuwürze von Knorr ergatterte.

Óttar war tief in Gedanken, als er von der Stadtmitte nach Hause fuhr. Er hatte einen arbeitsreichen Tag hinter sich, an dem er mehrere Verträge für einen Bauunternehmer, mit dem er oft geschäftlich zu tun hatte, unter Dach und Fach gebracht hatte, unter anderem über verschiedene Grundstücke in Reykjavík … Die Sache war jetzt abgeschlossen, was eigentlich ein Grund zum Feiern gewesen wäre, doch Óttar war nicht in der Stimmung. Gegen sechzehn Uhr, als er gerade dabei war, die letzten Feinheiten zu klären, hatte seine Sekretärin an seine Tür geklopft, um ihm zu sagen, dass draußen ein Journalist vom *Vikublaðið* namens Valur warte, der mit ihm über Lára sprechen wolle.

Óttar war erschrocken, obwohl er halb mit so etwas gerechnet hatte, nachdem er die Titelseiten gesehen hatte, auf denen die Artikelreihe über Láras Verschwinden beworben wurde. Der verantwortliche Reporter hatte ihm eine Nachricht hinterlassen, weshalb es ihn eigentlich nicht weiter hätte wundern sollen, dass der Mann jetzt persönlich in seiner Kanzlei aufkreuzte, um herumzuschnüffeln. Dennoch war Óttar schwer erschüttert. Er nahm sich für Journalisten generell wenig Zeit, da er sie als ein nicht notwendiges Übel betrachtete, und es kam daher überhaupt nicht infrage, dass er mit einem dahergelaufenen Klatschreporter über Viðey reden sollte.

Seine Sekretärin war in der Tür stehen geblieben und hatte geduldig auf Anweisungen gewartet. Sie war ein unscheinbares Mädchen mit hellbraunen Haaren und Brille – keinen zweiten Blick wert, wie Óttar fand, obwohl sie ganz gute Arbeit leistete.

»Ich habe jetzt keine Zeit, mit ihm zu sprechen«, sagte er knapp. »Ich habe immer noch einen Haufen Papierkram zu erledigen.«

Die Sekretärin hatte genickt und das Büro verlassen, doch eine Minute darauf hatte sie schon wieder den Kopf zur Tür hereingesteckt. »Er sagt, er will warten. Er hat im Empfangszimmer Platz genommen.«

Sie hatte sich zurückgezogen, und Óttar hatte sich wieder seinen Dokumenten gewidmet, fest entschlossen, so lange zu warten, bis der Reporter aufgab.

Was sollte er schließlich über diese verflixte Geschichte sagen? War es möglich, dass der junge Mann auf neue Informationen gestoßen war? Hatte er vielleicht vor, auch Ólöf in ein Gespräch zu verwickeln? Wie üblich würden sie darauf achten müssen, dass ihre Versionen übereinstimmten.

Um achtzehn Uhr hatte Óttar schließlich sein Büro unauffällig verlassen. Es lag an der Ármúli, in einem ziemlich gesichtslosen modernen Gewerbegebiet. Zu diesem Zeitpunkt hatte er bereits mindestens eine Dreiviertelstunde lang an seinem Schreibtisch gesessen und aus dem Fenster gestarrt, da seine Arbeit längst erledigt war. Er hatte gesehen, wie der Reporter das Gebäude verlassen und noch zehn Minuten draußen herumgelungert hatte, fröstelnd in der Kälte, ehe er endlich das Feld geräumt hatte. Aber Óttar wartete noch eine halbe Stunde, ehe er sich selbst nach draußen wagte, und als er so mit flatterndem Trenchcoat auf seinen Wagen zulief, kam er sich vor wie ein Krimineller.

Als Óttar nach Hause kam, schmorte das Hühnchen in sahniger Aromat-Sauce im Ofen, und Ólöf kochte Reis als Beilage. Sie sah, dass er müde war, aber sie wusste schließlich, dass er zurzeit eine Menge um die Ohren hatte.

Óttar stammte aus dem Osten Islands, aus einer Fischerfamilie, doch er hatte den größten Teil seines Erwachsenenlebens in Reykjavík gewohnt. Sein Vater war immer wieder für längere Zeit auf See gewesen, und Ólöf mutmaßte bisweilen, dass Óttars Mutter eine Affäre gehabt haben könnte. Das würde erklären, warum Óttar so ganz anders war als seine Brüder.

Als Ältester hatte Óttar oft seine jüngeren Brüder und seine Mutter vor seinem Vater beschützen müssen, der sie regelmäßig verprügelte. Er hatte Ólöf die Geschichten erzählt.

Sie waren ein Paar geworden, als sie beide noch zur Schule gingen, und die ersten paar Jahre war alles rosig gewesen. Sie hatte ihm bei allen seinen Vorhaben den Rücken gestärkt, mit der Unterstützung ihrer Familie, und war mit ihm durch dick und dünn gegangen. Sie selbst hatte nur wenige Interessen und noch weniger Freunde. Aber vor Kurzem hatte sie angefangen, zu Séancen zu gehen – die Vorstellung eines Lebens nach dem Tod erschien ihr verlockender als diese irdische Existenz.

Sie setzten sich zum Abendessen ins Esszimmer. Die Kinder waren schon vor langer Zeit ausgeflogen.

»Dieses Hühnchen ist zäh.«

»O nein, tatsächlich? Aber es war exakt so lange im Ofen, wie es im Rezept steht.«

»Tja, es ist aber verkocht. Und der Reis auch.«

»Oje, das tut mir wirklich leid«, sagte Ólöf. Sie dachte daran, wie sehr sie es vermisste, die Kinder um den Tisch zu haben. Sie kamen immer noch gerne zum Sonntagsbraten und brachten ihre Familien mit, und das war stets der Höhepunkt von

Ólöfs Woche, wenn sie sich ausgiebig mit den Kindern unterhalten und mit den Enkeln spielen konnte. Solange sie da waren, hielt Óttar seine Launen im Zaum und tat so, als ob alles in bester Ordnung wäre.

Aber Ólöf wusste, dass es nicht in Ordnung war. Das war ihr zunehmend klarer geworden, seit sie die anderen Frauen bei den Séancen in Garðabær kennengelernt hatte. Bei ihren Gesprächen ging es oft um Männer, Frauen und Beziehungen. Einmal hatte eine von Missbrauchern gesprochen, und das Wort war Ólöf im Gedächtnis haften geblieben.

Auch jetzt dachte sie an dieses Wort, während sie zusah, wie Óttar mit gereizter Miene das Hühnchen verschlang, das so zäh wie altes Stiefelleder war.

Natürlich fühlten sich Ehemänner manchmal überarbeitet und unter Druck. Da war es nur normal, dass sie schnell die Beherrschung verloren. Aber seine Frau zu schlagen, das war nicht in Ordnung.

Sie schielte wieder nervös zu Óttar hinüber.

Er hatte seinen Teller leer gegessen. Sie fragte sich, ob er wütend war. Manchmal war es, als ob die Wut in ihm langsam hochkochte, bis er sich irgendwann nicht mehr unter Kontrolle hatte. Aber er bat sie jedes Mal hinterher um Entschuldigung und schien es zu bereuen, dass er die Beherrschung verloren hatte.

Óttar brummte »Danke« und stand abrupt auf, wobei er sein Glas umstieß. Es rollte vom Tisch und zerschellte am Boden. Ólöf sprang auf, um die Scherben aufzukehren.

»Warum musstest du auch diese Gläser rausnehmen?«, fuhr Óttar sie an. »Die sind viel zu gut für den Alltag. Jetzt schau dir an, was passiert ist!«

Als Ólöf herbeigeeilt kam, um die Bescherung zu beseitigen, klatschte seine Hand in ihr Gesicht. Tränen schossen ihr in die Augen, und sie hob instinktiv die Arme, um sich zu schützen.

Diesmal gab es keine weiteren Schläge. Óttar schimpfte sie nur aus, dann stürmte er aus dem Esszimmer und knallte die Tür hinter sich zu. Wenn er abends üble Laune hatte, zog er sich gerne in sein Arbeitszimmer zurück, um vor sich hin zu brüten. Sie blieb noch eine Weile am Tisch sitzen und weinte ein wenig vor Schmerzen und Angst, obwohl sie erleichtert war, dass der Wutausbruch diesmal nicht schlimmer gewesen war. Dann riss sie sich zusammen und machte sich daran, die Glasscherben aufzukehren und den Tisch abzuräumen.

Eine Stunde später, nachdem alles erledigt war, setzte Ólöf sich an den Küchentisch und rauchte eine Zigarette vor dem Zubettgehen. Wie üblich gab es am Donnerstag kein Fernsehprogramm, deshalb hatte sie das Radio eingeschaltet. Gerade fing eine Sendung über Reykjavík an, gesehen durch die Augen seiner Dichter.

Ólöf hörte nicht richtig zu. Sie dachte über die letzte Séance nach, an der sie teilgenommen hatte. Das Medium war ein grauhaariger Mann mit Brille gewesen, der leichten Zugang zum Jenseits zu haben schien. Viele der anwesenden Frauen hatten ihre Mütter und Väter erkannt, tote Verwandte oder Freunde waren aufgetaucht. Es gab Botschaften, in denen die Lebenden ermahnt wurden, auf ihre Gesundheit zu achten und auf sich aufzupassen, andere schickten nur liebe Grüße aus dem Jenseits. Ólöf selbst hatte noch keine Erscheinungen gehabt, allerdings war sie bei den Séancen genauso bescheiden und zurückhaltend wie sonst auch, und mit ihrem pastellgrünen Mantel, dem beigen Schal und dem dezenten Lippenstift verschmolz sie fast mit dem Hintergrund.

Oder hatte sie bei der letzten Séance vielleicht doch eine Botschaft erhalten? Ein Mädchen mit dunklen Augen war aufgetaucht und hatte geklagt, dass sie keinen Frieden finden könne. Keine der anderen Frauen hatte in ihr eine verstorbene Person aus ihrem Umfeld erkannt.

Ólöf war es eiskalt über den Rücken gelaufen. War es möglich, dass Lára durch das Medium Kontakt zu ihr aufnehmen wollte?

Sie war so ein hübsches Mädchen gewesen. Liebenswürdig, gewissenhaft und umgänglich.

Ólöf erinnerte sich an den Polizisten, der gekommen war, um nach ihr zu suchen. Er hatte Verdacht geschöpft, das hatte sie gemerkt, und doch hatte er sie und Óttar nie unter Druck gesetzt.

Ich kann keinen Frieden finden.

Die Worte des Mediums hallten in Ólöfs Kopf wider. Urplötzlich kam ihr wieder das Wort »Missbraucher« in den Sinn. Sie drückte ihre Zigarette aus und eilte nach oben, um auch ganz bestimmt schon zu schlafen, wenn Óttar endlich ins Bett kam.

Gebt mir Frieden.

1986

15. August

Die Stadt war in strahlenden Sonnenschein getaucht – dabei kam es Valur gerade so vor, als wäre er gar nicht mehr in der Stadt, denn hier draußen war es eher wie auf dem Land. Als er aus dem Taxi stieg, fiel ihm sofort das Vogelgezwitscher auf, das hier so viel deutlicher zu hören war als im Zentrum, wo er wohnte. Valur war zum ersten Mal in Grafarvogur, dem neuen Stadtviertel, das nach den Stadtratswahlen vor vier Jahren angelegt worden war. Halb fertige Häuser waren in der Landschaft verstreut, dazwischen immer wieder freie Grundstücke. Es war sofort zu erkennen, dass hier eine rege Bautätigkeit im Gange war.

Der Taxifahrer hatte größte Mühe gehabt, nicht nur, die Adresse zu finden, sondern auch den Weg um den Meeresarm herum, der das neue Viertel vom Rest der Stadt trennte. Die geplante Brücke musste erst noch gebaut werden. Am Ende hatte er Valur an der völlig falschen Stelle abgesetzt, der nach einigem Umherirren irgendwann rein zufällig auf die richtige Straße gestoßen war.

Im Gegensatz zu den meisten anderen Häusern, die Valur gesehen hatte, schien das des Polizisten Kristján Kristjánsson schon fertig zu sein. Es war ein ansehnliches einstöckiges Fertighaus mit einer Garage und einem Lada Sport in der Einfahrt. Die Handvoll junge Pappeln im Garten spendete vorläufig wohl noch nicht viel Schatten, doch das würde sich mit der Zeit ändern.

Valur hatte seinen Besuch ebenso wenig angekündigt wie tags zuvor, als er versucht hatte, Óttar in seiner Kanzlei zu erwischen. Die Sekretärin hatte sich geweigert, ihn ins Büro vorzulassen, und Valur war immer noch enttäuscht darüber, dass es ihm nicht gelungen war, mit dem Rechtsanwalt zu sprechen. Wenn das so weiterging, würde er sich darauf verlegen müssen, ihn zu Hause zu überfallen, so wie er es jetzt mit Kristján vorhatte. Immerhin würde ihm das vielleicht die Gelegenheit eröffnen, ein paar Worte mit Ólöf zu reden, wenn er schon nicht an ihren Mann selbst herankam. Auch wenn es nicht sehr wahrscheinlich war, dass er irgendetwas Neues von dem Paar erfahren würde, glaubte er, dass es für die nächste Titelgeschichte unverzichtbar wäre.

Es war unmöglich, sich unbemerkt durch die menschenleeren, exponierten Straßen von Grafarvogur zu bewegen. Ein älterer Mann stand bereits vor dem Haus, sodass Valur gar nicht erst anklopfen musste. Valur erkannte Kristján von den Fotos sofort wieder, auch wenn der Mann in der Zwischenzeit sichtlich gealtert war. Der Ermittler war akkurat gekleidet, mit grauer Hose, weißem Hemd und Krawatte, trotz des milden Wetters. Er war groß gewachsen, eine stattliche Erscheinung wie so viele Polizisten, die Valur bei seiner Arbeit kennengelernt hatte. Seine Miene war neutral, er wirkte weder überrascht noch verärgert, allerdings auch nicht sonderlich erfreut.

»Sie müssen Valur sein«, sagte er mit ruhiger Stimme.

Valur nickte.

»Ich habe Fotos von Ihnen in der Zeitung gesehen. Und es ist mir nicht entgangen, dass Sie versucht haben, mich zu erreichen.«

»Ja, das stimmt. Sie haben nicht auf meine Nachrichten reagiert, also habe ich beschlossen …«

»Normalerweise würde ich so ein Benehmen nicht tolerieren. Wenigstens in seinen eigenen vier Wänden sollte man seine Ruhe haben, finden Sie nicht?«, sagte Kristján in einem Ton, der zwischen dem eines Polizisten und dem eines Priesters schwankte. »Aber Sie scheinen mir recht harmlos zu sein. Ich kann mich doch darauf verlassen, dass Sie mich nicht ohne meine Erlaubnis zitieren werden?«

Valur zögerte, dann antwortete er: »Ja, selbstverständlich. Ich werde nichts ohne Ihre Erlaubnis schreiben.« Gleichzeitig wurmte es ihn, dass Kristján diese Bedingung gestellt hatte. Er hatte gehofft, dass ihm dieser Besuch Material für mehrere gehaltvolle Absätze liefern würde.

»Ich habe die Sachen gelesen, die Sie geschrieben haben«, sagte Kristján. »Das lässt sich ja kaum vermeiden. Aber ich habe den Eindruck, dass Sie mit Respekt über Lára schreiben und dass Sie ehrlich daran interessiert sind, herauszufinden, was passiert ist. Liege ich da richtig?«

Allmählich wurde Valur klar, dass Kristján ihn nicht ins Haus bitten würde.

»Ja, obwohl ich mir keine großen Hoffnungen mache, das Rätsel zu lösen. Und ich will ganz bestimmt keine reißerische Story daraus machen. Aber man kann nie wissen – jetzt, wo der Fall wieder in den Blickpunkt der Öffentlichkeit gerückt ist, könnte es sein, dass jemand sich veranlasst sieht, mit Informationen herauszurücken, die er die ganze Zeit für sich behalten hat.« Valur dachte dabei natürlich an die Frau, die sich Julia genannt hatte.

»Verstehe. Hoffen wir, dass Sie recht haben. Aber wissen Sie, ich habe mich mit dem Gedanken abgefunden, dass dieser Fall nie gelöst werden wird. Manche Fälle sind nun mal so.

Es ist nicht der einzige, den ich mit ins Grab nehmen werde, wie man so sagt. Nicht, dass ich vorhätte, diese Reise schon so bald anzutreten.« Zum ersten Mal in diesem Gespräch verzogen sich Kristjáns Lippen zu einem Lächeln.

»Erinnern Sie sich an den Tag auf Viðey, als Sie …«

Kristján fiel ihm ins Wort. »Hören Sie, Valur, ich habe nicht die Absicht, mich weiter zu diesem Fall zu äußern. Ich habe ihn endlos mit Journalisten durchgekaut. Viel mehr, als ich es hätte tun sollen. Ich habe zu oft in Interviews eingewilligt und mich dem Druck gebeugt. Aber jetzt bin ich über fünfzig, bin gerade in ein neues Haus in einem ganz neuen Viertel gezogen – ich habe einen Punkt erreicht, wo ich zwar noch arbeite, aber dennoch froh wäre, etwas mehr Zeit mit meiner Frau zu verbringen und es etwas ruhiger angehen zu lassen. Da will ich ganz bestimmt nicht in einen Medienzirkus um einen dreißig Jahre alten Fall hineingezogen werden. Ich hoffe, das können Sie verstehen.«

Valur nickte widerstrebend. Er hätte gerne eingewandt, dass Kristján mehr an das vermisste Mädchen und weniger an sich selbst denken sollte, doch er biss sich auf die Zunge. Der Polizist schien felsenfest in seiner Haltung, und Valur sah keine Chance, dass er davon abrücken würde.

»Ja, das verstehe ich natürlich …« Nach kurzer Pause fügte er zögerlich hinzu: »Dürfte ich Sie vielleicht trotzdem um Rat fragen, selbstverständlich inoffiziell? Nur damit ich die Details richtig einordnen kann …«

»Wie ich bereits sagte«, wiederholte Kristján geduldig, »würde ich lieber nicht zu viel Zeit mit Nachdenken über die Ermittlung verbringen. Das ist alles Schnee von gestern, und man sollte sich nicht mit der Vergangenheit aufhalten. Ich will nicht nur wegen dieses einen Falls in Erinnerung bleiben – den ich nicht lösen konnte.«

»Nein, natürlich nicht.« Noch während er es sagte, war Valur klar, dass dies nicht mehr als ein frommer Wunsch sein konnte – was auch Kristján bewusst sein musste.

Der Ermittler streckte die Hand aus. »Es hat mich gefreut, Sie kennenzulernen, Valur. Viel Glück mit allem. Und jetzt muss ich los. Wir veranstalten später eine Grillparty in unserer Straße, und da gibt es noch viel zu tun.«

»Alles klar – viel Spaß, und danke, dass Sie mit mir geredet haben.«

Valur stand ein wenig verloren da. Ihm war gerade klar geworden, dass er wahrscheinlich kilometerweit laufen müsste, um einen Laden oder eine Tankstelle zu finden, von wo er ein Taxi rufen konnte. Er hatte erwartet, dass sich dieser Ausflug rechnen und er den Ermittler zum Reden bringen würde. Der Fall Lára hatte Kristjáns gesamtes Berufsleben so eindeutig überschattet, dass es Valur merkwürdig vorkam, wie sehr der Mann sich dagegen sträubte, darüber zu reden, und sei es nur inoffiziell.

»Haben Sie kein Auto?«, rief Kristján, obwohl die Antwort eigentlich sonnenklar war. Nirgendwo parkte ein Auto, abgesehen von dem Lada Sport, der vermutlich Kristján gehörte.

»Nein, ich bin mit dem Taxi gekommen.«

»Soll ich Ihnen dann ein Taxi rufen, oder hatten Sie vor, zu Fuß zurück ins Zentrum zu gehen? Da sitzen doch die ganzen Zeitungen, oder nicht?«

Kristjáns Ton war jetzt ein wenig freundlicher, als ob er ein wenig Mitleid mit dem gestrandeten Reporter empfand.

»Ja, unsere Büros sind im Zentrum, in der Kárastígur. Und ja, vielen Dank, das wäre sehr nett von Ihnen. Es ist ziemlich weit bis zum nächsten Laden oder …«

»Das können Sie laut sagen. Kommen Sie rein. Das Telefon ist in der Diele, und Sie können es gerne benutzen.«

Valur nahm die Einladung an. Drinnen war offensichtlich noch eine ganze Menge zu tun. Er warf einen Blick ins Wohnzimmer, wo gerade Parkettboden verlegt wurde. Ungeöffnete Kisten mit Parkettdielen und Fliesen standen auf der Veranda, alles war mit einer Staubschicht bedeckt, und auf dem Fußboden lag Werkzeug herum. Valur wurde schon müde, wenn er nur an so viel körperliche Arbeit dachte. Er selbst zog es vor, an der Schreibmaschine zu sitzen, auf Jagd nach Nachrichten zu gehen oder mit Leuten Kaffee zu trinken, die interessante Geschichten zu erzählen hatten. Wieder überkam ihn die Enttäuschung bei der Vorstellung, dass Kristján mehr als genug zu erzählen hätte und sich dennoch weigerte, auch nur ein Wort zu sagen.

Valur bestellte ein Taxi und fragte dann beiläufig – denn es wäre Wahnsinn gewesen, diese Gelegenheit, die ihm gerade in den Schoß gefallen war, nicht zu ergreifen: »Kristján, gab es zufällig eine Frau namens Julia, die mit dem Fall auf Viðey zu tun hatte?«

»Was?« Die Frage schien den Ermittler zu überraschen. »Julia?«

Wenigstens war er nicht in die Luft gegangen, weil Valur ihm schon wieder eine Frage stellte.

»Ja, Julia. Eine ältere Frau, glaube ich – das heißt, damals war sie natürlich dreißig Jahre jünger.«

Kristján zog nachdenklich die Stirn in Falten. »Ich glaube, die Frage kann ich eindeutig mit Nein beantworten. Übrigens, das muss unbedingt unter uns bleiben. Ich habe die Akten so oft durchgelesen und so viel über die Ermittlung nachgedacht, dass ich mich an jede einzelne Person erinnere, die mit Láras Verschwinden in Verbindung gebracht wurde. Und es war keine Julia darunter. Ich kann mich auch nicht erinnern, dass sie eine Freundin dieses Namens gehabt hätte, und wir haben mit allen – oder fast allen – ihren Freundinnen und Freunden gesprochen.«

»Diese Frau hörte sich aber älter an. Ich schätze, dass sie zum Zeitpunkt von Láras Verschwinden schon eine erwachsene Frau war.«

»Dürfte ich fragen, wer diese Julia ist?« Ohne Vorwarnung war Kristján in die Rolle des Fragenden geschlüpft. Valur war es gelungen, seine Neugier zu wecken, und darauf war er ziemlich stolz.

»Sie hat mich angerufen. Ich weiß weiter nichts über sie, da sie mir ihren vollen Namen nicht sagen wollte. Möglicherweise heißt sie auch gar nicht Julia.« Valur war sich durchaus bewusst, dass er gerade sein Versprechen gegenüber Dagbjartur gebrochen hatte, aber er hielt es für unwahrscheinlich, dass Kristján es ausplaudern würde.

»Aha, verstehe. Aber bekommen Journalisten nicht ständig Anrufe von Leuten, die nur Aufmerksamkeit suchen oder sich wichtigmachen wollen?«

»Also, ich hatte nicht den Eindruck, dass das hier der Fall war. Sie war nervös, und sie wirkte aufrichtig. Eigentlich hat sie nur sehr wenig gesagt und mir so gut wie keine Informationen über sich selbst gegeben.«

»Und was hat sie gesagt?«

Valur hatte es beinahe wortwörtlich notiert, aber seine Notizen waren drüben in der Redaktion. »Wenn ich mich richtig erinnere, sagte sie so etwas in der Art, dass Lára in geweihter Erde bestattet werden müsse. Es hörte sich an, als wüsste sie, was mit ihr passiert ist.«

»In geweihter Erde. Aha.« Kristján war blass geworden. Er ging ins Wohnzimmer und ließ sich auf einen Küchenhocker sinken, der fast das einzige Möbelstück im Raum war. Valur folgte ihm. Endlich sah es so aus, als würde er vorankommen.

»Ja, ich bin mir ziemlich sicher, dass sie diese Worte benutzt hat«, sagte Valur, nachdem es eine Weile still gewesen war.

»Sie wissen natürlich, dass das bedeutet, dass Lára tot ist.« Kristjáns Stimme verriet nichts – es war, als läse er lediglich aus einem Polizeibericht vor. Er schien so tief in Gedanken versunken, dass Valur ihn nicht stören wollte.

Endlich fuhr der Ermittler fort, als ob er mit sich selbst spräche: »Ich habe mich immer an die Hoffnung geklammert, dass sie noch am Leben ist. Dass ich ihr eines schönen Tages gegenüberstehen würde. Ihr die Hand geben, sie umarmen und die ganze traurige Geschichte von ihr hören könnte.«

»Kristján, haben Sie irgendeine Ahnung, wer diese Frau sein könnte?«

Der Polizist blickte auf, als ob er jetzt erst merkte, dass Valur im Wohnzimmer seines Neubaus stand. Er schüttelte den Kopf. »Tut mir leid, aber ich habe keinen blassen Schimmer.«

»Wenn diese Julia es ernst meint, können wir davon ausgehen, dass Láras sterbliche Überreste irgendwo da draußen sind und nur darauf warten, gefunden zu werden – sonst wäre es ja nicht möglich, sie in geweihte Erde umzubetten.«

»Ja, das stimmt«, sagte Kristján stirnrunzelnd.

»Was bedeutet, dass sie nicht am Meeresgrund liegen kann.«

»Genau.« Kristján wirkte erschöpft, als ob er gerade einen nahestehenden Menschen verloren hätte und nicht ein ihm unbekanntes Mädchen, das seit drei Jahrzehnten vermisst wurde.

»Erinnern Sie sich noch an bestimmte Orte, an denen Sie gesucht haben?«, fragte Valur. »Fällt Ihnen da irgendetwas ein?«

Kristján ließ sich Zeit mit der Antwort. »Auf Viðey, meinen Sie? Die Gebäude auf der Insel?«

»Nicht unbedingt. Nach allem, was wir wissen, könnte Lára die Insel auch verlassen haben.«

»Ja, das hat uns immer Kopfzerbrechen bereitet – dass wir das nicht wussten. Selbstverständlich haben wir die Insel von einem Ende zum anderen durchkämmt, wie Sie sicher selbst gelesen haben.«

Das hatte Valur allerdings. Er hatte sämtliche wichtigen Zeitungen im Archiv durchgesehen, um die Entwicklungen in dem Fall zu rekonstruieren. Und immer war da dieses eine Foto von Lára, ihre Miene so rätselhaft, als ob sie irgendein schreckliches Geheimnis hütete. Und vielleicht war es so gewesen.

Valur hatte auch versucht, neuere Zeitungsberichte über den Fall ausfindig zu machen. Einer, der ihm besonders in Erinnerung geblieben war, war das Interview mit Kristján, das 1976 auf der Titelseite der *Vísir* erschienen war, weil er da so offen über die Ermittlungen gesprochen hatte. Danach musste er beschlossen haben, sich aus dem Rampenlicht zurückzuziehen, denn Valur hatte keine weiteren Interviews mit ihm gefunden.

»Ja, Sie haben dort eine ganz besonders gründliche Suchaktion organisiert, mit einer großen Gruppe von Freiwilligen, nicht wahr?«

»Ja. Sie war nicht auf Viðey. Ich bin immer noch überzeugt, dass sie irgendwie zurück auf die Hauptinsel gelangt ist. Es ist immer möglich, jemanden zu finden, der einen in seinem Boot mitnimmt. Ich musste einmal einen Fischer bitten, mich überzusetzen, und …« Kristján brach abrupt ab. »Und dabei wollte ich doch eigentlich das Straßengrillfest für heute Abend vorbereiten – wir versuchen, unser Leben wie gewohnt weiterzuführen, obwohl das Viertel noch nicht ganz fertig ist. Aber das wird schon noch.« Er seufzte schwer. »Auch wenn ich mir ehrlich gesagt nicht vorstellen kann, dass ich heute in Partylaune sein werde. Ich muss bestimmt die ganze Zeit über Lára nachdenken. Das arme Mädchen.«

»Es ist furchtbar, ich weiß. Aber die Zeit ist auf unserer Seite. Eine Frau, die 1956 nicht reden wollte, ist jetzt offenbar bereit, uns einen Hinweis zu liefern.«

»Ja, das ist zu hoffen. Sie sollten …« Kristján zögerte.

Valur wartete geduldig. Er hatte keine Eile, und er spürte, dass noch nicht alles gesagt war. Das Taxi würde eine ganze Weile brauchen, um den Weg nach Grafarvogur und in diese halb fertige Straße zu finden.

»Das ist jetzt reine Spekulation«, fuhr Kristján fort, der seine Worte anscheinend mit Bedacht wählte. »Aber ich habe mich gefragt, ob es sich vielleicht lohnen könnte, dass Sie mit einem Mann namens Högni Eyfjörð sprechen.«

»Was?« Obwohl Valur sehr wohl gehört hatte, was Kristján gesagt hatte, war er im ersten Moment komplett verwirrt. Was brachte den Mann auf einmal dazu, den Namen eines bekannten Immobilienunternehmers zu erwähnen? Högni Eyfjörð war ein Mann mit besten Beziehungen, der bei jedem wichtigen Geschäft die Finger im Spiel hatte, doch er vermied es in der Regel, in die Schlagzeilen zu geraten. Obwohl er sich große Mühe gab, sein Alter zu verbergen, musste er etwas älter sein als Kristján. Valur erinnerte sich, Högni einmal beim ersten Spatenstich für eines von dessen Bauprojekten begegnet zu sein. Es hatte Valur fasziniert, wie stümperhaft Högnis Haare gefärbt waren.

»Högni Eyfjörð – ich nehme an, Sie haben von ihm gehört?«, sagte Kristján.

»Sie meinen den Bauunternehmer? Ja, ich weiß natürlich, wer das ist.«

»Genau.« Kristján blickte sich nervös um. »Ihr Taxi ist unterwegs, nicht wahr?«

»Ja, es müsste bald hier sein. Obwohl man sich hier leicht verfahren kann.«

Kristján lächelte verkrampft.

»Warum Högni?«, hakte Valur nach.

»Nun …«

»Glauben Sie, dass er irgendwie mit Lára zu tun hatte?«

»Nein, verstehen Sie mich bitte nicht falsch. Sein Name ist damals aufgetaucht, aber behalten Sie das bitte für sich. Ziehen Sie meinen Namen da nicht mit rein. Ich sollte Ihnen solche Details aus … aus den alten Akten gar nicht geben. Aber ich möchte Ihnen nun mal helfen. Diese neue Information – dass Lára wahrscheinlich die ganze Zeit schon tot ist –, das ist verstörend, verstehen Sie? Auch wenn ich es wohl tief im Innern immer schon gewusst habe.«

»Ich verstehe«, antwortete Valur sanft. »In welchem … ähm … in welchem Kontext ist Högnis Name damals aufgetaucht?«

»Kontext?« Kristján schien angestrengt zu überlegen, was er antworten sollte. »Offenbar war er ein paar Wochen zuvor auf Viðey gewesen. An einem Freitagabend.«

»Wissen Sie, warum?«

Kristján zögerte. »Mehr kann ich wirklich nicht sagen, Valur. Es ist nichts dabei herausgekommen, das ist alles, was ich Ihnen verraten kann. Aber vielleicht finden Sie die Information ja hilfreich.« Er zuckte mit den Schultern, aber es steckte offensichtlich mehr dahinter als nur irgendwelche Gerüchte. Der Ermittler musste Högni Eyfjörð im Verdacht haben, irgendwie in Láras Verschwinden verwickelt gewesen zu sein.

»Also gut, vielen Dank für den Tipp«, sagte Valur. »Ich weiß Ihre Hilfe zu schätzen, und ich verspreche Ihnen, dass ich Ihren Namen in diesem Zusammenhang nicht erwähnen werde. Aber sind Sie sicher, dass Sie nicht noch irgendetwas sagen möchten, nur ganz allgemein – etwas, womit ich Sie zitieren könnte?«

»Ich bin zu alt, Valur. Ich bringe es einfach nicht über mich, noch ein Interview zu geben, mich noch mal fotografieren zu lassen und noch mal daran erinnert zu werden, dass es mir nicht gelungen ist, diesem Mädchen zur Gerechtigkeit zu verhelfen.«

»Dürfte ich Ihnen meine Telefonnummer dalassen, nur für den Fall, dass Ihnen später noch etwas einfällt?«

»Aber sicher, nur zu. Und dürfte ich Sie im Gegenzug auch um einen Gefallen bitten?«

»Klar. Was ist es?«

»Könnten Sie es mich wissen lassen, wenn Sie in der Sache weiterkommen? Wenn Sie der Lösung des Rätsels um Láras Schicksal näher kommen? Sie können mich jederzeit anrufen, Tag und Nacht, wenn es um diese Sache geht. Ich habe dreißig Jahre lang mein Bestes getan. Ich denke jeden Tag an Lára. Ich habe mir immer wieder all diese losen Enden vorgenommen. Aber ich habe keine Kraft mehr. Vielleicht braucht diese Ermittlung einfach nur frisches Blut, ein unverbrauchtes Augenpaar – einen jungen Mann wie Sie. Sie können Ihre Nummer hier auf das Telefonbuch schreiben. Meine Privatnummer steht drin, unter ›Kristján Kristjánsson, Buchbinder‹. Das ist nun schon seit einigen Jahren mein Hobby, seit ich das Bergsteigen aufgegeben habe.« Er hielt einen Moment inne und sagte dann: »Hört sich an, als wäre Ihr Taxi da.«

1986

15. August

Högni Eyfjörð sang, während er sich ankleidete. Als er vor dem Spiegel stand und seine Krawatte band, war er immer noch ganz beschwingt von der gestrigen Chorprobe. Gutes Aussehen war ihm sehr wichtig. Seinen Stil hätte er als elegant, aber originell beschrieben, und er verfolgte aufmerksam, was die bedeutendsten Modezaren neuerdings nach Island einführten. Er bevorzugte Kleidung, die auf den jugendlichen Markt abzielte, aber in Högnis Augen war Alter sowieso relativ. Er war überzeugt, dass er jedem Vergleich mit jüngeren Männern standhalten würde.

Lass mich dein sein, bleib bei mir für immer,
Die Sorgen der Welt soll'n plagen dich nimmer.

Högni war Mitglied des Kirchenchors von Langholt. Die Kirche war zwar erst vor wenigen Jahren geweiht worden, doch den Chor gab es schon wesentlich länger. Högni sang für sein Leben gern und genoss die Geselligkeit, die damit einherging. Sie hatten nach der Sommerpause gerade erst wieder die Proben aufgenommen und beschränkten sich vorläufig auf die leichteren Stücke in ihrem Repertoire. Das Kirchenschiff hallte wider von traditionellen isländischen Liedern. »Ein außergewöhnlicher Abend« war eines von Högnis Lieblingsliedern – die ungezügelte Leidenschaft von Halldór Laxness' Versen in Verbindung mit der ergreifend schönen Melodie schien ihn persönlich anzusprechen.

Ihre hellen Augen, ihre Worte so gut
Sind stets in seinem Herzen,
Bis er in seinem Grabe ruht,
Ledig aller Schmerzen.

Högni seufzte. Bei den letzten Worten musste er unwillkürlich an Finnur denken. Das Ende seines Freundes war so schockierend schnell gekommen. Högni hatte ihn zufällig in der Stadt getroffen, nur ein paar Tage bevor Finnur die Diagnose bekommen hatte. Sobald Högni davon erfuhr, hatte er Finnur in dessen Büro besucht. Sein Freund machte gute Miene zum bösen Spiel und sprach nur von einem vorübergehenden krankheitsbedingten Ausfall. Sein Neffe würde die Stellung halten, solange er sich der Chemotherapie unterzog. »Dann werden wir sehen, aus welchem Holz er geschnitzt ist«, hatte Finnur hinzugefügt, der offensichtlich Zweifel an der Eignung seines Neffen für die Rolle hatte. Högni hatte das Bedauern in Finnurs Zügen gelesen. Aber Finnur schien in Bezug auf seine Behandlung optimistisch zu sein; er rechnete fest damit, bald nach Hause zu Þórdís zurückzukehren und seine Geschäfte wieder aufnehmen zu können.

Nicht lange danach hatte die Nachricht die Runde gemacht, dass der Krebs schon viel weiter gestreut hatte als von den Ärzten vermutet. Es blieb nur noch die Aussicht auf ein langsames Sterben. Aber dann war es doch unerwartet schnell gegangen.

Högni verwandte große Sorgfalt auf das Binden seines Krawattenknotens. Es war ein doppelter Windsor, der besonders gut zum italienischen Kragen seines Hemds passte – der neueste Trend, wie er gehört hatte. Er nutzte einen besonderen Service seines Herrenausstatters, der einen Angestellten mit Mustern zu ihm ins Büro schickte, sodass er alles in Ruhe anprobieren konnte, bevor er das Passende kaufte und den Rest zurückschickte. Seine heutige Garderobe bestand aus einer grauen Hose aus Baumwolle-Wolle-Gemisch und einem dunkelblauen Blazer mit goldenen Knöpfen. Er bemerkte ein paar graue Strähnen in seinen sorgfältig geföhnten Haaren, die er regelmäßig mit Grecian 2000 behandelte, und strich sie nach hinten, sodass das Grau weniger auffiel. Wenigstens hatte er noch seine volle Haarpracht, dachte er, im Gegensatz zu seinen Freunden, bei denen sich schon erste Anzeichen einer Glatze zeigten.

Als Teil seines Images hatte er seinen Vatersnamen abgelegt und benutzte stattdessen seinen zweiten Vornamen, Eyfjörð. Es war allerdings ein ziemlicher Kampf gewesen, bis das Standesamt die Änderung bewilligt hatte, da die konservativen und strikten isländischen Namensgesetze verlangten, dass man den Vatersnamen benutzte und nicht willkürlich neue Familiennamen einführte.

Wie üblich besprengte er seine Wangen großzügig mit Aftershave. Sein Teint war tiefbraun, fast schon ins Orange spielend, was den Eindruck vermittelte, dass er viel Zeit mit Sonnenbaden verbrachte, obwohl er als viel beschäftigter Bauunternehmer natürlich nicht die Zeit dafür hatte. Aber jemand hatte ihm den Tipp mit diesen Orobronze-Pillen gegeben, die der Haut von innen eine attraktive Bräune verliehen. Högni hatte vor einigen Monaten begonnen, sie einzunehmen, und war äußerst zufrieden mit dem Ergebnis.

Er zog seine Schuhe an – glänzend schwarze Slipper – und warf einen letzten anerkennenden Blick in den Spiegel. Er war vor Kurzem in eine Junggesellenwohnung in der Ofanleiti gezogen, in einer Luxusapartment-Wohnanlage für zahlungskräftige Kunden, die ein Alter erreicht hatten, in dem sie mit dem Gedanken spielten, sich zu verkleinern. Högni hatte die Wohnung selbst eingerichtet und dabei die Betonung auf helle Farben und Chrom gelegt. Die Zimmer waren komplett mit weißem Teppichboden ausgelegt, die Sitzgarnitur war aus hellem Leder, der Fernsehapparat das größte Modell, das für Geld zu haben war, das Bett riesig, mit einem Kopfteil aus verchromten Gitterstäben, und in allen Zimmern gab es Spiegelfliesen, die eine helle, luftige Atmosphäre schufen.

Seine eigene Firma war am Bau der Ofanleiti-Siedlung beteiligt gewesen, und es war ein guter Marketing-Kniff, zu erklären, dass die Wohnungen, die er baute, von so hoher Qualität waren, dass er selbst nirgendwo anders würde wohnen wollen. Das war allerdings nicht der einzige Grund. Friðrika Halldórs, seine letzte Lebensgefährtin und ein bekanntes Gesicht im isländischen Fernsehen, hatte ihn aus ihrer Wohnung in der Efstasund geworfen, nachdem sie endgültig die Nase voll gehabt hatte von seinen ständigen Frauengeschichten und Partys. Ihr gemeinsamer vierjähriger Sohn war das jüngste von Högnis drei Kindern mit verschiedenen Müttern.

Sein Ältester, Tómas Eyfjörð, der Sohn seiner Jugendliebe María, war Anfang dreißig und das komplette Gegenteil seines Vaters. Er arbeitete bei einem Verlag und schrieb in seiner Freizeit Gedichte. Eine Freundin hatte er nicht, und vor Kurzem hatte er seinem Vater auch noch eröffnet, dass er schwul sei. Högni hatte die Nachricht nicht gut aufgenommen, und sie hatten seither nicht mehr miteinander gesprochen.

In Anna, die Mutter seiner Tochter Dýrleif Önnudóttir Eyfjörð, war Högni sehr verliebt gewesen, doch ihre Wege hatten sich irgendwann getrennt, und Anna hatte später als

Abgeordnete für die Frauenallianz kandidiert. Sie hatten in letzter Zeit nur noch wenig Kontakt, aber Dýrleif besuchte ihn an Weihnachten und an Geburtstagen, hauptsächlich – so kam es ihm vor –, um ihm seine ganzen Fehler vorzuhalten.

Als er Friðrika kennenlernte, war sie erst kürzlich nach Island zurückgekehrt, nachdem sie im Ausland Grafikdesign studiert hatte. Sie arbeitete bei einer Werbeagentur und hatte für Högnis Firma, die Eyfjörð Bau AG, ein neues Corporate Design und ein Logo entwickelt. Friðrika hatte ein fröhliches, aufgeschlossenes Gemüt und legte wie er großen Wert darauf, sich nach der neuesten Mode zu kleiden. Nicht lange nachdem sie sich kennengelernt hatten, bekam sie einen Job als Fernsehansagerin bei Islands öffentlich-rechtlichem Sender. Als sie zusammen in eine große Wohnung zogen, glaubten viele, dass Högni Eyfjörð endlich die Richtige gefunden hätte. Aber in Högnis Augen ging es im Leben nur darum, stets von allem das Beste zu bekommen, seien es Möbel, Urlaubsreisen oder Frauen, und so konnte er sich nie sicher sein, dass die Frau, mit der er zusammen war, wirklich die beste auf dem Markt war.

Dennoch gab es Momente, in denen er Friðrika nachtrauerte. Es hieß, dass sie als eine der Hauptmoderatorinnen bei dem neuen privaten Fernsehsender vorgesehen war, der in Kürze den Sendebetrieb aufnehmen würde. Es hätte ihm Spaß gemacht, bei diesen Partys dabei zu sein. Friðrika hatte vor Kurzem einer Illustrierten ein Interview über »die Beziehung, die nicht funktionierte« gegeben und freimütig berichtet, dass sie mit Yoga und Meditation angefangen habe, um über ihre Trennung von Högni Eyfjörð hinwegzukommen.

Högni seufzte abermals. Er wurde auch nicht jünger. In letzter Zeit musste er sich mehr anstrengen, auch wenn in der Regel ein einziger Gin Tonic, ein vielsagendes Augenzwinkern und ein paar dick aufgetragene Schmeicheleien ausreichten, um jede Frau herumzukriegen – wenn man wie er das Glück hatte, mit reichlich Charisma gesegnet zu sein. Er konnte seine Ex-Freundinnen wirklich nicht verstehen – und seine Kinder auch nicht. Tómas ein Homosexueller! Und Dýrleif, die genau wie ihre Mutter andauernd predigte, dass die Gesellschaft die Erfahrungen von Frauen stärker berücksichtigen sollte. Und jetzt Friðrika, die sich mit Meditation und derlei esoterischem Hokuspokus abgab. Er musste sich wohl eingestehen, dass er einfach nie die richtige Frau gefunden hatte.

»Ich bin bereit, mich dem Tag zu stellen und alles, was er bringt, als Chance zu betrachten«, rezitierte Högni laut. Seit er den Dale-Carnegie-Kurs besucht hatte, war er dazu übergegangen, alle Leute mit Namen anzureden, um authentischer und persönlicher rüberzukommen. Er hatte auch einige Motivationsmantras gelernt, die Erfolg und ein glückliches Leben garantieren sollten, und rezitierte sie jeden Morgen und Abend. Obwohl Högni kein Verständnis für Tómas' Verlagsjob hatte und schon gar nicht für seine Gedichte, las er doch ab und zu Ratgeber auf Englisch, in denen erklärt wurde, wie man am besten seine Ziele erreichen und seine Konkurrenten ausstechen konnte.

Er fuhr direkt zur Firmenzentrale am Tjörnin, dem malerischen kleinen See im Zentrum der Altstadt von Reykjavík. Aktuell war sein größtes Projekt der Bau einer Wohnsiedlung im neuen Viertel Grafarvogur, dank dem lukrativen Vertrag, den sein Unternehmen mit der Stadt Reykjavík geschlossen hatte. Die Eyfjörð Bau AG war auch entscheidend an der Entwicklung des neuen Reykjavíker Stadtzentrums draußen in Kringlan beteiligt gewesen. Der Erfolg des Projekts verdankte sich nicht zuletzt dem Geschick, mit dem Högni sich Páll Jóhannessons Unterstützung gesichert hatte. Es war wirklich praktisch, einen Freund im Stadtrat zu haben. Högni musste ein wenig grinsen, wenn er an Páll dachte, mit seiner betulichen Art und seinen eingefahrenen Gewohnheiten. Er und Gunnlaug waren so konventionell, mit ihrem perfekten Eigenheim, ihren perfekten Kindern und ihrem perfekten Leben. Aber das hinderte den Mann nicht daran, ein Langweiler vor dem Herrn zu sein. Er lebte nur für Politik und Macht.

Dennoch konnte Högni nicht leugnen, dass seine Verbindung zu Páll ihm von Nutzen gewesen war. Selbstverständlich hätte die Eyfjörð Bau AG es allein aufgrund ihrer Leistungen verdient gehabt, den Zuschlag für das Bauvorhaben zu bekommen, aber das änderte nichts an der Tatsache, dass Högnis Beziehungen zu Páll einen Vorgang beschleunigt hatten, der sich sonst länger hingezogen hätte. Und daran war absolut nichts Dubioses. Diese ganze Bürokratie war doch viel zu schwerfällig, sie legte Unternehmern wie ihm nur Steine in den Weg und hinderte sie daran, die Häuser im Interesse der lokalen Bevölkerung schnell hochzuziehen. Zumal, da ein Nebeneffekt dieser ganzen Vorschriften war, dass heutzutage niemand mehr für sich selbst bauen konnte – es waren einfach viel zu viele Formulare auszufüllen, Genehmigungen einzuholen und so fort. All das machte es unbestreitbar praktisch, dass er einfach zum Hörer greifen und Páll anrufen konnte, wann immer ein Haufen kleinkarierter Bürokraten mit ihrer Paragrafenreiterei den Fortgang von aufregenden neuen Projekten behinderte.

Seine Geschäfte mit Páll hinterließen keine schriftlichen Spuren – alle ihre Gespräche wurden am Telefon oder persönlich geführt, und wenn es jemanden gab, bei dem er sich darauf verlassen konnte, dass er mit vertraulichen Informationen sorgsam umging, dann war es Páll. Er war der verschwiegenste Mensch, den Högni kannte, und das – so merkwürdig es sich anhören mag – schien der Schlüssel zu seinem Erfolg in der Politik zu sein. Es verstand sich von selbst, dass Högni Pálls Wahlkampf mit großzügigen Spenden unterstützt hatte.

Högnis nächster großer Traum war, auf Geldinganes zu bauen, einer großen Halbinsel vor der Küste Reykjavíks, die nur durch eine schmale Landzunge mit der Hauptinsel verbunden war. Es wäre der ideale Standort für eine geschmackvolle, exklusive Villensiedlung direkt am Meer. Aber das Problem waren die üblichen Stimmen von den Linken, die lauthals lamentierten und von unberührten Stränden und öffentlichem Zugang schwafelten. Öffentlicher Zugang! Högni schnaubte verächtlich.

Die Anlage würde natürlich einen großartigen Blick hinüber nach Viðey haben – für diejenigen, die es sich leisten konnten.

Beim Gedanken an Viðey schauderte es Högni unwillkürlich. Das Mädchen verfolgte ihn manchmal nachts in seinen Träumen – oder vielmehr in seinen Albträumen.

Und jetzt versuchte irgendein Schreiberling von Dagbjarturs billigem Revolverblatt die Geschichte auszuschlachten. Aber das Interesse der Öffentlichkeit würde bald wieder nachlassen – so war es noch jedes Mal gewesen.

Högni hatte nie mit seinen Freunden über den Vorfall auf Viðey gesprochen – nicht mehr seit jenem fatalen Abend. Aber irgendwie wurde er immer wieder daran erinnert. Die Geschichte kam in regelmäßigen Abständen hoch, und dann blickten wieder die großen, dunklen Augen des Mädchens die isländische Öffentlichkeit von dem immer gleichen alten Zeitungsfoto an.

Er parkte auf dem reservierten Stellplatz, der mit seinem Autokennzeichen, R69878, beschildert war, und verstellte den

Innenspiegel, um ein letztes Mal sein Aussehen zu überprüfen, ehe er sich in die Welt hinausbegab.

Högni strich noch einmal seine graue Haarsträhne nach hinten, grinste sein Spiegelbild an, stieg aus und steuerte mit festem Schritt den Eingang seiner Firmenzentrale an, bereit, sich den Herausforderungen des Tages zu stellen. Er musste die Welt davon überzeugen, dass es Zeit war, auf Geldinganes zu bauen, und dass er der richtige Mann dafür war. »Ich betrachte alles, was der Tag bringt, als Chance«, murmelte er halblaut, ehe er hineinging.

Valur wusste, dass Högni Eyfjörðs Firma ihren Sitz in einem der schönen alten, im norwegischen Stil erbauten Häuser am See hatte. Der Kauf des Anwesens durch den Bauunternehmer war damals an die Presse durchgesickert, und es hieß, dass er einen absoluten Wucherpreis dafür bezahlt hätte. Das Gebäude war zwar attraktiv, aber frei stehende Häuser im alten Stadtzentrum waren aus der Mode gekommen. Valur war aufgefallen, dass Leute mit Geld heutzutage die großen, modernen Wohnanlagen in den Vororten oder im Großraum Reykjavík bevorzugten.

Valur selbst gehörte ganz bestimmt nicht zu diesen Leuten. Journalisten wurden ziemlich mies bezahlt, und er kam nicht gerade aus begüterten Verhältnissen. Seine Eltern lebten immer noch in der nordisländischen Stadt Húsavík, wo er und Sunna in großer Freiheit inmitten der Natur aufgewachsen waren. Das Leben in Húsavík war wirklich angenehm gewesen, aber das hatte ihn und Sunna nicht daran gehindert, die erste Gelegenheit zu ergreifen, um nach Süden in die Hauptstadt zu ziehen. Valur war zufrieden, sowohl mit Reykjavík als auch mit seinem Job – Dagbartur war ein fairer Chef, und Geld war nicht alles. Das Reporterleben war interessant und manchmal auch ganz schön aufregend, und ansonsten hatte Valur beschlossen, es ganz entspannt angehen zu lassen. Er war jung genug, um sich nicht zu viele Gedanken um die Zukunft machen zu müssen. Fürs Erste war er zufrieden mit seiner kleinen Mietwohnung in der Laugateigur, einer ruhigen, begrünten Straße unweit des großen Laugardalur-Schwimmbads. Später einmal würde er vielleicht in einem dieser hübschen Holzhäuser im alten Stadtzentrum wohnen, das er zum Schnäppchenpreis ergattern könnte, weil alle anderen in die angesagten Vororte drängten. Er sah sich schon mit seiner Freundin Margrét in einem traditionellen Haus mit großen Fenstern wohnen, mit einem hübschen kleinen Garten, in dem man bei schönem Wetter sitzen konnte.

Der strahlende Sonnenschein ließ die bunten Dächer der Häuser rings um den See leuchten und verlieh der Szenerie, die an Reykjavíks häufigen grauen Wolkentagen so trist wirken konnte, etwas beinahe Märchenhaftes.

Valur blieb noch einen Moment stehen und blickte auf die glitzernde Fläche des Sees hinaus, ehe er auf Högnis Geschäftsstelle zuging. Die Tür war verschlossen, doch daneben war eine edle Türglocke angebracht, und darunter eine Messingplakette mit dem eingravierten Namen der Firma, Eyfjörð Bau AG. Valur drückte die Klingel und wartete.

Kurz darauf wurde die Tür von einer Frau mittleren Alters geöffnet, die von Kopf bis Fuß in Weiß gekleidet war, die Augen hinter dicken Brillengläsern versteckt. Sie schenkte Valur ein freundliches Lächeln. »Guten Morgen?« Der Gruß war zugleich eine Frage: *Was führt Sie hierher?*

»Guten Morgen. Mein Name ist Valur, vom *Vikublaðið*. Ich würde gerne mit Högni sprechen.«

»Haben Sie einen Termin?«

Valur schüttelte den Kopf.

»Högni empfängt Journalisten normalerweise nur nach vorheriger Terminvereinbarung. Ich kann Ihnen anbieten, dass ich mit ihm spreche und mich dann mit einem Terminvorschlag bei Ihnen melde.«

Valur überlegte noch, wie er dieses Angebot elegant ablehnen könnte, als der Mann selbst die Treppe herunterkam, braun gebrannt wie eh und je, bekleidet mit einem dunkelblauen Blazer. Offenbar war er im Begriff, das Haus zu verlassen. Er hielt inne und sagte zu der kurzsichtigen Empfangsdame: »Ich muss zu einem Meeting, mein Goldstück. Ich weiß noch nicht, ob ich danach noch mal ins Büro komme.«

Im Vorbeigehen streifte Högni Valur mit einem kurzen Blick, und seine ausdruckslose Miene verriet völliges Desinteresse.

Valur, der seine Chance erkannte, trat auf die Vortreppe hinaus und lief Högni hinterher.

»Verzeihung, Sie sind doch Högni Eyfjörð, nicht wahr?«, fragte er.

Högni blieb stehen und sah sich überrascht um. »Ja. Und wer sind Sie, wenn ich fragen darf?«

»Mein Name ist Valur, ich bin Journalist …«

Högnis Miene verfinsterte sich augenblicklich. »Ah, Dagbjarturs Knabe. Natürlich, jetzt erkenne ich Sie. Ich muss sagen, Sie sehen auf dem Foto unter Ihren Artikeln wesentlich besser aus als in natura.«

Valur ließ sich von dieser Unverschämtheit nicht aus dem Konzept bringen. Das gehörte einfach zum Geschäft. »Wir sind uns schon einmal begegnet, vor etwa einem Jahr. Sie erinnern sich wahrscheinlich nicht an mich, aber es war …«

»Nein, ich erinnere mich nicht an Sie. Ich treffe sehr viele Menschen. Übrigens bin ich gerade auf dem Weg zu einem Meeting.«

»Darf ich Sie kurz etwas zu Viðey fragen?«

»Wie bitte?«

»Viðey.«

»Nein, bedaure. Da müssen Sie einen Termin ausmachen.«

Högni wollte schon weitergehen, aber Valur ließ nicht locker.

»Soviel ich weiß, waren Sie öfter dort, als Óttar und Ólöf auf der Insel wohnten.« Okay, ganz so hatte Kristján es nicht gesagt, aber Valur hoffte, eine Reaktion zu provozieren.

»Wer hat Ihnen das gesagt?«, fuhr Högni auf. »Das ist eine dreiste Lüge. Ich …«

»Dann kennen Sie die beiden nicht?«

»Natürlich kenne ich sie – das ist kein Geheimnis. Óttar und ich sind Freunde, wir sind zusammen zur Schule gegangen.«

»Sie haben ihn also nie auf der Insel besucht, als er dort wohnte?«

»Es ist ja wohl nicht verboten, seine Freunde zu besuchen.«

»Waren Sie oft dort zu Besuch?«

»Ich wüsste ehrlich gesagt nicht, was Sie das angeht.« Högni kochte jetzt vor Wut. Valur vermutete, dass ein Mann wie er einen solchen Überfall nicht klaglos hinnehmen würde. Er würde sofort Dagbjartur anrufen, um sich über dessen dreisten jungen Reporter zu beschweren. Aber Dagbjartur würde zu seinem Angestellten stehen, da machte Valur sich keine Sorgen.

»Soweit ich weiß, waren Sie dort, kurz bevor Lára verschwand?«

»Lára?« Högnis Gesichtsausdruck verriet, dass er sehr genau wusste, von wem die Rede war.

»Das Mädchen, das verschwunden ist – sie arbeitete als Haushaltshilfe bei Óttar.«

»Das ist Jahrzehnte her.«

»Dreißig Jahre, fast auf den Tag genau.«

»Hören Sie, ich habe das Mädchen nicht einmal gekannt, und ich weiß nicht, warum Sie mich wegen dieser Sache belästigen.«

»Waren Sie im August 1956 dort?«

»Wie zum Teufel soll ich mich daran noch erinnern? Und jetzt muss ich los, sonst komme ich zu spät zu meinem Termin.« Högni stürmte davon.

»Danke für das Gespräch«, rief Valur ihm nach. »Ich werde in der nächsten Donnerstagsausgabe darüber schreiben. Und bei der Gelegenheit werde ich unsere Leser wissen lassen, wo Lára ist.«

Högni blieb stehen und blickte sich um. »Kein Mensch weiß, wo das Mädchen ist.«

»Ich habe eine Quelle. Nächste Woche wird alles enthüllt werden. Es ist an der Zeit, dass Lára ein ordentliches Begräbnis bekommt. Ich gehe davon aus, dass die ganze Ausgabe dem Thema gewidmet sein wird. Mit einem Foto von ihr. Und natürlich auch mit einem von Ihnen. Könnte ich Sie vielleicht jetzt gleich fotografieren? Ansonsten haben wir bestimmt noch ein altes Foto, das wir benutzen können.«

»Sie machen hier keine verdammten Fotos. Und wehe, Sie schreiben auch nur ein Wort über mich. Wenn Sie das tun, werde ich Sie und Ihre Zeitung verklagen, dass Ihnen Hören und Sehen vergeht. Ich werde Sie ruinieren.«

»Das ist ein großartiges Zitat, vielen Dank. Übrigens, da ich gar nichts besitze, wird das für mich keinen Unterschied machen.«

»Ich warne Sie, Junge! Sie veröffentlichen kein einziges Wort über mich.«

»Darüber entscheiden zum Glück nicht Sie. Aber ich wäre bereit, mich irgendwann diese Woche mit Ihnen zusammenzusetzen, um mir Ihre Version der Geschichte anzuhören. Sie wissen schon – wie oft Sie auf der Insel waren, die Anlässe für die Besuche … Sie müssen Lára kennengelernt haben, da sie den ganzen Sommer über auf Viðey war. Erinnern Sie sich an sie?«

»Meine Version? Es gibt nicht ›meine Version‹ der Geschichte! Ich habe Lára nicht gekannt, und ich hatte mit der ganzen Sache nichts zu tun. Was weiß denn ich, ob sie nicht vielleicht noch am Leben ist und irgendwo im Ausland lebt?«

»Lára ist tot, und am Donnerstag werden Sie erfahren, was mit ihr passiert ist – falls Sie es nicht ohnehin schon wissen.«

1986

16. August

Margrét hatte im vergangenen Sommer bei der Zeitung gejobbt, aber Ende Juli überraschend gekündigt. »Da ist für meinen Geschmack zu viel Testosteron im Spiel«, sagte sie zu Valur.

Sie hatten sich bei der Arbeit von Anfang an gut verstanden, aber gefunkt hatte es erst, als sie sich im Frühjahr darauf in einem Nachtclub trafen. Mit einundzwanzig war sie ein paar Jahre jünger als Valur, und zurzeit studierte sie Politikwissenschaft an der Universität von Island. Sie gingen es langsam an und trafen sich nur gelegentlich, und bislang hatte er die Beziehung weitgehend für sich behalten. Er hatte es Sunna erzählt, aber nicht seinen Eltern. Noch nicht. Dazu war noch reichlich Zeit. Dennoch hatte er ein gutes Gefühl bei Margrét; sie verstanden sich wunderbar, und er freute sich immer sehr auf ihre Treffen.

»Gehst du am Montag zur Zweihundertjahrfeier in die Stadt?«, fragte Margrét jetzt. Es war Samstagmittag, und sie saßen im Restaurant Hornið, wo sie bei Pizza und Cola feierten, dass seit ihrem ersten Date schon drei Monate vergangen waren.

»Ja, ich denke, ich sollte hingehen. Den Kuchen probieren, mir das Feuerwerk anschauen. Und du?«

»Oh, ich fürchte, dass es ein ziemlicher Flop werden könnte. Die Erwartungen sind so hoch.«

Obwohl sie bei der Zeitung gute Arbeit geleistet hatte, sprachen sie nur selten über seine Tätigkeit, jedenfalls nicht direkt, und diskutierten nur sehr allgemein über Politik oder auch Kunst und Kultur. Manchmal hatte er den Verdacht, dass Margrét die Zeitung gar nicht mehr las.

Sie war in Garðabær aufgewachsen, und ihre Eltern waren sehr konservativ. Valur konnte sich nicht vorstellen, dass in einem Haus wie diesem ein Blatt wie das *Vikublaðið* gelesen wurde. Er fragte sich, ob sie sich für den Sommerjob bei der Zeitung vor allem beworben hatte, um ihren Eltern zu demonstrieren, dass sie nicht notwendig in deren Fußstapfen treten würde.

Valur wurde den heimlichen Verdacht nicht los, dass ihre Beziehung mit ihm vielleicht auf einem ähnlichen Grund basierte: eine stille Rebellion, die nicht von Dauer sein würde. Er hoffte sehr, dass er sich in diesem Punkt irrte.

»Wollen wir uns vielleicht am Montagabend unten am See treffen?«, fragte er.

»Wie romantisch«, antwortete sie lächelnd. »Gute Idee. Also unten am See – um acht?«

»Abgemacht.« Er erwiderte ihr Lächeln. »Was ist mit diesem Wochenende? Hättest du Lust, später noch in die Stadt zu fahren?«

»Ich habe leider meiner Schwester versprochen, heute Abend und morgen ihre Kinder zu hüten«, sagte Margrét, und die Enttäuschung versetzte Valur einen Stich ins Herz.

Aber dann fügte sie mit warmer Stimme hinzu: »Wir holen das am Montag nach, ja? Und was hältst du davon, wenn wir uns später in der Woche ein Video ausleihen und uns einen gemütlichen Abend zu Hause machen?«

Das Wetter war ungewöhnlich mild für August, aber Valur stellte sich darauf ein, den größten Teil das Tages an seinem Schreibtisch verbringen zu müssen, für den Fall, dass die mysteriöse Julia noch einmal anrief. Es stand zu viel auf dem Spiel, als dass er sich diese Chance entgehen lassen könnte. Sein großer Scoop. Oder vielmehr sein erster großer Scoop – hoffentlich der erste von vielen.

Er blieb noch ein, zwei Minuten draußen vor der Redaktion stehen und hielt das Gesicht in die Sonne. Ihm war bewusst, dass jeder schöne Tag im August der letzte sein konnte.

Als Valur ins Büro kam, saß zu seiner Überraschung einer seiner Kollegen bereits am Schreibtisch. Baldur war schon viel länger im Zeitungsgeschäft als Valur; er war fast so alt wie Dagbjartur und hatte im Lauf seiner Karriere eine ganze Reihe von Jobs gehabt. Manchmal kam es Valur so vor, als hätte Baldur schon bei fast jeder Zeitung im Land gearbeitet.

»Na so was, was machst du denn hier?«, fragte Baldur.

Valur hatte diesen Seitenhieb eigentlich nicht verdient, denn es kam gar nicht so selten vor, dass er sich am Wochenende in der Redaktion blicken ließ, auch wenn es zutraf, dass er lieber außerhalb der normalen Bürostunden arbeitete. Aber er würde seine Zeit nicht damit vergeuden, Baldur das zu erklären. Außerdem hatte er den Verdacht, dass da auch eine Spur Neid mitspielte – sein Kollege war wegen des Erfolgs von Valurs Artikeln über Lára ein wenig verschnupft. Offenbar fand Baldur, dass Valurs Aufstieg beim *Vikublaðið* im Lauf des letzten Monats ein wenig zu sprunghaft gewesen war.

»Muss noch einen Artikel fertig schreiben«, erwiderte Valur knapp. »Und du? Viel zu tun?«

»Noch ein Artikel über Lára, nehme ich an.« Baldur hatte ein Talent, solche Kommentare in einem neutralen Ton vorzutragen. Er hätte einen guten Politiker abgegeben, da man sich nie sicher sein konnte, was er wirklich dachte.

»Nein, das ist alles so gut wie erledigt. Ich habe schon mit etwas Neuem angefangen«, log Valur und amüsierte sich mit der Vorstellung, was Baldur wohl durch den Kopf gehen mochte.

Er setzte sich an seinen Schreibtisch, und sein Blick heftete sich automatisch auf das Telefon, als ob er es dadurch zum Klingeln bringen könnte. Es war gut möglich, dass sich die Frau nie wieder melden würde. Dass an der Sache doch nichts dran war. Er versuchte sich auf die anstehende Arbeit zu konzentrieren und blätterte die Papiere auf seinem Schreibtisch durch. Tatsächlich hatte er gar nichts Dringendes zu erledigen, aber solange Baldur im Büro war, musste er wenigstens so tun, als wäre er beschäftigt.

»Hat irgendjemand für mich angerufen?«, fragte er.

Baldur blickte sich um. »Hm? Erwartest du einen Anruf?«

»Vielleicht.«

»Nein, keine Anrufe, aber hier liegt irgendwo ein Umschlag für dich rum.«

»Ein Umschlag?«

»Ja, er hat unter dem Briefschlitz am Boden gelegen, als ich kam. Vielleicht wurde er auch schon gestern eingeworfen.«

Valur versuchte, nicht zu interessiert zu klingen. Er hatte keinen Brief erwartet, aber die Nachricht konnte nur von einer Person kommen – oder?

»Oh. Wo ist er?«

»Hab ich ihn dir nicht auf den Schreibtisch gelegt?« –Baldur sah sich suchend auf seinem eigenen Schreibtisch um. »Ach nein, hier ist er ja.«

Er schlenderte mit dem Umschlag in der Hand zu Valurs Schreibtisch und blieb stehen, während er darauf wartete, dass Valur ihn öffnete.

»Danke.«

Erst als Baldur sich wieder gesetzt hatte, schlug Valur vorsichtig die Lasche zurück und zog ein weißes Blatt hervor, auf dem lediglich ein Name stand:

Arnfríður Leifsdóttir

Er sah noch einmal auf den Umschlag. Er war eindeutig an ihn adressiert.

Arnfríður Leifsdóttir?

Ein Frauenname. Er sagte ihm nichts.

Könnte es eine Nachricht von Julia sein? War das wirklich alles, was sie geschickt hatte? Oder könnte es mit einer ganz anderen Sache zusammenhängen?

Er steckte das Blatt wieder in den Umschlag, und dabei fiel ihm auf, dass jemand einen Namen auf die Rückseite geschrieben hatte: Julia.

Dann war er tatsächlich von ihr! Vielleicht bedeutete die Tatsache, dass sie ihm diese Nachricht geschickt hatte, dass sie nicht vorhatte, ihn noch einmal anzurufen. Aber offenbar wollte sie ihn immer noch auf die richtige Spur bringen.

Beschwingt sprang er auf und wollte nach seinem Notizbuch greifen, als ihm einfiel, dass er es ja Sunna geliehen hatte. Er würde diesen Hinweis später noch seinen Aufzeichnungen hinzufügen. Fürs Erste steckte er den Umschlag in seine gute alte Aktentasche.

»Ich bin dann mal weg, Baldur«, sagte er laut und deutlich.

»Schon? Das war aber ein kurzes Vergnügen.«

»Ich habe mein Notizbuch zu Hause vergessen«, log Valur.

»War was Interessantes in dem Umschlag?«, fragte Baldur beiläufig.

»In dem Umschlag? Nein, bloß eine Quittung.«

Valur war eigentlich ein besonnener Typ, der nicht so schnell die Bodenhaftung verlor, aber dieser Umschlag stellte einen bedeutenden Durchbruch dar. Er ahnte, dass dies die einmalige Chance war, in die Geschichte des isländischen Journalismus einzugehen. Manche Reporter warteten ihr ganzes Berufsleben lang auf eine solche Gelegenheit – wie etwa der arme Baldur, der jahrelang in grauer Mittelmäßigkeit für ein Parteiorgan nach dem anderen vor sich hin geschuftet hatte – zumeist für die aus dem linken Spektrum –, ohne sich je einen Namen zu machen. Und jetzt war Valur im Begriff, den Scoop des Jahres zu landen. Mit etwas Glück.

Zu Hause angekommen, rief er gleich Sunna an, doch sie ging nicht ans Telefon. Sie war nie zu Hause, dachte er – immer an der Uni, wenn sie nicht gerade im Café Mokka hockte oder mit ihren Freundinnen feierte. Aber irgendwann musste sie ja mal nach Hause kommen. Er spielte mit dem Gedanken, zu Fuß nach Hlíðar zu gehen und vor ihrer Wohnung auf sie zu warten. Er brauchte sein Notizbuch, verdammt noch mal! Alle möglichen Ideen wirbelten ihm im Kopf herum, und er musste sich dringend all die Namen, Fakten und Telefonnummern wieder ins Gedächtnis rufen, sodass er die Beteiligten noch einmal befragen konnte. Einer der Namen, von denen er noch wusste, dass er sie notiert hatte, war der von Finnur Stephenson, dem Inhaber einer Großhandelsfirma. Valur hatte recherchiert, dass Finnur ein Jugendfreund von Óttar war und dass sie über die Jahre in Kontakt geblieben waren. Das hieß logischerweise, dass sie Freunde gewesen sein mussten, als Óttar auf Viðey wohnte. Aber ehe Valur dazu gekommen war, an Finnurs Tür zu klopfen in der Hoffnung, an Hintergrundinformationen über Óttar zu gelangen, hatte er in der Zeitung gelesen, dass Finnur tot war. Diese eine Spur war also im Sande verlaufen. Umso wichtiger war es, an Óttar und Ólöf heranzukommen, denn er musste für den nächsten Artikel unbedingt mit ihnen sprechen.

Und noch dringlicher war es, herauszufinden, wer Arnfríður Leifsdóttir war – und natürlich auch Julia.

Inzwischen hatte sich der Himmel eingetrübt, und es hatte zu nieseln begonnen – einer jener unberechenbaren Wetterumschwünge, die so typisch für das isländische Klima waren. Das war's dann mit der Idee, spontan bei Sunna vorbeizuschauen in der Hoffnung, dass sie vielleicht inzwischen nach Hause gekommen war. Der naheliegende nächste Schritt war, das Telefonbuch nach Frauen namens Arnfríður zu durchforsten, aber dazu brauchte es viel Geduld, da das isländische Telefonbuch nach Gemeinden geordnet war und er die alphabetischen Namenslisten für einen Ort nach dem anderen durchgehen musste. Da er viel zu aufgeregt war, um sich jetzt darauf zu konzentrieren, ging er auf den Flur und schlug Dagbjarturs Nummer im Telefonbuch nach. Er hatte sie nicht im Kopf, da er seinen Chef gewöhnlich nicht zu Hause anrief. Er nahm den Hörer in die Hand und versuchte seine Aufregung in den Griff zu bekommen, indem er ein paarmal langsam ein- und ausatmete, ehe er Dagbjarturs Nummer wählte.

»Valur, mein Junge, was gibt's?«

»Ich habe Neuigkeiten.«

Valur hätte es vorgezogen, seinem Chefredakteur dabei gegenüberzusitzen, um das erwartete Lob persönlich entgegennehmen zu können, aber vorläufig musste es das Telefonat tun.

»Neuigkeiten? Worüber?«

»Über den Fall Lára.«

»So, so«, entgegnete Dagbjartur. »Dann mal raus damit, ich bin ganz Ohr.« Seine tiefe Stimme nahm einen vertraulichen

Ton an, als er hinzufügte: »Wirst schon sehen, Valur – die Leute werden uns die Zeitung aus den Händen reißen!«

»Wem sagst du das?« Obwohl Valur kein direktes finanzielles Interesse am Erfolg der Zeitung hatte, war er doch stets bemüht, zur Steigerung des Verkaufs oder der Abonnementszahlen beizutragen. Er wollte das Gefühl haben, dass er sein Geld wert war. Und eines Tages, eher früher als später, würde er den Mut aufbringen, um eine Gehaltserhöhung zu bitten.

»Aber nun spuck's schon aus – was ist passiert?« Der Chefredakteur wurde schon ungeduldig.

»Ich habe eine Nachricht bekommen, in einem Umschlag.«

»Was?«

»Eine Art anonymen Brief. Von Julia, der Frau, die mich angerufen hat.«

»Und was hatte sie zu sagen?«

»Sie hat mir einen Namen geschickt.«

»Einen Namen? Welchen Namen?«

»Arnfríður Leifsdóttir.«

»Arnfríður? Wer ist sie?«

»Ich habe keine Ahnung, aber ich werde es herausfinden.«

Am anderen Ende war es einen Moment still. Valur konnte hören, wie Dagbjartur an seiner Pfeife zog. Dann sagte er: »Na, das hört sich doch schon besser an. Aber warte mal – lass mich überlegen …«

»Ja …?« Valur wartete gespannt auf das Lob.

Aber Dagbjartur war nicht der Typ, der allzu verschwenderisch damit umging. Bei ihm war es oft schon Lob genug, wenn er einen nicht kritisierte. »Ich überlege …«, sagte er noch einmal. »Sollten wir nicht die Spannung ein bisschen schüren, hm?«

»Wie meinst du das? Um mehr Zeitungen zu verkaufen?«

Valur hatte oft Schwierigkeiten, Dagbjarturs Logik zu folgen, und dieses Gespräch war keine Ausnahme. Vielleicht war es der politische Instinkt, für den Valur einfach das Verständnis fehlte.

»Klar. Auf jeden Fall, lass uns mehr Zeitungen verkaufen«, wiederholte er, um die Pause zu füllen.

»Ja, weißt du was? Ich glaube, so machen wir es. Du wirst dieses Rätsel für mich lösen, aber plaudere nur ja nichts über deine Quelle aus oder über diesen Hinweis. Das halten wir schön unter Verschluss, Valur. Das ist absolut entscheidend.« Nach einer Weile fügte er mit Verwunderung in der Stimme hinzu: »Wer hätte das gedacht?«

Valur seufzte. Offensichtlich hatte sein Chefredakteur ihm nicht zugetraut, dass er den Mund halten würde. Aber er würde ihm beweisen, dass es ihm ernst war. Jetzt würde er sich wirklich Dagbjarturs Vertrauen verdienen.

1986

17. August

In der Nacht hatte Valur kaum ein Auge zugetan, so aufgedreht war er nach seinem Telefonat mit Dagbjartur. Auch am Sonntagmorgen war er immer noch so unruhig, dass er sich auf nichts konzentrieren konnte. Er blickte abwesend aus dem Fenster. Kinder spielten auf der Straße, die Häuser gegenüber waren von der Sonne angestrahlt. Auch Valur zog es jetzt ins Freie. Die Farben und das Licht im August hatten für ihn schon immer einen besonderen Reiz gehabt. Dieses letzte Aufbäumen des Sommers, wenn die Tage schon kürzer wurden; das Gefühl, dass der Herbst und die ersten Nachtfröste nicht mehr weit waren …

Obwohl Valur nicht in Reykjavík geboren und aufgewachsen war, fühlte er sich in der Stadt zu Hause, und er genoss die schiere Vielfalt, die sie zu bieten hatte. Er spielte mit dem Gedanken, ein wenig durch die Straßen des Zentrums zu flanieren und die Arbeit an seinem Artikel noch ein paar Stunden vor sich herzuschieben, trotz des Zeitdrucks. Doch dann musste er über sich selbst grinsen, weil er eigentlich immer alles erst auf den letzten Drücker erledigte. Als Teenager hatte er die Sonntagabende gehasst, wenn er mit Bergen von Hausaufgaben am Wohnzimmertisch in Húsavík sitzen musste, während seine Schwester Sunna, die schon vor Stunden fertig geworden war, es sich vor dem Schwarz-Weiß-Fernseher bequem machte.

Dabei fand Valur das Sonntagabendprogramm des öffentlich-rechtlichen Senders alles andere als fesselnd. Es bestand zumeist aus düsteren schwedischen Dramen über die Probleme geschiedener Paare, mit betrunkenen Männern und überarbeiteten Frauen, oder aus drögen Interviews mit isländischen Künstlern, die erklärten, dass Spiegeleier in ihrem Werk Brüste symbolisierten, und anderem prätentiösen Quatsch dieser Art. Valur erinnerte sich noch genau, wie er vor seinen Matheaufgaben gesessen und Sunna, die das alles eifrig in sich aufnahm, über die Schulter geschaut hatte. Aber Sunna war immer schon die Kulturbesessene gewesen, während er selbst amerikanische Serien bevorzugte, in denen am laufenden Band geflucht und herumgeballert wurde. Er hoffte, dass der neue Fernsehsender, der dem öffentlich-rechtlichen Kanal Konkurrenz machen wollte, mehr Programme dieser Art anbieten würde. Er hatte überlegt, sich einen Videorekorder zuzulegen, um das dürftige Unterhaltungsangebot im Fernsehen wettzumachen, aber sein Gehalt war nun mal nicht das üppigste, und es gab zu viele andere Verlockungen, für die man sein Geld ausgeben konnte.

Er trank eine Tasse Kaffee, dann sprang er unter die Dusche und versuchte, seine alte Sonntagsphobie abzuschütteln. Er würde mit dem Bus zur Redaktion fahren und schauen, ob noch weitere Anrufe oder Nachrichten zum Fall Lára eingegangen waren. Danach würde er einen kleinen Stadtspaziergang machen. Er liebte die alten Straßen, die Holzhäuser mit ihren bunt gestrichenen Wellblechverkleidungen, und er stand dem »neuen Stadtzentrum«, das derzeit im Bau war, sehr kritisch gegenüber. Ein Bürohochhaus, bekannt als das »Handelshaus«, war bereits an der Kringlan nahe der Miklabraut, der Hauptverkehrsader der Stadt, hochgezogen worden, und ein Einkaufszentrum war in Planung, das den historischen Stadtkern Reykjavíks ersetzen würde. Und das war nicht die einzige größere Neuerung, die bevorstand. Valur, der kein Fan der modernen Architektur war, hatte kürzlich einen Bericht über die Pläne für den Bau eines neuen Rathauses am Seeufer geschrieben, die er ganz entsetzlich fand. Den Architekten von heute schien der Sinn für Ästhetik, der die vorige Generation ausgezeichnet hatte, völlig zu fehlen. Wenn es nach Valur ginge, würde man weiterhin mit Holz bauen.

Als er am Hlemmur-Platz aus dem Bus stieg, fiel ihm auf, dass die Stadt sich schon mit Menschen füllte, die gekommen waren, um zu sehen und gesehen zu werden, obwohl die Geschäfte sonntags geschlossen waren. Als Erstes ging er den Berg hinauf zur Redaktion des *Vikublaðið*. Dort traf er niemanden an, und so sah er nur kurz die Papiere auf seinem Schreibtisch durch, ehe er beschloss, zur Austurstræti hinunterzugehen, um sich mit einem Schaufensterbummel abzulenken.

Er steuerte direkt das Kaufhaus Karnabær an, um sich die neueste Mode anzuschauen. Als er vor dem Schaufenster stand und gerade ein rot kariertes Hemd ins Auge gefasst hatte, spürte er einen Klaps auf dem Rücken.

»Hallo, grüß dich!«

Valur drehte sich um und erblickte Gunnar, einen alten Kumpel aus Húsavík, der an der Universität Theologie studierte. Ein wirklich netter Typ, mit roten Haaren und Lachfältchen um die Augen.

»Wie läuft's denn so? Wieder mal voll im Einsatz für die *Washington Post*?«

Valur grinste. »Ja, voll im Einsatz. Immer hinter den neuesten Nachrichten her.«

»Ich hab gesehen, dass du über die Lára-Geschichte schreibst. Meinst du, dass du den Fall knacken wirst? Der Columbo von Reykjavík?«

Valur stöhnte. »Ich weiß es nicht, aber die Sache lässt mir einfach keine Ruhe. Das kam damals so unglaublich plötzlich. Sie ist von einem Tag auf den anderen spurlos verschwunden. Ich meine, wie kann sich jemand einfach so in Luft auflösen? Es ist ja nicht so, als ob sie sich auf Viðey verlaufen hätte und erfroren wäre …«

Gunnar sah ihn teilnahmsvoll an. »Könnte es nicht sein, dass sie einfach ins Wasser gegangen ist? Dass sie beschlossen hat, allem ein Ende zu setzen? Dieses Tal der Tränen hinter sich zu lassen?«

»Was denn, mit ihren Taschen? Mit ihrem ganzen Gepäck? Man packt doch nicht seine Koffer, wenn man vorhat, sich das Leben zu nehmen, oder? Und da ist noch was, Gunnar. Ich habe mit Kristján gesprochen, dem Ermittler, der mit dem Fall betraut war, und ich habe den Verdacht, dass er etwas verschweigt. Ich bin nicht überzeugt, dass sie die Insel je verlassen hat.«

Valur bremste sich, ehe er die Information ausplaudern konnte, die er von Julia erhalten hatte. Dieses Ass behielt er für seinen nächsten Artikel im Ärmel.

Gunnar betrachtete ihn eine Weile, nunmehr mit ernster Miene, und nickte schließlich.

»Es wäre großartig, wenn du sie finden könntest. Sonst wird die Sache immer noch weiter auf der Volksseele lasten.«

Valur zuckte mit den Schultern. »Man kann nie wissen. Es ist nun mal nicht einfach, einen dreißig Jahre alten Fall zu lösen. Aber sag mal, wie sieht's bei dir aus? Machst du nicht bald dein Examen?«

Gunnar lächelte. »Ja, so in schätzungsweise dreißig Jahren,

wenn ich mich anstrenge. Nein, Scherz beiseite. Ich sitze an meiner Magisterarbeit, aber ich komme nicht so recht voran. Das Thema sind Jesu Worte in der Bergpredigt: ›Richtet nicht, auf dass ihr nicht gerichtet werdet.‹«

Valur nickte bedächtig. Er hatte das merkwürdige Gefühl, dass die Worte für ihn bestimmt waren. Dass er sich fragen sollte, ob es wirklich seine Aufgabe war, alte Sünden ans Licht zu bringen.

»Also, ich muss jetzt weiter«, sagte Gunnar. »Morgen sollen wir Theologiestudenten an einem Gottesdienst zur Zweihundertjahrfeier der Stadt teilnehmen. Ich muss in der Kathedrale aushelfen und bin gerade auf dem Weg dorthin. Angeblich wird sie bei den Gottesdiensten voll mit Politikern sein. Gott steh uns bei, kann ich da nur sagen!«

Bis zum Abend grübelte Valur über verschiedene Überschriften für seinen Artikel, ohne dass er mit irgendeiner davon wirklich zufrieden gewesen wäre.

Er hatte auch einen Plan für die kommende Woche ausgearbeitet. Am Dienstag würde er auf die Insel fahren, um nach Füllmaterial für seinen Artikel zu suchen. Zumindest könnte er auf diese Weise den Ort des Geschehens für seine Leser lebendig werden lassen. Bislang war das sensationellste Detail, das er in der Hand hatte, die Information von Julia, dass Lára am Abend des Samstags getötet worden war. Er würde es als anonymen Hinweis darstellen. Mit etwas Glück würde er auch enthüllen können, was es mit der Frau namens Arnfríður Leifsdóttir auf sich hatte. Und die Schilderung seines Zusammenstoßes mit Högni Eyfjörð würde das Ganze noch ein wenig aufpeppen.

Valur briet sich einen Rest Hackfleisch, den er noch im Kühlschrank hatte, und kochte dazu Spaghetti, dann setzte er sich vor seinen ramponierten alten Fernseher, um sich die Acht-Uhr-Nachrichten anzuschauen. Die Schlagzeilen kündigten Beiträge über die Betriebsstörungen bei der Fluggesellschaft Arnarflug an, den geplanten Wirtschaftsboykott gegen Südafrika, den Schachwettkampf zwischen Karpow und Kasparow, die Schenkung eines Anteils an der Insel Viðey durch den Staat an die Stadt Reykjavík zu deren zweihundertjährigem Bestehen – und über neue Entwicklungen im Fall Lára.

Valur sprang von seinem Sessel auf und drehte den Ton lauter. Als der Nachrichtensprecher zum letzten Beitrag kam, blickte er fest in die Kamera, während er verkündete:

Die Quellen unserer Nachrichtenredaktion haben bestätigt, dass in der Donnerstagsausgabe des Vikublaðið *neue Informationen über das Verschwinden von Lára Marteinsdóttir enthüllt werden sollen. Der Journalist Valur Róbertsson hat den Fall in den vergangenen Wochen in einer Reihe von Artikeln über Lára erneut untersucht. Die Fünfzehnjährige war 1956 spurlos von der Insel Viðey verschwunden. Es ist durchaus möglich, dass das Geheimnis von Láras Schicksal in dieser Woche gelüftet werden kann, dank neuer Informationen, die der Zeitung* Vikublaðið *zugespielt wurden. Valur Róbertsson war für eine Stellungnahme nicht zu erreichen.*

Valur fiel die Kinnlade herunter. Was war das denn? Wo kam diese Meldung her? Und wie zum Teufel sollte er diesem Anspruch gerecht werden? Er hatte ja noch gar keine konkreten Antworten. Er begann nervös in seinem kleinen Wohnzimmer auf und ab zu gehen und die Hände zu kneten.

Valur Róbertsson war für eine Stellungnahme nicht zu erreichen … Wenn er nur etwas länger in der Redaktion geblieben wäre, hätten die Fernsehleute ihn erreichen können, und er hätte die Chance bekommen, die Meldung zu dementieren.

Wer hatte da geplaudert? Doch gewiss nicht sein alter Kumpel Gunnar? Nein. Außerdem hätte die Nachrichtenredaktion keinen Grund gehabt, ihn als zuverlässige Quelle zu betrachten. Eigentlich war niemand in der Lage, etwas über den Stand der Recherche zu sagen, außer Valurs Kollegen bei der Zeitung – und der Einzige, der wirklich etwas wusste, war der Chefredakteur.

Valur lief hinaus auf den Flur. Seine Hände zitterten, als er Dagbjarturs Nummer wählte, und in seinem Magen rumorte es, während er es läuten hörte und darauf wartete, dass der Chefredakteur abhob.

»Dagbjartur.«

»Oh, hallo, hier ist Valur. Hast du die Nachrichten gesehen?«

»Ja, hab ich.«

»Hast du gehört, was die über die Zeitung und die Lára-Geschichte gesagt haben? Die Behauptung, dass es diese Woche eine große Enthüllung geben würde?«

»Ja, allerdings.«

Valur fand, dass Dagbjartur die Sache erstaunlich entspannt aufnahm.

»Aber das stimmt doch nicht«, rief er und wurde lauter. »Auch wenn ich den Hinweis von dieser Frau bekommen habe, habe ich doch keine Ahnung, was dabei rauskommen wird. Ich hatte vor, diese Woche nach Viðey zu fahren…«

»Aber Valur, mein Junge, du hast doch selbst gesagt, du glaubst, dass da eine Story drin ist …«

»Ja, eine Story, ein Artikel – aber das heißt doch nicht, dass ich den Fall gelöst habe!«

»Na ja, aber es wird die Leute aufhorchen lassen, nicht wahr?«

»Hast du eine Ahnung, woher sie die Information haben?«

»Welche Information?«

Im Hintergrund konnte Valur tumultartigen Lärm hören, unter anderem schrilles Kindergeschrei – vermutlich Dagbjarturs Enkel. Sein Fernseher lief auch mit voller Lautstärke, aber der Chefredakteur hob nicht die Stimme. Man hätte meinen können, dass er an den isländischen Coolness-Meisterschaften teilnehmen wollte.

Valur war ein wenig irritiert über diese Reaktion. Ihm selbst brach vor Panik der Schweiß aus beim Gedanken an den enormen Druck, unter den er soeben geraten war.

»Aber die Tatsache, dass sie diese Woche einen Scoop erwarten …«, stieß er atemlos hervor. »Die ganze Sache ist jetzt so eng mit meinem Namen verbunden – alle kennen mein Gesicht, und jetzt denken sie alle, dass ich mit irgendeiner großartigen Enthüllung hinter dem Berg halte. Wer könnte den Fernsehnachrichten das gesteckt haben?«

»Es ist hervorragend fürs Geschäft, Valur. Die Leute können es kaum erwarten, etwas Neues über Lára zu lesen, und unsere Verkaufszahlen werden durch die Decke gehen. Du wirst viel wohlverdiente Aufmerksamkeit bekommen, und es besteht die Möglichkeit, dass wir Anfang nächsten Monats wieder in die schwarzen Zahlen kommen. Ich kann keine Nachteile erkennen.«

»Hast du es den Fernsehnachrichten gesteckt?«

»Und wenn, wäre das so schlimm?« Dagbjartur wieherte jetzt beinahe vor Vergnügen. Für ihn schien das Ganze ein Riesenspaß zu sein.

»Mit anderen Worten – du warst es?«, krächzte Valur.

»Hör zu, mein Junge, die Zeitung hangelt sich von Woche zu Woche weiter, immer am Rand des Bankrotts«, sagte Dagbjartur. Valur glaubte, dass das eine Übertreibung war – er hatte jedenfalls nie irgendetwas von Zahlungsschwierigkeiten oder Sparmaßnahmen mitbekommen. »Ich kämpfe darum, uns über Wasser zu halten«, fuhr der Chefredakteur fort. »Deine Recherchen waren fantastisch fürs Geschäft – sie haben den Absatz erhöht, aber da ist immer noch Luft nach oben. Glaub mir, die Abendnachrichten von heute werden dafür sorgen, dass das *Vikublaðið* weggeht wie warme Semmeln, ob du nun das Rätsel tatsächlich löst oder nicht. Vergiss nie: Das hier ist ein Geschäft – wir müssen Zeitungen verkaufen, wenn wir irgendwelche Nachrichten unter die Leute bringen wollen. Sei einfach dankbar – es wird dich und die Zeitung ins Scheinwerferlicht rücken, und ich habe vollstes Vertrauen, dass du liefern wirst. Es ist schließlich eine echte Herausforderung für dich – etwas zu schreiben, was den Erwartungen der Leser gerecht wird.«

Dagbjarturs Begeisterung über die Entwicklung war nicht zu überhören.

Valur räusperte sich. »Ja, okay, alles klar, das lässt sich dann wohl nicht ändern. Einen schönen Abend noch, Dagbjartur.«

»Schönen Abend, Valur, mein Junge.« Der Chefredakteur legte auf.

Dagbjarturs Frau Laufey warf ihm einen fragenden Blick zu, als er den Hörer auflegte.

»Stimmt etwas nicht, Schatz?«

»Nein, das war bloß Valur von der Zeitung, er hat sich ein bisschen über diese Meldung in den Nachrichten aufgeregt. Kein Grund zur Sorge.«

»Das ist nicht weiter verwunderlich, Schatz. Es ist schon ein enormer Druck für so einen jungen Mann.«

Dagbjartur gab keine Antwort, und Laufey ging in die Küche, um Tee zu machen. Ihr Mann lebte für diese Zeitung; von morgens bis abends sprach er von nichts anderem. Damals, als sie sich kennengelernt hatten, war er viel unterhaltsamer gewesen – und er hatte auch noch mehr Haare gehabt –, aber irgendwie hatte ihre Ehe trotz allem gehalten. In den letzten Jahren beschäftigte sie sich allerdings immer weniger mit Dagbjartur. Stattdessen konzentrierte sie sich auf Yoga, Aerobic und ihre Enkelkinder, und ihr fehlte zunehmend die Geduld, sich die Probleme ihres Mannes mit der Zeitung anzuhören.

Sie konnte jetzt hören, wie er im Wohnzimmer mit den Kindern redete, und rückte ihr Haargummi zurecht, während sie darauf wartete, dass das Teewasser kochte.

Valur ging ins Wohnzimmer zurück und warf sich stöhnend aufs Sofa.

Er würde sich wirklich ins Zeug legen müssen, wenn er »den Erwartungen der Leser gerecht werden« wollte, wie Dagbjartur es ausgedrückt hatte.

Da hatte er sich vielleicht etwas eingebrockt. Er hoffte nur, dass Julia sich noch einmal melden würde … Und er durfte den Umschlag nicht vergessen – vielleicht gelang es ihm ja, diese Arnfríður Leifsdóttir ausfindig zu machen, wer immer sie war. Ja, es gab mehrere Hinweise, denen er nachgehen konnte. Es war nicht ausgeschlossen, dass er die Situation zu seinem Vorteil nutzen könnte.

Er sah aus dem Fenster. Die Sonne ging gerade unter, ihr rosa Schein spiegelte sich in den Fensterscheiben der Häuser auf der anderen Straßenseite. Mit einem Mal verspürte er einen Anflug von Optimismus – er würde sich von dieser Sache nicht unterkriegen lassen.

Valur stand auf. Was er jetzt brauchte, war ein schöner langer Spaziergang, um den Kopf frei zu bekommen.

Ihm würde schon etwas einfallen.

1986

18. August

An diesem Montagmorgen erschien Valur früh in der Redaktion des *Vikublaðið*. Er hatte sich immer noch nicht von dem Schreck über die Meldung in den Sonntagabendnachrichten erholt. Dagbjartur war noch nicht da, aber die anderen Reporter trudelten nach und nach ein, um sich den ersten Kaffee zu genehmigen. Valur grüßte in die Runde. Während er mit seinem eigenen Artikel beschäftigt war, konzentrierten sich die anderen zumeist auf die Jubiläumsfeier der Stadt, die am Mittag beginnen sollte. Manche hatten am Nachmittag frei, während andere zur Berichterstattung über die Feierlichkeiten eingeteilt waren. Es hatten so viele Firmen ihren Angestellten an diesem Tag freigegeben, dass in der Stadt eine regelrechte Urlaubsstimmung herrschte.

Baldur war nach Viðey geschickt worden, um an der feierlichen Übergabe des Gutshauses und der Kirche an die Stadt Reykjavík teilzunehmen. Valur verfluchte sich, weil er nicht angeboten hatte, diesen Auftrag zu übernehmen. Es wäre die ideale Gelegenheit gewesen, sich ein wenig umzusehen und ein Gespür für die Atmosphäre der Insel zu bekommen.

»Valur!« Es war sein Kollege Sverrir. »Das *Morgunblaðið* bittet um ein Interview mit dir …«

Valur erwiderte Sverrirs Blick und schüttelte den Kopf. Sverrir nahm die Hand von der Sprechmuschel und erklärte, dass Valur leider nicht am Platz sei.

»Tja, das ist das Schicksal eines Starreporters«, frotzelte Baldur.

»Ja, ja.« Valur setzte sich an seinen Schreibtisch. Er musste sich konzentrieren, um einen Anfang für seinen abschließenden Artikel zu finden. Er griff zu Stift und Papier und begann zu schreiben. Manchmal half es ihm, seine Gedanken zu sortieren, wenn er zuerst einen Entwurf von Hand schrieb und ihn dann abtippte.

Lára wurde ermordet.

Ja, das war die passende Schlagzeile.

Einer anonymen Zeugenaussage zufolge wurde die fünfzehnjährige Lára Marteinsdóttir am Abend des 4. August 1956, einem Samstag, ermordet.

Láras Eltern hatten am darauffolgenden Montag die Polizei eingeschaltet, da sie am Wochenende nicht den gewohnten Anruf von ihrer Tochter erhalten hatten. Als sie bei dem Ehepaar nachfragten, bei dem Lára angestellt war, wurde ihnen mitgeteilt, dass sie überraschend ihre Stelle aufgegeben habe.

Láras Arbeitgeber, Óttar Óskarsson und Ólöf Blöndal, die damals auf Viðey wohnten, erklärten gegenüber der Polizei, dass Lára am Freitag gekündigt, ihre Koffer gepackt und die Insel verlassen habe.

Valur sah auf das Blatt hinunter, dann fügte er hinzu:

Zeit und Ort???

Wenn Lára am Samstagabend getötet wurde – könnte sie zu dieser Zeit in Reykjavík gewesen sein?

Oder hat sie Viðey nie verlassen?

Er seufzte und rief sich noch einmal sein Gespräch mit der Frau in Erinnerung, die sich Julia genannt hatte – seine Notizen zu dem Telefonat waren irgendwo zwischen den Papierstapeln auf seinem Schreibtisch –, und schrieb dann:

Lára braucht ein ordentliches Begräbnis.

Wo ist ihre Leiche??

»Valur!« Es war wieder Sverrir. »Diesmal ist es das Radio, das ein Interview will.«

Valur blickte auf und schüttelte den Kopf. Sverrir grinste, dann sagte er ins Telefon, dass Valur leider mit etwas anderem beschäftigt sei.

»Na, mein Junge, lässt man dich nicht in Ruhe schreiben, hm?« Dagbjartur war aufgetaucht, immer noch die Ruhe selbst, in einer braunen Samtjacke mit beigefarbenem Hemd, sommersprossig und zufrieden, als ob er das ganze Wochenende mit Sonnenbaden verbracht hätte. »Wie läuft's denn so?«

»Oh, gut, danke«, antwortete Valur, dann seufzte er. »Ich spüre den Druck, aber ich denke, es wird schon werden. Morgen fahre ich nach Viðey raus, weil ich versuchen will, ein bisschen Lokalkolorit in meinen Artikel zu bringen. Ich gebe jedenfalls mein Bestes.«

»Klingt nach einem Plan«, meinte Dagbjartur. »Übrigens, falls du eine Pause von Lára brauchst, kannst du mir gerne auch was über die Zweihundertjahrfeier schreiben.« Er schnaubte abschätzig. »Ich habe gehört, dass die Schlange vor der Technologieausstellung gestern einmal um den Block gereicht hat. Das sagt doch alles über den Innovationswahn der Isländer. Der Bürgermeister kommt bei der Berichterstattung über die Feierlichkeiten ziemlich gut weg. Und ich muss auch jemanden schicken, der über den offiziellen Besuch der Staatspräsidentin schreibt. Das Ganze ist ein derartiger Zirkus, ich sag's dir.«

Valur lächelte. »Ich muss hier noch ein paar Sachen recherchieren, aber danach kann ich mir mal anschauen, was da so läuft, und mir überlegen, was ein guter Aufhänger wäre.«

»In Ordnung«, sagte Dagbjartur. »Wir müssen über den Kuchen und das Unterhaltungsangebot schreiben. Und jemand hat mir erzählt, dass die Leute heute Morgen das Postamt gestürmt haben, um einen Ersttagsbrief der Jubiläumssondermarken zu ergattern. Vielleicht kannst du daraus eine Story basteln. Vergiss nie, mein Junge, dass zum Journalismus auch solche Kleinigkeiten gehören. Lass dir den Erfolg nicht zu Kopf steigen. Die Mädchen werden sich noch um dich reißen, wenn es dir gelingt, den Fall Lára zu knacken – Gott steh uns bei!«

Dagbjartur lachte schallend über seinen eigenen Witz. Valur lächelte und nickte, während er bei sich dachte, dass es kaum etwas Öderes geben konnte, als sich einen Artikel über Briefmarken aus den Fingern zu saugen. Was man nicht alles tun musste, um sich die Gunst des Chefs zu erhalten … Dennoch, Dagbjartur wusste sicher, was er tat. Dass er die Information durchgestochen hatte, war wahrscheinlich ein cleverer Schachzug gewesen. Seine Rechnung könnte sogar aufgehen: die Erwartungen an die Donnerstagsausgabe hochzuschrauben und zugleich den notwendigen Druck zu erhöhen, damit Valur die Sache zu Ende brachte.

Er wandte seine Aufmerksamkeit wieder dem Blatt Papier zu, auf dem er die wichtigsten Punkte zusammengefasst hatte.

Dann zog er den Umschlag aus seiner Tasche. Arnfríður Leifsdóttir – wer war sie?

Valur holte das Telefonbuch hervor und schlug es beim Buchstaben A wie Arnfríður auf … Er begann mit Reykjavík und arbeitete sich dann systematisch durch das ganze Land, Postleitzahl für Postleitzahl. Am Ende glaubte er sicher sagen zu können, dass derzeit nur zwei Frauen mit Namen Arnfríður Leifsdóttir in Island lebten. Er notierte ihre Telefonnummern und Adressen, dann starrte er mit leerem Blick aus dem Fenster aufs Meer und die Berge hinaus. Sollte er sie anrufen? Sie ohne Umschweife fragen, ob sie etwas über Lára Marteinsdóttir wussten?

Er griff zum Hörer und wählte die Nummer der ersten Arnfríður, die in der Rauðalækur in Reykjavík wohnte.

»Hallo?«

»Oh, hallo, spreche ich mit Arnfríður Leifsdóttir?«

»Ja. Wer ist da, bitte?« Es hörte sich an wie die Stimme einer Frau weit jenseits der Lebensmitte.

»Mein Name ist Valur, ich bin Journalist beim *Vikublaðið*.«

Am anderen Ende war es still.

»Ähm, ich wollte Sie fragen, ob Sie etwas über ein Mädchen namens Lára Marteinsdóttir wissen, das vor dreißig Jahren verschwunden ist.«

»Ich?« Die Frau wirkte erstaunt über die Frage. »Nein, wieso – sprechen Sie von dem Mädchen auf Viðey?«

»Ja, richtig«, antwortete Valur. »Ich habe einen Hinweis bekommen, dass Sie sie gekannt haben könnten.«

»Nein, das stimmt nicht.« Die Frau wirkte zunehmend verärgert über die Richtung, die das Gespräch nahm.

»Lára Marteinsdóttir ist 1941 geboren«, sagte Valur, um es auf einem anderen Weg zu versuchen. »Könnte sie Ihr Jahrgang gewesen sein?«

»Nein, ich habe sie nicht gekannt«, erwiderte Arnfríður frostig. »Wenn das alles ist, lege ich jetzt auf.« Es tutete in der Leitung, und Valur verfluchte sich für seine Ungeschicklichkeit. Die Frau fand offenbar, dass er deutlich zu weit gegangen war. Er würde subtiler vorgehen müssen.

Die andere Arnfríður Leifsdóttir lebte auf den Vestmannaeyjar, dem kleinen Archipel vor der Südküste Islands. Nach dem misslungenen ersten Anruf musste Valur all seinen Mut zusammennehmen, um die Nummer zu wählen.

Er notierte: *Alle Wege versperrt*, und während er darauf wartete, dass Arnfríður abhob, überlegte er, ob das vielleicht eine gute Zwischenüberschrift wäre.

»Hallo?« Eine forsch-fröhliche Stimme diesmal. Und eine deutlich jüngere Frau. Valur räusperte sich.

»Arnfríður?«

»Ja?«

»Ja, hallo, mein Name ist Valur, ich bin Journalist beim *Vikublaðið*. Ähm, wir haben einen Hinweis bekommen, dass Sie – oder jemand mit Ihrem Namen – eine Verbindung zu Lára Marteinsdóttir haben könnten, die vor dreißig Jahren verschwunden ist.«

»Lára Marteinsdóttir?«, wiederholte Arnfríður.

»Ja, sie ist 1956 verschwunden, und das *Vikublaðið* hat sich die Umstände noch einmal genauer angesehen.«

»Ah, okay – na ja, da war ich noch gar nicht geboren«, sagte Arnfríður. Sie klang weder besorgt noch sonderlich interessiert. »Lára – Sie sprechen von der Geschichte, die gestern in den Nachrichten kam?«

»Ja, genau«, sagte Valur. »Also, Sie können sich nicht denken, welche mögliche Verbindung es zwischen Ihnen und ihr geben könnte?«

»Nein, tut mir leid«, antwortete Arnfríður. »Da fällt mir absolut nichts ein. Wie kommen Sie darauf, dass ich etwas mit ihr zu tun haben könnte?«

»Wie gesagt, wir haben einen Hinweis erhalten, dass Sie – oder jemand mit demselben Namen wie Sie – etwas mit dem Fall zu tun haben könnten. Das ist alles«, erklärte Valur.

»Verstehe. Hm – nein, das ist mir völlig schleierhaft. Aber trotzdem viel Glück bei Ihren Nachforschungen!«

Valur verabschiedete sich und legte auf. Diese fröhliche junge Frau konnte unmöglich diejenige sein, die Julia meinte, dachte er. Andererseits war die Reaktion der ersten Frau ein wenig verdächtig gewesen. Und sie könnte auch im richtigen Alter sein. Das ließe sich mit einem Anruf beim Statistikamt feststellen – Margrét hatte eine Freundin namens Katrín, die dort arbeitete.

Er kehrte zu dem Problem von Óttar und Ólöf zurück. Er hatte das Paar in den ersten drei Artikeln kurz erwähnt, aber er brauchte mehr Hintergrundinformationen über sie. Das Dumme war nur, dass sie sich nicht für ein Interview zur Verfügung gestellt hatten, und bisher waren Valurs Versuche, Óttar aufzulauern, allesamt gescheitert.

Wer hätte einen Grund gehabt, sie auf der Insel zu besuchen? Valur hatte herausgefunden, dass der Großhändler Finnur Stephensen ein Schulfreund von Óttar gewesen war, was ihn bestimmt zu einem aussichtsreichen Kandidaten machte. Dann war da natürlich Högni Eyfjörð, dessen Namen Kristján im Zusammenhang mit dem Fall erwähnt hatte und der geradezu feindselig reagiert hatte, als Valur mit ihm sprechen wollte …

Er stand auf und ging in Dagbjarturs rauchgeschwängertes Büro.

»Ich würde mir gern dieses Paar, für das Lára gearbeitet hat, etwas genauer anschauen«, verkündete er.

»Na schön«, meinte Dagbjartur. »Aber hat die Polizei sie damals nicht gründlich in die Mangel genommen? Was ist mit deiner Quelle, dieser Julia – hast du noch mal von ihr gehört? Was ist mit diesem Zettel?«

»Ja, Arnfríður – der Name auf dem Zettel – ich bin ihr auf der Spur. Es ist nur noch eine Frage der Zeit, bis ich sie ausfindig mache.« Valur hatte beschlossen, sich an Margréts Freundin beim Statistikamt zu wenden. »Ich werde auch Högni Eyfjörð genauer unter die Lupe nehmen.«

»Högni? Warum ihn, um alles in der Welt?«

»Er wird sich garantiert bei dir beschweren.«

»Na und? Ich vertraue meinen Leuten, Valur. Das weißt du.«

»Wenn Finnur Stephenson nicht tot wäre, wäre ich wahrscheinlich auch mit ihm aneinandergeraten. Sein Name stand auf meiner Liste. All diese Stützen der Gesellschaft.« Valur lachte.

»Das wird eine richtig gute Ausgabe am Donnerstag«, sagte Dagbjartur mit hörbarer Befriedigung.

»Es wird der Knüller.«

»Rekordauflage«, fuhr Dagbjartur fort. »Das wird eine Rekordauflage, Valur, mein Junge. Aber du hast doch noch Zeit, mir einen kurzen Artikel über das Stadtjubiläum zu schreiben, nicht wahr? Wie wär's, wenn du mit Kiddi gehst, während er Fotos macht, und bei der Gelegenheit den Leuten die ›Frage der Woche‹ stellst?«

Valur rang sich ein Lächeln ab und nickte. Er hatte den Eindruck, dass Dagbjartur ihn mit diesen banalen Jobs bewusst auf den Boden zurückholen wollte. Es gab nur einen Starreporter beim *Vikublaðið*, und das war der Herausgeber und Chefredakteur Dagbjartur höchstpersönlich.

Doch er sagte nur: »Keine Sorge, ich werde schon einen guten Aufhänger finden.«

1986

18. August

Stadtrat Páll Jóhannesson rutschte unbehaglich auf der Kirchenbank hin und her. Er fühlte sich in dieser Umgebung nicht wohl. Er war nicht in die Politik gegangen, um seine Vormittage in der Kirche zu vergeuden, auch wenn es an diesem Morgen unumgänglich war. Als gewähltes Mitglied des Stadtrats von Reykjavík konnte er es sich nicht leisten, abwesend zu sein, wenn in allen Kirchen der Stadt anlässlich der Zweihundertjahrfeier Gottesdienste abgehalten wurden. Obwohl Páll weder ein regelmäßiger Kirchgänger noch religiös war, erklärte er gerne in Interviews, dass er am Glauben seiner Kindheit festgehalten habe, weil er wusste, dass so etwas bei den Wählern gut ankam. Wieder veränderte er seine Sitzhaltung. Die harten Holzbänke in der alten Kathedrale von Reykjavík gehörten längst einmal ausgetauscht, und auch die salbungsvollen Worte des ältlichen Pfarrers konnten Páll nicht davon ablenken.

Páll war in die Politik gegangen, um Einfluss nehmen zu können, wie er es ausdrückte. Sein Spezialgebiet war die Stadtplanung, und er hatte sich in dieser Abteilung eine sichere Position erarbeitet. Früher hatte er einmal gehofft, es in der Stadtpolitik bis ganz nach oben zu schaffen, hatte aber mit der Zeit eingesehen, dass es ihm am nötigen Charisma mangelte, um Wahlen zu gewinnen. Außerdem hatte er zu diesem Zeitpunkt schon alles erreicht, was wirklich wichtig war. Mit seiner Erfahrung und seinem weit gespannten Netzwerk von Kontakten konnte er auch ohne eine Mehrheit im Stadtrat Dinge in Bewegung bringen. Er selbst war auch eine einflussreiche Persönlichkeit. Páll hatte die richtigen Leute um sich versammelt, was ihm einen gewissen Status innerhalb des Systems verschaffte – und das war ihm weit wichtiger als Beliebtheit beim Wahlvolk. Er hatte sich dafür entschieden, im Hintergrund zu bleiben, soweit es die Politik betraf. Links oder rechts, das war für ihn nicht das Entscheidende.

Die Stadtplanung stand zurzeit ganz oben auf der Agenda. Das neue Stadtzentrum mit dem großen Shoppingcenter, das im kommenden Jahr eröffnet werden sollte, würde das Gesicht Reykjavíks dauerhaft verändern. Am neuen Standort waren auch eine weitere Wohnbebauung und die Ansiedlung von Gewerbeeinheiten geplant, ganz zu schweigen von dem neuen Funkhaus, das seit Jahren im Bau war, aber jetzt kurz vor der Fertigstellung stand. Páll hatte große Freude an diesen Projekten. Er genoss es, sich mit den Bauunternehmern zu treffen und sich in ihrem ehrfürchtigen Respekt zu sonnen, sich auf den Baustellen sehen zu lassen und überhaupt bei der Gestaltung der Stadt ein gewichtiges Wort mitzureden. Das Bewusstsein seiner eigenen Bedeutung erfüllte ihn mit Stolz. Und er sorgte für seine Freunde, besonders für Högni. Besser gesagt, sie sorgten füreinander.

Páll hatte sich früh für eine sichere Laufbahn entschieden. Sein Vater war Kaufmann gewesen, seine Mutter Hausfrau – die einfachsten, bodenständigsten Menschen, die man sich vorstellen konnte, und sie hatten ihre Kinder entsprechend erzogen. Das Ziel war stets gewesen, in einem schönen Haus zu wohnen, ein Auto zu besitzen, eine schöne Frau zu heiraten und Kinder zu haben, die es zu etwas bringen würden – mit anderen Worten, ein anständiges, ehrbares Leben zu führen. Er warf seiner Frau, die neben ihm in der Bank saß, einen verstohlenen Blick zu.

Gunnlaug war einmal eine schöne Frau gewesen. Sie hatten sich in der Schule kennengelernt, wo sie eines der beliebtesten Mädchen war, und später hatte sie Haushaltswissenschaft studiert. Inzwischen gingen ihre beiden Kinder aufs Gymnasium, Gunnlaugs blondes Haar wurde allmählich grau, und ihre früher so weichen Gesichtszüge waren schärfer geworden. Sie trug eine dunkelblaue Jacke mit einem rosa Schal als Accessoire – »ihre« Farben. Vor Kurzem war sie mit anderen Frauen aus ihrem Nähkreis zu einer Farbberatung gegangen und hatte erfahren, dass sie ein »Frühlingstyp« war. Daraufhin hatte sie begonnen, ausgiebig in rosa, lila und purpurrote Kleidungsstücke zu investieren.

In diesem Moment erweckte sie den Anschein, aufmerksam den Worten des Pfarrers zu lauschen. Ein weiser Mann erbaue sein Haus auf Fels, und es überstehe jedem Sturm – anders als das Haus, das auf Sand gebaut sei. »Und so ist es mit unserer Stadt«, tönte der Pfarrer. »Sie ist auf Fels gebaut und hält jedem Sturm stand.«

Páll musste unwillkürlich an die Baugrundstücke am Rauðavatn-See am Ostrand der Stadt denken, die bei der Wahl vor vier Jahren ein solcher Stein des Anstoßes gewesen waren. Die Erschließung des Gebiets war bei den jüngsten Wahlen kein ganz so dringliches Thema gewesen, was er nicht zuletzt sich selbst als Verdienst anrechnete. Er hatte in der Politik zuerst durch sein Engagement gegen die Bebauung von Grünland von sich reden gemacht. »Schützt unsere Grünflächen« war Pálls Wahlkampfslogan gewesen. Doch er wusste, dass es bei der Stadtplanung nicht nur um den Schutz von

Grünflächen ging: Immobilien waren die einzige sichere Investition in Island, die einzigen Vermögenswerte, die die ständigen Konjunkturschwankungen, die galoppierende Inflation und die Zinserhöhungen unbeschadet überstehen konnten.

Páll wandte seine Aufmerksamkeit wieder der Predigt zu und stellte fest, dass der Pfarrer thematisch inzwischen zur Bedeutung der Familie übergegangen war. Er schielte wieder zu Gunnlaug hinüber, die immer noch unverwandt den Pfarrer ansah. Wann hatte er gemerkt, dass ihre Ehe ihm nicht mehr das gab, was er brauchte? Gunnlaug hatte immer so ein sonniges Gemüt gehabt und viel gelacht, aber eines Tages war ihm bewusst geworden, dass ihr Lachen versiegt war. Sie führte einen tadellosen Haushalt, sorgte für die Kinder, machte am Sonntag einen Braten, verfolgte die Nachrichten und konnte bei der Konversation mithalten, wenn sie ihn zu Empfängen begleitete oder andere Pflichten als Gattin wahrnahm. Sie las Bücher und nahm an den Aktivitäten des Frauenvereins teil. Darüber hinaus belegte sie auch noch weitere Kurse, strickte Pullover und hatte sogar einen Wandteppich für ihr Wohnzimmer geknüpft. Sie besaßen ein schön eingerichtetes Sommerhaus in Skorradalur, knapp zwei Stunden die Küste hinauf, und ihr Haus an der Grenimelur in der wohlhabenden Reykjavíker Weststadt war ein Musterbeispiel für guten Geschmack und hochwertige Materialien. Sie war eine Frau mit zwei Pelzmänteln – ein sicheres Indiz für Erfolg im Leben.

Und trotz alledem hatte Páll etwas mit einer anderen Frau angefangen.

Elísabet war erst dreiundzwanzig und arbeitete als Sekretärin beim Stadtrat von Reykjavík. Sie band ihre blonden Haare zu einem hohen Pferdeschwanz und kleidete sich in fröhlichen Pastellfarben, trug Jacken mit Schulterpolstern, bunte

Plastikgürtel und klobige Halsketten. Sie war dafür zuständig, Anrufe entgegenzunehmen, Pálls Termine zu organisieren und Kaffee zu kochen, und sie begrüßte jeden, als ob sie sich ehrlich freue, ihn zu sehen. Sie wohnte in einer kleinen Dachwohnung in der Njálsgata und verwandte viel Mühe darauf, sie hübsch einzurichten. Und obwohl sie im Bauamt arbeitete, zeigte sie so gut wie kein Interesse an dem Thema.

Páll war erst nach und nach auf sie aufmerksam geworden – sie war immer so gut gelaunt und lebhaft, ihr rosa Lippenstift schien den Raum heller zu machen, und ihr glucksendes Lachen war ansteckend.

Eines Abends hatte es im Bauamt eine Betriebsfeier gegeben, und eines hatte zum anderen geführt. Die meiste Zeit hatte er sich mit seinen männlichen Kollegen unterhalten, doch als die Feier sich dem Ende zuneigte, hatten die Frauen angefangen aufzuräumen. Zu Hause wäre es Páll niemals in den Sinn gekommen, beim Aufräumen zu helfen, doch er war zu Elísabet hingegangen und hatte seine Dienste angeboten. Er hatte bemerkt, wie die älteren Frauen vielsagende Blicke wechselten, doch Elísabet hatte nur strahlend gelächelt und seine Hilfe dankbar angenommen.

Danach hatte Páll sie von der Borgatún zu ihrer Wohnung in der Njálsgata begleitet, wo sie sich leidenschaftlich liebten. Sie hatte ihn die enge Treppe hinaufgezogen und gekichert, während sie ihr lachsrosa Kleid auszog. Sie war jung und hatte einen festen Körper, und sie erweckte den Anschein, dass er sie befriedigte. Gewiss, er und Gunnlaug hatten auch noch regelmäßig Sex, aber stets nach demselben unveränderlichen Drehbuch – sie im immer gleichen Nachthemd, im Dunkeln, ohne jegliche Variationen. Mit Elísabet fühlte er sich wieder jung. Sie himmelte ihn an und gab ihm das Gefühl, etwas ganz Besonderes zu sein.

Gunnlaug Haraldsdóttir beobachtete den Pfarrer. Dieser Hálldor war ein fürchterlicher Langweiler. Er sagte nie etwas, was er nicht schon hundertmal von sich gegeben hatte. Gunnlaug ging eigentlich ganz gerne in die Kirche, und sie hielt sogar sehr viel vom Bischof, weil der tatsächlich etwas zu sagen hatte – eine Botschaft über die Bedeutung des spirituellen Lebens. Aber sie war kein Fan von Pfarrer Hálldor, und sie war vor allem in ihrer Rolle als Pálls treusorgende Ehefrau mitgekommen.

Gunnlaug war Anfang fünfzig – das behauptete sie jedenfalls, wobei sie in Wirklichkeit ein gutes Jahrzehnt abzog. Sie hatte sich in Páll verliebt, als sie noch in der Schule waren. Er war damals ein dunkelhaariger, gut aussehender Typ und wirkte wie jemand, dem im Leben alles gelingen würde. Sie hatten geheiratet, als er noch studierte, ihre zwei Kinder bekommen, sich ein wunderschönes Heim eingerichtet und ein gemütliches Sommerhäuschen gekauft. Dann war Páll in die Politik gegangen, anfangs mit sehr großen Ambitionen. Doch er war kein geborener Politiker, er blieb unauffällig und wirkte eher wie ein Beamter und nicht wie ein gewählter Volksvertreter. Aber er bezog ein gutes Gehalt, und die Arbeit schien ihm Spaß zu machen; oft brütete er bis spätabends über seinen Plänen, er hatte ständig Termine mit Bauunternehmern und war eine Schlüsselfigur bei der Vergabe von Baugenehmigungen.

Gunnlaug hatte ihre Rolle gewissenhaft gespielt, sie hatte Kuchen gebacken und Kaffee gekocht, an endlosen Sitzungen und Veranstaltungen teilgenommen, stets an der Seite ihres Gatten, loyal und verlässlich. Sie hatte aufgehört zu zählen, wie oft sie schon für seine Jugendfreunde gekocht hatte. Manchmal waren die Ehefrauen mit eingeladen, und dann widmete sich Gunnlaug vor allem Þórdís, die es genoss, im

Mittelpunkt zu stehen. Wir sind alle so loyal und verlässlich, dachte Gunnlaug. Aber wird es uns vergolten?

Sie spürte Pálls Nähe, wie er mit geradem Rücken neben ihr saß, eine würdevolle Erscheinung, aber offensichtlich mit den Gedanken ganz woanders. Er war der Letzte, der sich erhob, als der Pfarrer die Gemeinde einlud, den Segen zu empfangen. Páll wirkte in letzter Zeit zunehmend zerfahren, nicht nur zu Hause, sondern auch in Gesellschaft.

Gunnlaug kannte ihren Mann schon sehr lange. Die meiste Zeit ihrer Ehe hatten ihre Interessen sich ergänzt. Sie hatte ihn in seinen politischen Ambitionen unterstützt, aber sie selbst war auch ehrgeizig. Sie wollte zu den besten Kreisen gehören, Premieren besuchen, zu Cocktailpartys eingeladen werden und Menschen treffen, die so waren wie sie. Doch seit einiger Zeit hatte sie das Gefühl, dass sie und Páll auseinanderdrifteten. Er schien sich für nichts zu interessieren, was sie unternahmen. Sie waren in den gleichen Häusern zu Gast wie zuvor, er begrüßte alle Männer und genoss es, seine Rolle zu spielen, doch immer öfter arbeitete er bis spätabends und gab zur Entschuldigung vor, dass er mit Bauanträgen überhäuft würde. Er schenkte Gunnlaug wenig Beachtung, schien es kaum zu bemerken, wenn sie sich schick machte, und antwortete oft mechanisch, wenn sie ihn ansprach. Selbst die Mahlzeiten, die immer ihre besonderen Stunden der Zweisamkeit gewesen waren – denn Páll liebte gutes Essen –, waren öde und eintönig geworden. Es schien, als habe er einfach nichts mehr zu sagen.

Gunnlaug kam der Gedanke, dass er angefangen haben könnte, anderen Frauen schöne Augen zu machen, so wie einige seiner Freunde, und dass er glaubte, sich nicht mehr um sie bemühen zu müssen. Nun, da könnte er sich getäuscht haben. Ihr war bewusst, dass Fremdgehen und Frauengeschichten in Politikerkreisen weitverbreitet waren und auch in Pálls engstem Freundeskreis keineswegs unbekannt. Aber sie wusste auch, dass eine Scheidung für einen Mann in seiner Position immer noch einen Imageschaden bedeutete, auch wenn die Einstellungen in diesen Dingen heute liberaler waren. Andererseits wäre sie vielleicht wirklich froh, ihn los zu sein. Eine anregende Gesellschaft war er ihr jedenfalls längst nicht mehr.

Der Pfarrer forderte die Gemeinde auf, das Schlusslied zu singen. Páll schlug das Gesangbuch auf und bewegte die Lippen. Mit dem Singen hatte er es nicht so. Gunnlaug senkte den Blick auf ihr Buch und erhob trotzig die Stimme.

1986

18. August

Kiddi, der Fotograf, war ein ruhiger, lockerer Typ ungefähr in Valurs Alter, aus Breiðholt am Ostrand der Stadt. Er schien sich für nichts zu interessieren außer für seine Kamera und hatte sich mit seinen beeindruckenden Porträts schon einen Namen gemacht. Seine bevorzugten Motive waren Politiker. Dabei ließ er selbst keine eindeutige politische Position erkennen und schien auch nicht sehr viel über Politik zu wissen, doch er hatte ein gutes Auge für Menschen und ein Talent, ihre Persönlichkeit im Bild festzuhalten. Er war aber gutmütig genug, um sich auch mit kleineren Aufträgen zufriedenzugeben, selbst wenn es bedeutete, zum Postamt zu gehen, um Fotos von Briefmarken zu machen.

Valur bat Kiddi, noch einen Moment zu warten, während er telefonierte. Er rief im Statistikamt an und bat darum, Margréts Freundin Katrín zu sprechen. Kurz darauf meldete sie sich. Ihre Stimme war leise, aber klar, und er sah sie vor sich mit ihren feinen blonden Haaren, die sie ordentlich mit Spangen zurückgesteckt hatte. Valur erläuterte sein Anliegen und fragte, ob sie vielleicht eine diskrete Suche nach dem Namen Arnfríður Leifsdóttir machen und ihm eine Liste aller Frauen zusammenstellen könnte, die im letzten halben Jahrhundert unter diesem Namen registriert worden waren.

Obwohl Katrín ihm schon einmal einen ähnlichen Gefallen getan hatte, seufzte sie dennoch ausgiebig und erklärte, dass es eine Weile dauern würde, ihm diesen Wunsch zu erfüllen. Er könne sie morgen noch einmal anrufen, bis dahin müsste sie die Informationen für ihn herausgefunden haben. Valur dankte ihr überschwänglich. Er rechnete fest damit, dass er damit ein entscheidendes Puzzleteil für den Artikel in der Donnerstagsausgabe in der Hand haben würde.

Valur steckte den Umschlag und seine Notizen in seine Tasche, warf sie über die Schulter und verließ mit Kiddi das Redaktionsbüro. Ihr Auftrag lautete, ein Interview über die Sonderbriefmarken zur Zweihundertjahrfeier am Hauptpostamt zu führen; anschließend sollten sie einigen Besuchern die »Frage der Woche« für die gleichnamige Kolumne stellen. Der Festumzug würde in Kürze von der Hallgrímskirkja starten, und danach würde es ein Unterhaltungsprogramm im Park am See und im alten Stadtzentrum geben.

Der Besuch im Postamt war rasch abgehakt. Kiddi machte ein Foto von der zuständigen Mitarbeiterin, die einen Umschlag mit mehreren Briefmarken und dem Jubiläumsstempel – ein Schwan in Form der Zahl zweihundert – in die Kamera hielt. Valur notierte ein paar Sätze über die ungewöhnliche Leidenschaft der Reykjavíker für Briefmarken, mit der Überschrift: *Ersttagsbriefe mit Sondermarken gehen weg wie warme Semmeln.*

Als sie das Postamt verließen, wimmelte es im Zentrum schon von Menschen. In der Lækjargata waren Tische aneinandergereiht, auf denen der zweihundert Meter lange Kuchen lag.

»Also, jetzt zur Frage des Tages. Fragen wir die Leute doch, wie sie den Kuchen finden«, schlug Valur vor.

»Müssen wir nicht erst mal warten, bis sie ihn probiert

haben?«, fragte Kiddi, doch dann zuckte er mit den Schultern.

Sie gingen zum Kuchentisch und suchten sich einen günstigen Standort. Das erste Stück wurde feierlich der Präsidentin der Republik überreicht, einer würdevollen Frau in schickem Kostüm und Hut, und gleich darauf setzte ein allgemeines Gerangel ein, sodass man hätte meinen können, sämtliche Einwohner von Reykjavík würden sich gleich auf den Tisch stürzen, um sich ein Stück vom Kuchen zu sichern. Kinder schlüpften durch die Beine ihrer Eltern, und die Bäcker kamen mit dem Schneiden der Stücke kaum nach. Es dauerte nicht lange, bis Valur und Kiddi einige der Kuchen essenden Festbesucher befragen konnten.

Und, wie schmeckt der Kuchen?

Gut!

Und, wie schmeckt der Kuchen?

Ein bisschen beschwipst. Ist da Sherry drin?

Und, wie schmeckt der Kuchen?

Ich stehe nicht so auf Marzipan.

Danach ergriffen auch Valur und Kiddi die Chance, ein Stück vom Kuchen zu probieren. »Nichts Besonderes«, murmelte Kiddi. Danach gingen sie zusammen zu den Redaktionsräumen in der Kárastígur. Valur schrieb rasch die zwei Beiträge zusammen und reichte das komplette Material noch vor vier Uhr ein.

Er wollte in die Stadt zurückgehen, um noch ein wenig die Atmosphäre genießen, und noch kurz in seiner Wohnung vorbeischauen, bevor er sich am Abend mit Margrét traf. Sie hatten sich für acht Uhr am See verabredet und wollten später vom Arnarhóll, dem grasbewachsenen Hügel oberhalb der Lækjargata, das Festprogramm verfolgen. Valur fragte sich, ob Margrét anschließend mit ihm nach Hause gehen würde, wie sie es manchmal tat. Er war noch nie besonders geschickt im Umgang mit dem anderen Geschlecht gewesen, was jedoch nichts mit mangelndem Interesse zu tun hatte. In Gegenwart von Mädchen war er einfach immer etwas gehemmt – er wusste nie so recht, was er reden sollte, um sich interessant zu machen, und er war schüchtern, wenn es darum ging, die Initiative zu ergreifen.

Er war sich nicht sicher, wie er in seiner Beziehung mit Margrét am besten vorgehen sollte, auch wenn er das Gefühl hatte, dass sie auf dem richtigen Weg waren. Sie gönnte sich gerade einen kurzen Sommerurlaub, bevor das Semester anfing. Die meisten Studenten arbeiteten den ganzen Sommer hindurch, aber wenn man aus Verhältnissen wie den ihren kam, konnte man sich den Luxus wohl leisten, zumal Margrét noch bei ihren Eltern wohnte. Sie war hübsch, mit langen dunklen Haaren, und kleidete sich ein wenig konservativer, als es ihrem Alter entsprach.

Obwohl er jedes Mal Schmetterlinge im Bauch hatte, wenn er sie sah, war er sich immer noch nicht sicher, was die Zukunft bringen würde. Vielleicht war es nur seine angeborene Unsicherheit. Er beneidete seine Schwester Sunna, die scheinbar mühelos die Herzen der Menschen gewinnen konnte, ob Männer oder Frauen.

Valur bahnte sich seinen Weg durch die Menge. Überall wimmelte es von Menschen, wobei die meisten inzwischen aus dem Zentrum hinausströmten, auf dem Weg nach Hause, um dort noch etwas zu essen, bevor das Abendprogramm begann. Normalerweise erlebte man Reykjavík nur Samstagnacht so voll, wenn die Nachtclubs der Stadt gegen drei Uhr früh schlossen und die Straßen sich mit einer wogenden, alkoholisierten Menschenmenge füllten. Aber heute ging es viel gesitteter zu, da hauptsächlich Familien mit Kindern unterwegs waren. Valur schlenderte ein wenig umher, bis ihm plötzlich einfiel, dass er seine Tasche in der Redaktion vergessen hatte. Also lief er noch einmal zurück in die Kárastígur, um sie zu holen, ehe er zur Skúlgata hinunterging, wo er einen Bus zu erwischen hoffte.

Beim Gehen kehrten seine Gedanken zu dem Artikel zurück.

Könnte Arnfríður der Schlüssel zu dem Rätsel sein? Und wenn ja, welche der beiden Frauen war die Arnfríður, nach der er suchte?

Und was wusste er über das Ehepaar? Er fragte sich zum Beispiel, ob sich jeder einfach so auf Viðey niederlassen konnte, wenn es ihm gefiel. Es wäre vielleicht eine gute Idee, ein wenig im Stadtarchiv zu stöbern.

War Lára auf der Insel gestorben?

Julia hatte ihm tatsächlich zwei Dinge verraten: erstens, dass Lára am Samstagabend getötet worden war, und zweitens, dass ihr Tod irgendwie mit einer Frau namens Arnfríður Leifsdóttir zusammenhing.

Valur hatte die Bushaltestelle erreicht. Es herrschte großes Gedränge, da das Zentrum an diesem Festtag für den Privatverkehr gesperrt war. Ein Bus kam mit beträchtlicher Geschwindigkeit auf die Haltestelle zu. Valur vermutete, dass er voll besetzt sein würde, und mogelte sich weiter zum Bordstein vor, um wenigstens noch einen Stehplatz zu ergattern. Er wollte duschen und sich für seine Verabredung umziehen. Die Vorstellung, diesen historischen Tag mit Margrét zu verbringen, hatte etwas Romantisches. Aller Stress war auf einmal vergessen, er war voller Erwartung und sah mit vorsichtigem Optimismus in die Zukunft.

In diesem Moment spürte er einen heftigen Stoß im Rücken. Er verlor das Gleichgewicht und stolperte vorwärts auf die Straße. Ein Sekundenbruchteil lang starrte er in die schreckgeweiteten Augen des Busfahrers, dann …

ZWEITER TEIL

1986

18. August

Sunna hatte sich alle Mühe gegeben, die Feier zum Stadtjubiläum zu ignorieren, doch es war quasi unmöglich, dem zu entgehen. Es gab kein anderes Gesprächsthema als den großen Festtag, und auch das Thema Viðey ließ sich offenbar nicht vermeiden. Die Fernsehnachrichten hatten gestern Abend über den Besuch des Bürgermeisters auf der Insel berichtet, aber der Beitrag war nahezu überschattet worden von der Sensationsmeldung in derselben Sendung, dass Valur angeblich vor der Lösung des Rätsels um das verschwundene Mädchen auf Viðey stand. Sunna konnte es kaum glauben. Sie hatte mehrfach versucht, ihren Bruder telefonisch zu erreichen, jedoch ohne Erfolg.

Dieser unmögliche Kerl hatte ihr kein Wort davon gesagt. Konnte es wirklich sein, dass er Lára gefunden hatte? Láras Geschichte war längst eine Cause célèbre, und die ganze Nation war begierig nach Enthüllungen über Láras Schicksal.

Die Isländer können von Kriminalgeschichten einfach nicht genug bekommen, dachte Sunna. Sie erinnerte sich, wie sie und Valur sich letzten Winter sechs Wochen lang jeden Dienstag getroffen hatten, um nur ja keine Folge der neuen britischen Fernsehserie *Cover Her Face* um Inspector Dalgliesh zu verpassen. Und die ganze Zeit über hatten sie und ihre

Freunde wie besessen versucht, den Mörder zu erraten. Gegen Ende der Serie hatte Sunna zu Valur gesagt, dass sie sich vorstellen könne, eines Tages selbst einen Krimi zu schreiben. Ja, träum nur weiter, hatte Valur verächtlich erwidert. *Als ob irgendjemand einen Krimi lesen will, der in Island spielt. Aber bei der Zeitung werde ich ein paar wahre Verbrechen aufklären, das verspreche ich dir.*

Am Tag des Stadtjubiläums blieb Sunna bis nach dem Mittagessen zu Hause und schrieb an ihrer Magisterarbeit, während im Hintergrund leise das Radio lief. Meist hörte sie Radio 2, das leichte Unterhaltung und eher aktuelle Songs brachte, aber sie konnte es kaum erwarten, eine größere Auswahl an Programmen zu haben. Wenn man Rock und Pop hören wollte, blieb einem ansonsten nur AFN, der amerikanische Militärsender, dessen englischsprachiges Programm von der NATO-Basis in Keflavík ausgestrahlt wurde. Es wurde höchste Zeit, dass es eine isländische Alternative gab.

Sie war das ganze Getue um das Stadtjubiläum dermaßen leid. Es dominierte sogar das Programm von Radio 2. Als dann ab zwei Uhr auch noch live aus dem Stadtzentrum berichtet wurde, war das Maß voll. Sunna kam zu dem Schluss, dass es nur eine Möglichkeit gab, der flächendeckenden Medienhysterie zu entgehen – nämlich einen der kostenlosen Sonderbusse ins Zentrum zu nehmen und den berühmten Rekord-Geburtstagskuchen selbst zu probieren. Doch als sie dort ankam, hätten die riesigen Menschenmassen sie fast schon wieder abgeschreckt.

Während sie umherschlenderte, traf sie immer wieder Freunde, Bekannte und Verwandte, aber niemand hatte Zeit, stehen zu bleiben und ein wenig zu plaudern. Die Scharen von Menschen, die sich durch die Straßen wälzten, stellten jeden isländischen Nationalfeiertag weit in den Schatten. Sunna hatte gehofft, irgendwann auf Valur zu treffen, aber die Chance in diesem Gewühle war gleich null. Dennoch wurde sie gegen ihren Willen nach und nach von der Atmosphäre angesteckt. Es war schließlich ein historischer Tag, und es machte Spaß, mittendrin im Geschehen zu sein. Die freudestrahlenden Gesichter der Bewohner Reykjavíks – darunter sicherlich auch viele Besucher vom Land – machten es fast unmöglich, dagegen immun zu bleiben.

Je weiter der Nachmittag vorrückte, desto weniger schien es sich zu lohnen, noch einmal nach Hause zu fahren. Die Sonne strahlte vom Himmel, und es war für isländische Verhältnisse richtig mild. Der Kuchen hatte auch nicht schlecht geschmeckt, aber sie hatte sich durch die Menge kämpfen müssen, um sich ihr Stück zu sichern.

Es gab nicht viele Menschen, die Sunna als Vorbild betrachtete, aber eine davon war die Präsidentin, Vigdís Finnbogadóttir, das erste demokratisch gewählte weibliche Staatsoberhaupt der Welt, und Sunna war froh, sie endlich einmal aus der Nähe sehen zu können. Gerne hätte sie ihr auch die Hand geschüttelt, aber das war natürlich nicht möglich.

Am Ende hatte Sunna sich einen Platz an den Hängen des Arnarhóll gesucht, der von der Statue des legendären ersten Siedlers auf Island, Ingólfur Arnarson, gekrönt war. Sie war froh, sich so warm angezogen zu haben, denn wenn man sich nicht mehr bewegte, wurde es bald kühl. Von diesem Aussichtspunkt verfolgte sie das Festprogramm, die Reden und die Unterhaltungseinlagen, die nicht alle nach ihrem Geschmack waren. Das Symphonieorchester und die Szenen aus einem Theaterstück waren gar nicht ihr Fall, doch die Lieder über Reykjavík fand sie ganz unterhaltsam, sogar ein paar der eher kitschigen Nummern – auch wenn sie das ihren Freundinnen gegenüber nie zugegeben hätte. Im Nachhinein betrachtet wäre es vielleicht besser gewesen, sich mit den Mädels zu treffen, aber dazu war es jetzt zu spät. Sie war einfach so überzeugt gewesen, dass dieser Feiertag nur etwas für Kinder und Rentner sei.

Valurs Gesellschaft fehlte ihr. Es hätte viel mehr Spaß gemacht mit ihm an ihrer Seite. Wenn sie ihn doch heute Morgen nur erreicht hätte – bestimmt war er jetzt irgendwo da unten mit seiner Freundin unterwegs. Es war wohl unvermeidlich, dachte sie betrübt, dass sie und ihr Bruder sich mit der Zeit auseinanderleben würden, besonders wenn er jetzt eine feste Freundin hatte.

Der Bürgermeister beschloss das Programm mit einer Rede, und dann gab es noch ein prächtiges Feuerwerk. Die herbstliche Dunkelheit hatte die hellen isländischen Sommernächte beinahe unmerklich unterwandert, doch als nun die Raketen den Himmel erhellten, wurde einem erst richtig bewusst, wie dunkel es geworden war. Das Ganze wirkte wie eine Mischung aus dem Nationalfeiertag am 17. Juni und Silvester.

Obwohl Sunna an der Bushaltestelle lange in der Kälte warten musste, ließ die wohlig-warme Stimmung, die sie erfasst hatte, sie nicht los. Alles in allem war es doch ein schöner Tag gewesen, und sie konnte gar nicht verstehen, warum sie am Morgen alles noch so negativ gesehen hatte.

Nachdem sie schließlich doch noch einen Sitzplatz in dem vollen Bus ergattert hatte, wärmte sie sich während der Fahrt auf. Der kurze Spaziergang von der Bushaltestelle zu ihrer Wohnung war ebenfalls angenehm. In ihrem Viertel waren noch viele Menschen auf den Straßen unterwegs, die alle vom Feuerwerk kamen, und wieder fühlte sich Sunna an den Jahreswechsel erinnert, vor allem an die Silvesterabende ihrer Kindheit, wenn sie und Valur zusammen mit den Eltern lange aufbleiben durften. In diesem Alter hatte die Mitternacht etwas Magisches, und für einen Moment kam sie sich fast wieder vor wie ein Kind.

Sie würde Valur anrufen, sobald sie zu Hause war. Bestimmt war er noch nicht zu Bett gegangen, nicht in dieser Nacht der Nächte, und sie konnte es kaum erwarten zu hören, was er für Neuigkeiten hatte. Sie wollte wissen, was es mit seiner Lára-Geschichte auf sich hatte, wollte seine Vorfreude auf den Donnerstag mit ihm teilen, wenn die Zeitung erscheinen würde. Heute hatten der Bürgermeister und die Präsidentin im Scheinwerferlicht der Medien gestanden, aber Sunna vermutete, dass am Ende der Woche ihr Bruder Valur der Star sein würde, vor allem, falls es ihm tatsächlich gelungen war herauszufinden, was mit dem vermissten Mädchen passiert war.

Als sie sich ihrem Haus näherte, im Hlíðar-Viertel am Fuß des Öskjuhlíð-Hügels, fiel ihr auf, dass oben in Kamillas Wohnung noch Licht brannte. Das war sehr ungewöhnlich, aber in dieser Nacht war natürlich alles anders. Die Welt schien ein klein wenig heller und schöner zu sein, trotz der wieder vorrückenden Dunkelheit.

Morgen würde der Alltag wieder einkehren – die Arbeit an ihrer Magisterarbeit, die Nachrichten über politische Streitigkeiten und die altbekannten Kontroversen um Walfang und Bauvorhaben.

Sie kramte in ihrer Tasche nach dem Schlüssel und fürchtete einen Moment lang, sie hätte ihn verloren, aber dann fand sie ihn doch noch, wie immer. Doch als sie die Tür öffnete, bot sich ihr ein vollkommen unerwarteter Anblick: Kamilla saß auf der Treppe, hellwach, als ob sie auf Sunna gewartet hätte. Erschrocken hielt sie auf der Schwelle inne. Die Treppe gehörte zum Gemeinschaftsbereich: Kamilla, der das Haus gehörte, war zugleich Sunnas Nachbarin und ihre Vermieterin. Das Arrangement funktionierte sehr gut. Sie waren altersmäßig gut zwanzig Jahre auseinander, aber Kamilla hatte kein Problem damit, wenn im Erdgeschoss ab und zu eine Party gefeiert wurde, obwohl sie selbst eher der ruhige, häusliche Typ war.

»Kamilla …« Sunna hätte beinahe gefragt: Was machst du denn hier?, konnte sich aber gerade noch bremsen. Es war schließlich Kamillas Haus.

»Sunna, ich habe auf dich gewartet«, sagte Kamilla. Ihre Stimme war ungewöhnlich sanft.

»Was? Auf mich?«

»Kommst du kurz mit nach oben? Ich habe Kaffee gekocht.«

Die Einladung hörte sich so unverfänglich an, dass Sunna automatisch nickte, obwohl es alles andere als normal war, mitten in der Nacht mit einer Mitbewohnerin Kaffee zu trinken, die nie Gäste hatte und selten nach Mitternacht noch auf war.

Sunna folgte Kamilla nach oben in deren Wohnung, wo ihre Vermieterin sie aufforderte, im Wohnzimmer Platz zu nehmen, ehe sie in der Küche verschwand und nach einer Weile mit einer dampfenden Tasse wiederkam.

»Die Sache ist die, Sunna … die Polizei war vorhin hier, sie haben nach dir gefragt. Ich habe versprochen, sie zu informieren, wenn du nach Hause kommst.«

»Was?«

Sunna hatte plötzlich das Gefühl, in eine Falle geraten zu sein, auch wenn das eigentlich absurd war. Abgesehen davon, dass sie mit ihrer Magisterarbeit ein wenig in Verzug war, war sie sich keiner Schuld bewusst.

»Sie sind schon auf dem Weg hierher. Lass uns einfach warten, bis sie hier sind.«

»Ich kann mir beim besten Willen nicht vorstellen, was die von mir wollen«, sagte Sunna. Sie hielt ihre Kaffeetasse umschlungen, kam aber gar nicht auf die Idee, daraus zu trinken.

»Warten wir einfach auf sie.«

Das war wahrscheinlich das längste Gespräch, das sie mit Kamilla geführt hatte, seit sie den Mietvertrag unterschrieben hatte. Sunna mochte sie sehr gern – Kamilla war eine vorbildliche Vermieterin –, aber sie hatten nun einmal so gut wie nichts gemeinsam.

Sunna stand abrupt auf, wobei sie Kaffee auf ihre Kleider verschüttete. »Das hat keinen Sinn – ich kann nicht warten. Kannst du mir bitte erklären, was los ist? Ich meine … wirft man mir irgendetwas vor?«

Sie spürte, wie ihr der Schweiß ausbrach, während ihre Unruhe wuchs. Sie konnte keine Minute länger hierbleiben.

Kamilla stand ebenfalls auf und legte ihr die Hand auf die Schulter. »Setz dich. Du hast nichts falsch gemacht. Aber es wäre mir lieber, wenn du es von der Polizei erfährst.«

»Was denn? Was soll ich erfahren?«

Sunnas Herz raste jetzt. Es kam ihr vor, als ob gerade der ganze Sauerstoff aus dem Zimmer abgesaugt würde.

»Ich glaube wirklich, dass wir auf sie warten sollten, Sunna. Ich weiß einfach nicht, was ich sagen soll.«

Erst jetzt registrierte Sunna, dass Kamilla genauso angespannt war wie sie selbst. Offensichtlich war diese Situation auch für sie unerträglich. Sunna ließ sich wieder auf ihren Stuhl sinken, als ihr klar wurde, dass es ihr auch nicht besser gehen würde, wenn sie allein unten wartete.

»Ist etwas mit meinem Vater? Oder meiner Mutter? Ist irgendetwas passiert?«

Kamilla zögerte. »Nein, es … Es geht ihnen gut, aber … Glaub mir, du musst einfach warten. Ich … Ich denke, sie würden nicht wollen, dass ich mit dir darüber spreche.«

»Das kannst du mir nicht antun«, schrie Sunna verzweifelt. »Du musst … Du musst es mir sagen. Ich halte das nicht aus …« Sie stand jetzt kurz vor dem Zusammenbruch und spürte, wie ihr die Tränen über die Wangen rannen.

Aber Kamilla antwortete nicht, und die Stille zwischen ihnen wurde allmählich ohrenbetäubend.

Valur? Es wird ihm doch nichts zugestoßen sein?

Sie hatte nichts von ihm gehört, hatte ihn nicht erreichen können, obwohl er normalerweise nie weit weg war. Selbstverständlich war ihrem großen Bruder nichts zugestoßen. Es war ja Valur, der immer auf sie aufgepasst hatte. Immer für sie da gewesen war. Auch wenn sie sich als Teenager an ihn und seine Freunde drangehängt hatte, hatte er anscheinend nie etwas dagegen gehabt. Seine kleine Schwester war für ihn immer an erster Stelle gekommen. Sie hatte das gewusst und gespürt, dass sie ihm wichtiger war als seine Kumpel, vielleicht sogar wichtiger als ihre Eltern.

Vielleicht wusste seine Freundin ja, wo er war? Doch Sunna verwarf den Gedanken sogleich wieder.

Sie und Valur waren manchmal wie zwei Schiffe, die ohne Kompass auf dem offenen Meer trieben, weitab von der Küste, doch sie hatten sich immer aufeinander verlassen können. Es war Valur, der ihr geraten hatte, Vergleichende Literaturwissenschaft zu studieren, und sie hatte ihrerseits voller Stolz verfolgt, wie er zu einem erfolgreichen Journalisten geworden war. Und nun stand er offenbar kurz davor, eines der größten Rätsel des vergangenen halben Jahrhunderts zu lösen.

Natürlich war ihm nichts zugestoßen.

Und doch wuchs ihre Unruhe unaufhörlich weiter, bis sie am Ende sicher war, dass ihm etwas passiert war. Sie konnte es spüren, und je länger das Schweigen andauerte, desto überzeugter war sie, dass sie richtiglag. Alte Erinnerungen kamen hoch, die sie vergeblich zu verdrängen suchte. Ihr Herz pochte, ihre Ohren klingelten. Sie glaubte, jeden Moment in Ohnmacht zu fallen.

Wieder stand sie auf, es war ihr unmöglich still zu sitzen.

»Ich gehe nach unten. Ich halte das nicht länger aus, ich gehe jetzt.«

Kamilla nickte. »Wie du meinst, Sunna. Ich …«

In diesem Moment läutete es an der Tür.

»Sie sind da«, sagte Kamilla leise und ging in den Flur, wo sie etwas in die Gegensprechanlage sprach und die Tür zum Treppenhaus öffnete.

Sunna schloss die Augen, als ob das irgendetwas ändern könnte – als ob sie sich unsichtbar machen und so die schlechte Nachricht hinauszögern könnte.

»Sunna?«

Eine Männerstimme, sie klang freundlich. Sunna schlug die Augen wieder auf. Vor ihr standen zwei Polizisten, beide über das mittlere Alter hinaus.

Sie nickte.

»Es geht um Ihren Bruder Valur.«

Sie brachte kein Wort heraus.

»Er hatte heute Abend einen Unfall … einen Verkehrsunfall.«

Sie starrte den Polizisten, der für beide sprach, verständnislos an. Ein Verkehrsunfall? Sie begriff nichts. Die meisten Leute waren heute zu Fuß unterwegs gewesen, und Valur hatte gar kein Auto – er besaß nicht einmal einen Führerschein. Vielleicht handelte es sich um eine Verwechslung. Sie spürte Hoffnung in sich aufkeimen.

»Es tut mir furchtbar leid, Ihnen das sagen zu müssen, Sunna, aber Ihr Bruder – er ist bei dem Unfall ums Leben gekommen.«

Und mit diesen Worten brach ihre Welt zusammen. Mit einem Schlag war nichts mehr wie zuvor, und sie wusste, dass sie diesen Moment bis an ihr Lebensende nicht mehr vergessen würde.

Mit zitternden Knien stand sie da, wie betäubt, unfähig, sich zu bewegen oder auch nur ein Wort hervorzubringen. Sie fühlte sich vollkommen schutzlos, allein auf der Welt.

»Sie wohnen unten im Erdgeschoss, ist das richtig?«

»Ja«, flüsterte sie.

»Allein?«

»Ja.«

»Möchten Sie, dass wir Sie zu Ihren Eltern fahren? Wäre das nicht besser für Sie, und auch für Ihre Eltern?«

»Sie ... Sie wohnen ganz im Norden, in Húsavík«, antwortete sie mit erstickter Stimme.

»Verstehe. Können Sie irgendwo anders unterkommen? Bei einer Freundin? Oder bei Verwandten?«

»Meine Mutter ... die Schwester meiner Mutter, meine ich ... sie wohnt in Árbær. Ich ... Vielleicht kann ich ...«

»Wir bringen Sie hin.«

»Was ist passiert?«, fragte sie unvermittelt und versuchte sich zusammenzureißen.

Der Polizist schien im ersten Moment um eine Antwort verlegen, obwohl die Frage doch naheliegend war.

»Der Unfall ... Valur hat gar keinen Führerschein.«

»Er ist nicht gefahren, er war zu Fuß unterwegs. Er wollte wohl die Straße überqueren, und ...« Der Polizist hielt inne, als ob es ihm widerstrebte fortzufahren. Und vielleicht war sie wirklich noch nicht bereit, die grausamen Details zu hören.

Sie stand da und starrte ihn an. Sie musste alles wissen, auch wenn es wahrscheinlich keine gute Idee war.

»Er wurde von einem Bus erfasst«, sagte der Polizist nach einer längeren Pause.

Sunna fühlte sich, als hätte sie einen Schlag in die Magengrube bekommen. Das war das Letzte, womit sie gerechnet hätte, und jetzt wünschte sie, sie hätte die Frage zurücknehmen können, die Information aus ihrem Gehirn löschen. Oder besser noch den ganzen Tag – ihn zurückspulen wie eine Videokassette, in der Zeit zurückgehen, um Valur zu sagen, dass er an diesem Tag um Gottes willen zu Hause bleiben sollte.

Sie stand nur da und schwieg geschockt.

»Wollen wir fahren, Sunna?«, fragte der Polizist sanft.

Sunna nickte stumm.

1986

19. August

Sunna hatte kaum ein Auge zugetan, seit sie die Nachricht erhalten hatte.

Ihre Eltern waren unterwegs zu ihr, aber da Húsavík am anderen Ende des Landes war, würden sie für die Fahrt um die acht Stunden brauchen. Der Tag zog sich hin, und Sunna empfand die Atmosphäre im Haus ihrer Tante mit der Zeit als so bedrückend, dass sie es nicht mehr aushielt.

Sie konnte nicht eine Minute länger im Gästezimmer liegen, wo ihre Gedanken unentwegt um Valur kreisten. Ein Pfarrer war am Morgen vorbeigekommen, aber Sunna hatte nicht mit ihm sprechen wollen. Es hätte nichts geändert. Valur war fort, ohne jegliche Erklärung – aber welche Erklärung konnte es für etwas so Unbegreifliches geben? Es war einfach eine grausame Ironie des Schicksals, dass er zur falschen Zeit am falschen Ort gewesen war.

Die Hälfte der Zeit wollte sie es einfach nicht glauben und weigerte sich, der Wahrheit ins Auge zu sehen, überzeugt, dass es ein Albtraum sein musste, ein Irrtum; die restliche Zeit schwankte sie zwischen Trauer und ohnmächtiger Wut. Irgendwann brauchte sie dringend frische Luft und schlich sich zur Hintertür hinaus, ohne ein Wort zu ihrer Tante.

Draußen hätte man meinen können, dass es ein ganz normaler Tag am Ende des Sommers war. Obwohl schon später Nachmittag war, war es noch relativ mild. An jeder Ecke rechnete sie damit, Valur über den Weg zu laufen, hinter dem nächsten Haus, dem nächsten Auto in dieser ruhigen Vorstadtstraße. Sie streifte eine Weile ziellos umher, denn alles war besser, als im Haus gefangen zu sein, allein mit ihren düsteren Gedanken.

Hier draußen konnte sie sich vormachen, dass gar nichts passiert war, dass sie zum Laden gehen, ein Zehnkronenstück in das Münztelefon werfen und ihren Bruder anrufen könnte. Und er würde abheben und mit ihr über das ganze dumme Missverständnis lachen.

Seit gestern im Polizeiauto hatte sie nicht mehr geweint. Stattdessen hatte sie gegen die Tränen angekämpft, wann immer sie aufs Neue fließen wollten, denn Tränen waren eine allzu handfeste Bestätigung der bitteren Wahrheit. Sunna würde sich davon nicht unterkriegen lassen, das war undenkbar, aber in diesem Moment ertrug sie es nicht, auch nur eine Minute weit in die Zukunft zu blicken. Sie wusste nur eines ganz sicher: Sie würde es nicht einfach kampflos hinnehmen. Ihr Instinkt sagte ihr, dass sie bei dem, was da gerade geschah, eine Rolle zu spielen hatte.

Die Polizei war vorerst nicht wiedergekommen. Nachdem Sunna die halbe Nacht wach gelegen hatte, voller Frust, weil sie ihr so wenige Informationen gaben, hatte sie am Mittag auf dem Revier angerufen, aber nur die Auskunft bekommen, dass man noch keine neuen Erkenntnisse habe.

Und jetzt, noch ehe sie recht wusste, was sie tat, nahm sie den Weg zur Haltestelle und wartete auf den nächsten Bus in die Stadt.

Die Welt, die draußen vorüberzog, wirkte trüb und trist, als der Bus quälend langsam von der östlichen Vorstadt Árbær den Ártúnnsbrekka-Hügel hinunter in Richtung Zentrum fuhr. Sie wurde immer ungeduldiger und konnte es nicht erwarten, endlich das Polizeirevier zu erreichen. Diesmal würde sie ihnen die ausweichenden Antworten nicht durchgehen lassen – sie brauchte Klarheit. Ihr Bruder war tot, und sie wusste so gut wie nichts über die Umstände. Irgendwo inmitten der heftigen Gefühle, die in ihr tobten, beunruhigte sie der Gedanke an diese Meldung in den Sonntagabendnachrichten – die Behauptung, dass Valur im Begriff sei, eines der größten Geheimnisse des letzten halben Jahrhunderts zu lüften. Eine Idee hatte sich in ihr festgesetzt, geboren vielleicht aus Kummer oder Verzweiflung, dass der Tod ihres Bruders kein Unfall gewesen war, dass jemand ihn an der Enthüllung der Wahrheit hatte hindern wollen.

Während der Busfahrt überlegte sie sich genau, was sie der Polizei sagen würde, wie sie die Beamten bitten – nein, wie sie darauf bestehen würde, ihr den Unfall in allen Details zu schildern. Sie würde sich nicht abwimmeln lassen – das war sie Valur schuldig. Er war immer so hartnäckig und beharrlich gewesen, wenn es darum ging, an Fakten zu gelangen – das hatte ihn zu dem guten Journalisten gemacht, der er war. Und sie wusste, dass sie genauso hartnäckig sein konnte, wenn sie nur wollte, auch wenn sie es in ihrem bisherigen Leben noch nicht so oft unter Beweis hatte stellen müssen.

Als der Bus nach einer halben Stunde endlich am Hlemmur-Platz hielt, sprang sie hinaus und stellte fest, dass es in der Zwischenzeit kälter geworden war. Während der langsamen Fahrt hatte sich die Dämmerung schleichend über die Stadt gelegt.

Als sie das Polizeirevier betrat, wurde sie von einem uniformierten Beamten in Empfang genommen, der kurz vor der Pensionierung zu stehen schien.

»Ich muss mit der Person sprechen, die für die Untersuchung des Todes von Valur Róbertsson zuständig ist.« Während sie das sagte, wurde sie von einem heftigen Schauder erfasst, der ihre Stimme zittern ließ. »Jetzt gleich, bitte.«

Der Mann ließ sich Zeit mit der Antwort. »Darf ich fragen, in welcher Beziehung Sie zu dem Verstorbenen stehen?«

»Valur ist mein Bruder – er war mein Bruder –, und ich muss mit jemandem reden.« Ihre Stimme klang hoch und gepresst.

»Natürlich«, sagte er, schon in sehr viel freundlicherem Ton. »Warten Sie, ich frage mal nach.«

Er verschwand und kehrte kurz darauf zurück.

»Es kümmert sich jemand darum. Bitte nehmen Sie noch einen Moment Platz.« Er lächelte ihr zu, und Sunna hatte den Eindruck, dass er meinte, was er sagte.

Aber dann verstrichen die Minuten, und sie war sich nicht sicher, wie lange sie gewartet hatte, als endlich ein anderer Beamter erschien. Er war schätzungsweise um die fünfzig, mit schütterem Haar.

»Sunna? Bitte entschuldigen Sie, dass wir Sie haben warten lassen. Mein Name ist Bjarni, und ich bearbeite gerade diesen Vorfall. Würden Sie bitte mitkommen?«

Sie folgte ihm durch eine Tür und die Treppe hinauf bis in den zweiten Stock, wo sie ein kleines Besprechungszimmer betraten.

»Kaffee?«

Sie nickte.

»Wir versuchen immer noch zu rekonstruieren, was passiert ist. Es tut mir leid, dass wir es nicht geschafft haben, heute vorbeizukommen und mit Ihnen und Ihrer Familie zu sprechen, aber ich wollte mir zuerst ein klareres Bild der Umstände machen.« Er goss Kaffee in eine Tasse und reichte sie Sunna. »Um ehrlich zu sein, wir sind uns noch unschlüssig.«

»Wie meinen Sie das?«, fragte sie.

»Wir haben noch nicht entschieden, ob wir den Vorfall hier bearbeiten oder ihn an die Kriminalpolizei weiterleiten sollen.«

»Was sagen Sie da?«

Obwohl der Kaffee nur lauwarm war, half er, ihre Nerven zu beruhigen und ihr einen kleinen Energieschub zu geben.

»Nun, im Klartext bedeutete es: Wir sind nicht hundertprozentig sicher, ob es ein Unfall war.«

Sunna fuhr so heftig zusammen, dass sie fast ihren Kaffee verschüttete. »Man hat uns so gut wie nichts gesagt«, sagte sie mit festerer Stimme, nachdem das Zittern sich gelegt hatte. »Wo ist es passiert? Ich weiß nur, dass es ein Verkehrsunfall war und dass …« Sie brach ab und atmete tief durch, ehe sie fortfahren konnte. »Dass er von einem Bus erfasst wurde. Hat er an einer Bushaltestelle gewartet? Valur hatte keinen Führerschein.«

Sie wusste selbst nicht, warum sie es für nötig hielt, diese Tatsache zu betonen, schon zum zweiten Mal in vierundzwanzig Stunden. Während sie es sagte, kam ihr unvermittelt eine Erinnerung an einen Tag am Meer, einen bitterkalten Frühlingstag. Sie und ihr Bruder standen am Strand und blickten zum Horizont, und Valur sagte: *Ich will segeln lernen.* Die Ankündigung war ihr im Gedächtnis haften geblieben, weil sie so überraschend gekommen war. Ihre Vorfahren waren allesamt Landratten gewesen, und Valur hatte bis dahin keinerlei Interesse am Meer oder an der Seefahrt gezeigt. Sie hatte ihn gefragt, ob er vielleicht Fischer werden wollte, und er hatte gelacht. *Ich hab doch keinen blassen Schimmer von der Fischerei.* Er wollte einfach nur segeln können, um mehr von der

Welt zu sehen, um den Wellengang unter seinen Füßen zu spüren. Er war ein abenteuerlustiger Mensch gewesen. Das war sicherlich ein Grund, warum er Reporter geworden war: immer auf der Suche nach neuen Erlebnissen, neuen Erkenntnissen.

»In der Skúlgata«, sagte der Polizist und riss sie aus ihrer Träumerei. »Wir glauben, dass er auf den Bus gewartet hat. Das Stadtzentrum war gestern für den normalen Verkehr weitgehend gesperrt, wie Sie sicherlich wissen. Man war auf öffentliche Verkehrsmittel angewiesen. Aber der Bus, der ihn erfasst hat, fuhr diese Haltestelle gar nicht an, er hatte eine recht hohe Geschwindigkeit, und wir glauben – nun ja, wir sind uns ziemlich sicher –, dass Ihr Bruder auf der Stelle tot war. Was angesichts der Umstände wohl ein Segen ist.«

Sie wusste nicht, ob sie lachen, weinen oder schreien sollte. *Angesichts der Umstände wohl ein Segen* … Ihr Bruder war tot, Herrgott noch mal! Aber sie unterdrückte den Impuls und hörte weiter schweigend zu, regungslos und mit versteinerter Miene.

»Soviel ich weiß, waren Sie gestern auch in der Stadt, ist das richtig?«, fragte Bjarni.

Sie nickte.

»Es waren sehr viele Menschen unterwegs, wie Sie wissen. Massen von Menschen, gelinde gesagt. Und an der Bushaltestelle herrschte großes Gedränge. Das ist ein Grund, weshalb wir noch kein klares Bild von dem Geschehen haben. Wir glauben, dass wir inzwischen mit den meisten Zeugen gesprochen haben, wenn nicht mit allen. Leider scheint niemand besonders auf Valur geachtet zu haben – die Leute haben mit ihren Freunden geredet, nach dem Bus Ausschau gehalten, die Zeitung gelesen und so weiter. Sie bekamen nur mit, dass er vor den vorbeifahrenden Bus gefallen ist. Der Fahrer sagt, es sei so schnell gegangen, dass ihm keine Zeit zum Reagieren blieb. Er hat natürlich eine Vollbremsung gemacht, aber es war zu spät. Und damit komme ich zu dem, nun ja, schwierigen Teil …«

Er hielt inne und sah sie an.

»Bevor ich fortfahre, Sunna, möchte ich Sie bitten, mich zu unterbrechen, wenn Ihnen das alles zu viel wird. Wir tun alles, was in unserer Macht steht, um herauszufinden, was mit Ihrem Bruder passiert ist, aber uns ist sehr wohl bewusst, dass wir Rücksicht auf die Gefühle seiner Angehörigen nehmen müssen.«

»Ich muss es wissen«, sagte Sunna. Ihre Stimme hatte jetzt wieder die gewohnte Kraft.

»Also gut. Die Sache ist die: In dem Bus saß eine junge Frau, die behauptet, dass Ihr Bruder auf die Straße gestoßen wurde.«

Sunna schnappte nach Luft.

»Sie ist sich ziemlich sicher, aber sie hat nicht gesehen, wer es war. Es wird natürlich schwierig werden, die genaue Abfolge der Ereignisse zu klären, da so viele Menschen an der Haltestelle waren – und es ging ja alles so schnell. Aber ich hoffe, dass Ihnen das hilft zu verstehen, warum wir Sie und Ihre Familie noch nicht aufgesucht haben. Wir versuchen herauszufinden, ob die Behauptung der Zeugin der Wahrheit entspricht. Denn es scheint unbegreiflich, dass ein Passant einen jungen Mann einfach so vor den Bus stoßen würde.«

»Valur war an dieser Geschichte dran …«, platzte es aus Sunna heraus.

Der Polizist nickte. »Ja, das ist uns bekannt. Es klingt allerdings etwas unwahrscheinlich …«

»Für mich nicht«, entgegnete Sunna heftig. Endlich war da

eine Theorie, die sich plausibel anhörte, die Sinn ergab. Natürlich hatte Valur sich nicht vor den Bus geworfen, die Vorstellung war einfach absurd. Obwohl Bjarni diese Möglichkeit ihr gegenüber nicht erwähnt hatte, musste die Polizei sie doch in Erwägung gezogen haben.

»Ich bin jedenfalls überzeugt, dass wir diese Sache ernst nehmen müssen«, sagte Bjarni. »Wir haben die Kriminalpolizei kontaktiert. Ihnen ist sicher klar, dass wir es, sollte sich der Verdacht bestätigen, mit einer Mordermittlung zu tun haben, aber verlieren Sie um Himmels willen außerhalb dieser vier Wände kein Wort darüber. Wir können nicht riskieren, dass wilde Pressespekulationen unseren Ermittlungen in die Quere kommen.«

»Wissen Sie, was Valurs große Enthüllung über Lára genau sein sollte?«, fragte Sunna.

»Nein, leider nicht.« Wieder schwieg Bjarni eine Weile, als ob er überlegte, wie viel er ihr anvertrauen konnte. »Wir haben natürlich mit seinem Chefredakteur gesprochen, mit Dagbjartur. Er war tief erschüttert …«

»Haben Sie auch mit Valurs Freundin gesprochen?«, unterbrach ihn Sunna.

Der Polizist konnte seine Überraschung nicht verbergen. »Er hatte eine Freundin?«

»Sie heißt Margrét. Sie sind noch nicht so lange zusammen.« Wenn die Polizei von ihrer Existenz nichts wusste, dachte Sunna, dann bedeutete das, dass Margrét noch gar nicht gehört hatte, was passiert war. Weil Sunna es ihr nicht gesagt hatte und ihre Eltern von der Beziehung nichts gewusst hatten. Valur war noch nicht dazu gekommen, es ihnen zu sagen – oder vielleicht hatte er es vor sich hergeschoben, weil er ahnte, dass sie nur über Margréts Verbindungen zu den »verdammten Konservativen« schimpfen würden.

»Nun, das ist mir neu«, sagte Bjarni. »Dann sollten wir gleich mal zu ihr fahren.«

»Glauben Sie, dass sie bei ihm war, als es passierte?«

»Das halte ich für sehr unwahrscheinlich. Wenn sie dort gewesen wäre, hätte sie sich sicher an uns oder an die Sanitäter vor Ort gewandt. Wissen Sie zufällig ihren vollen Namen und ihre Adresse?«

»Sie heißt Margrét Thorarensen. Ihr Vater ist Jökull Thorarensen.«

»Der ehemalige Justizminister?«

»Ja.«

»Aha. Gut, dann werden wir sie kontaktieren. Sie soll es ja nicht aus der Zeitung erfahren.«

»Glauben Sie, dass Valurs Tod etwas mit Lára zu tun haben könnte?«

Er ließ sich sehr lange Zeit für seine Antwort.

»Ich weiß es einfach nicht. Aber es kommt mir unwahrscheinlich vor, Sunna, sehr unwahrscheinlich.«

»Hatte er seine Tasche dabei?«

»Seine Tasche?« Der Polizist runzelte die Stirn.

»Eine braune Ledertasche. Sie war ein Geschenk von unseren Eltern zu seinem ersten Job als Journalist. Er hatte sie immer bei sich.«

»Jetzt, wo Sie es sagen – nein, ich glaube nicht. Soviel ich weiß, hatte er gar keine Tasche dabei. Aber natürlich ist es da in der Skúlgata ziemlich chaotisch zugegangen nach dem Unfall. Jemand könnte sie aus Versehen an sich genommen haben, oder …«

Sunna erkannte an seinem Gesichtsausdruck, dass er selbst nicht glaubte, was er da sagte. Natürlich würde niemand aus Versehen die Tasche eines toten Mannes mitnehmen. Wenn sie vom Unfallort entfernt worden war, dann sicherlich mit

Absicht. Was die Theorie, dass sein Tod kein Unfall gewesen war, noch weiter untermauerte.

»Eine braune Tasche, sagen Sie?«

»Aus Leder, ein bisschen abgenutzt. Eine typische Reportertasche, würde ich sagen.«

»Aha.« Aber es war offensichtlich, dass der Polizist keine Vorstellung hatte, wie eine typische Reportertasche aussah.

»Ich habe vielleicht ein Foto davon in einem meiner Alben zu Hause.«

»Das wäre hilfreich. Vielleicht finden wir sie, wenn wir seine Wohnung durchsuchen.«

In diesem Moment fiel ihr das Notizbuch ein.

Verdammt, wie hatte sie das nur vergessen können?

Sie hatte es zusammen mit den ganzen Büchern in ihren Uni-Rucksack gesteckt, und übers Wochenende war sie dann so mit anderen Dingen beschäftigt gewesen, dass es ihr völlig entfallen war. Sie hatte es noch nicht einmal aufgeschlagen, geschweige denn durchgesehen auf der Suche nach neuen Ideen, wie sie es ihrem Bruder versprochen hatte. Nun, das könnte sie jetzt wiedergutmachen, auch wenn es für ihn zu spät war.

Wenigstens wusste sie jetzt, wie sie den Rest des Tages überstehen würde. Sie würde sofort nach Hause fahren und das Notizbuch hervorkramen, aber sie würde seine Existenz einstweilen für sich behalten, während sie versuchte, Valurs Recherchen nachzuvollziehen und herauszufinden, ob er wirklich einem Mörder auf der Spur gewesen war. So unwahrscheinlich es war, dass sie die entscheidenden Hinweise in dem Buch finden würde, sie könnte sich wenigstens bemühen, den Fall zu lösen und in den Fußstapfen ihres Bruders zu den richtigen Schlussfolgerungen zu gelangen.

Diese Aufgabe würde ihr genau den Anreiz liefern, den sie brauchte, um morgen früh aus dem Bett aufzustehen, um einfach weiterzumachen – einen Schritt nach dem anderen. Für Valur.

Ja, der erste Schritt würde sein, nach Hause zu fahren, und zwar zuerst in ihre eigene Wohnung in Hlíðar, ehe sie zu ihrer Tante zurückkehrte. Aber sie würde auf keinen Fall den Bus nehmen, das brachte sie einfach nicht fertig. Es war ihr selbst ein Rätsel, wie sie es geschafft hatte, mit dem Bus von Árbær in die Stadt zu fahren. Bei dem Gedanken, dass sie vielleicht in denselben Wagen steigen würde, der für den Tod ihres Bruders verantwortlich war, überlief es sie eiskalt.

»Ich fürchte, mehr kann ich im Moment nicht verkraften«, sagte sie unvermittelt. »Ich bin plötzlich so furchtbar müde.«

»Das ist absolut verständlich«, sagte Bjarni. »Sie brauchen jetzt Ruhe, Sunna. Sie sollten bei Ihrer Familie sein.«

»Könnte mich vielleicht jemand nach Hause bringen?« Obwohl sie es als Frage formulierte, machte der Blick, mit dem sie ihn ansah, deutlich, dass sie ein Nein nicht akzeptieren würde.

»Selbstverständlich – das ist das Mindeste, was wir für Sie tun können.«

1986

20. August

Sunna war schon ein paarmal bei ihrem Bruder in der Zeitungsredaktion gewesen, doch sie hatte sich dort nie besonders wohlgefühlt. Es gab so einiges, was ihr gegen den Strich ging – der Bohemien-Lebensstil mit viel Rauchen und Alkohol, die lässige Einstellung, die Unpünktlichkeit … und mehr als alles andere die Tatsache, dass es eine reine Männerwelt war, mit dem dazugehörigen Imponiergehabe. Kein Wunder, dass Margrét dort wieder aufgehört hatte.

Aber sie hatten ihr beim *Vikublaðið* stets einen freundlichen Empfang bereitet – vielleicht, weil ihr Bruder so beliebt war und ihm offensichtlich eine glänzende Zukunft als Reporter prophezeit wurde. Als sie dieses Mal den Kopf durch die Tür im ersten Stock steckte, brach das Geklapper der Schreibmaschinen jäh ab, und es wurde totenstill. Drei Journalisten waren anwesend: Baldur, Steingrímur und der Chefredakteur selbst, Dagbjartur.

»Sunna.« Baldur stand als Erster auf. Er hatte oft eng mit Valur zusammengearbeitet und ihm so manche Tricks und Kniffe beigebracht, und doch war Sunna ihm gegenüber immer ein wenig misstrauisch gewesen. »Mein herzliches Beileid«, sagte er jetzt. »Wir sind alle völlig geschockt. Eine furchtbare Tragödie.« Er ging auf sie zu und umarmte sie.

»Danke«, erwiderte sie verlegen.

Steingrímur und Dagbjartur folgten Baldurs Beispiel. Beide umarmten Sunna und ergingen sich in Beileidsbekundungen. Ihr war das alles extrem unangenehm.

Zwei Tage waren seit Valurs Tod vergangen. Die Morgennachrichten hatten nur knapp gemeldet, dass er bei einem Unfall ums Leben gekommen sei. Bislang hatte Sunna noch keine öffentlichen Spekulationen mitbekommen, die andeuteten, dass an den Umständen irgendetwas verdächtig gewesen sein könnte. Aber sie selbst war fest davon überzeugt, dass Valur ermordet worden war, und sie hatte den größten Teil der letzten vierundzwanzig Stunden damit verbracht, über seinem Notizbuch zu brüten, auf der Suche nach irgendeinem Hinweis, der erklären konnte, warum er hatte sterben müssen. Bislang ohne Erfolg.

»Ich bin nur gekommen, um seine Sachen mitzunehmen«, sagte sie.

»Ja, natürlich«, antwortete Baldur. »Kann ich dir irgendwie behilflich sein?«

Sie schüttelte den Kopf und ging direkt auf den Schreibtisch ihres Bruders zu.

Er sah wie üblich aus wie Kraut und Rüben. Bei all seiner Klugheit war Valur leider absolut unfähig gewesen, Ordnung zu halten. Sie öffnete ihren Uni-Rucksack und begann Papiere, Schmierzettel und Notizblöcke hineinzustopfen. Das meiste hatte mit seiner Arbeit zu tun, aber es waren auch Einkaufszettel und Quittungen darunter sowie einige alte Notizbücher, die Valur bereits vollgeschrieben hatte. Er hatte zumeist nur eines benutzt und es bis zur letzten Seite in seiner kaum leserlichen Handschrift vollgekritzelt, ehe er zum nächsten übergegangen war. Sie beeilte sich, um ihren Besuch möglichst kurz zu halten, denn sie durfte in der Anwesenheit von anderen

Menschen nicht zu viel an Valur denken. Es wäre ihr zu peinlich gewesen, vor seinen Kollegen in Tränen auszubrechen. Die Konzentration auf Valurs Notizbuch hatte ihr die Kraft gegeben, die letzten ein, zwei Tage durchzustehen, aber sie hatte es immer wieder weglegen müssen, weil sie von einem Weinkrampf geschüttelt wurde.

Jetzt entdeckte sie seinen Presseausweis in der Ecke des Schreibtischs und steckte ihn mit einem betrübten Lächeln in ihre Tasche, als Andenken an ihren liebsten Menschen.

Und da war seine Tasse, die er von zu Hause mitgenommen hatte, als er bei der Zeitung angefangen hatte. Sie war noch halb voll mit kaltem Kaffee, also trug Sunna sie in die Küche, um sie auszuspülen.

»Sunna.«

Jemand tippte ihr auf die Schulter, und sie fuhr so heftig zusammen, dass ihr fast die Tasse ins Spülbecken gefallen wäre. Das hätte ihr wirklich den Rest gegeben, wenn sie jetzt seine Tasse zerbrochen hätte.

Sie blickte sich um und sah Baldur hinter sich stehen.

»Entschuldige, ich wollte dich nicht erschrecken.«

Er stand viel zu dicht hinter ihr.

»Ist schon okay, kein Problem. Ich wollte gerade gehen.«

»Ich wollte nur fragen, wegen diesem Umschlag, ob du …?«

»Umschlag?«

»Ja, der Umschlag, der für Valur abgegeben wurde, kurz vor seinem Tod …« Er hielt inne, als ob es ihm peinlich wäre, dass er das Wort »Tod« so unverblümt ausgesprochen hatte. »Tut mir leid, ich wollte sagen … also, wegen diesem Umschlag, jemand hat ihn abgegeben …«

»Wann?«

»Am Samstag, soweit ich mich erinnern kann, oder … Doch, es war bestimmt am Samstag.«

Sunna wich zur Seite aus, um das Gespräch fortsetzen zu können, ohne Baldurs Atem im Nacken zu spüren.

»War das ungewöhnlich?«, fragte sie.

»Na ja, ich habe mich schon ein bisschen gewundert. Weil er doch an der Lára-Geschichte gearbeitet hat, und es kommt nicht alle Tage vor, dass wir anonyme Hinweise im Briefkasten finden. Unser Job ist leider nicht so wie in den alten Filmen. Obwohl, wenn jemand in diese Welt gepasst hat, dann Valur. Er hat mich immer an diese Starreporter in Hollywood-Filmen erinnert – solche Rollen, wie Cary Grant sie gespielt hat. Es fehlte nur der Hut. Valur war einfach für den Job geboren!«

Sunna war sich nicht sicher, ob das Lob ehrlich gemeint war oder ob Baldur einfach nur nett sein wollte, aber der Effekt war der gleiche. Sie fühlte sich tatsächlich ein wenig getröstet.

»Hast du eine Ahnung, was in dem Umschlag war?«, fragte sie.

Baldur schüttelte den Kopf. »Leider nein. Ich habe Valur gefragt, aber er ist mir ausgewichen. Und da ich den Umschlag nirgendwo auf seinem Schreibtisch gesehen habe, dachte ich mir, er wird ihn wohl mitgenommen haben. Sein Name stand vorne drauf, in einer eleganten Handschrift, wie von einer älteren Person. Es gibt heutzutage nicht mehr viele Leute, die so schreiben.«

Sunna hatte auf dem Schreibtisch nichts entdeckt, was dieser Beschreibung entsprach, aber sie würde Valurs Papiere später noch systematisch durchgehen. Die wahrscheinlichere Erklärung war, dass er den Umschlag in seine gute alte Tasche gesteckt hat. Es war die logische Schlussfolgerung, denn dort hatte er alles Wichtige aufbewahrt. Und jetzt war die Tasche verschwunden.

Margrét öffnete die Tür des ansehnlichen Einfamilienhauses im vornehmen Stadtteil Garðabær, wo sie mit ihren Eltern wohnte. Ihre Augen waren vom Weinen rot und verquollen.

»Danke, dass du gekommen bist«, sagte sie zu Sunna. »Komm doch rein. Meine Eltern sind nicht da. Ich habe ihnen gesagt, sie sollen zur Arbeit gehen, weil ich es nicht ausgehalten habe, dass sie mir die ganze Zeit auf der Pelle hocken.« Margrét rang sich ein schwaches Lächeln ab. »Kann ich dir etwas anbieten?«

»Nein, danke.«

Das Innere des Hauses bildete einen scharfen Kontrast zu Sunnas Elternhaus in Húsavík. Sämtliche Möbel und auch die Bilder an den Wänden machten mehr als deutlich, dass es hier an Geld nicht mangelte. Margréts Eltern waren beide Rechtsanwälte und hatten ihre eigene Kanzlei, auch wenn ihr Vater vor allem dafür bekannt war, dass er eine Legislaturperiode lang das Amt des Justizministers bekleidet hatte.

»Wie geht es dir?«, fragte Margrét, nachdem sie sich gesetzt hatten.

Sunna zuckte mit den Schultern. Was sollte sie auch sagen? Margréts Kummer mal zehn genommen – oder mal hundert –, wäre eine ehrliche Antwort gewesen.

»Ich kann einfach nicht glauben, dass er nicht mehr da ist«, antwortete sie schließlich, um irgendetwas zu sagen. Sie hatte Margrét noch nicht sehr oft getroffen, und sie hatte eigentlich nie so recht verstanden, was Valur an ihr fand. Vielleicht hatten sie beide in gewisser Weise gegen ihre Familien rebelliert – Margrét, indem sie etwas mit einem schlecht verdienenden Journalisten bei einer Wochenzeitung anfing, und Valur, indem er mit einem Mädchen ausging, das alles hatte und nie etwas anderes als die Konservativen wählen würde, genau wie Mama und Papa. Aber was wusste Sunna schon? Vielleicht lag der Schlüssel zum Glück darin, dass Gegensätze sich anzogen. Aber die Antwort war wahrscheinlich viel einfacher: Margrét war genau Valurs Typ – dunkelhaarig, mit einem geheimnisvollen Blick, eine junge Frau, die man sich gut als Cary Grants Partnerin in einem dieser klassischen Reporterfilme vorstellen könnte, von denen Baldur gesprochen hatte.

»War die Polizei auch bei dir?«, fragte Sunna.

»Nur, um mir die Nachricht zu überbringen. Seitdem nicht mehr. Wieso fragst du?«

Sunna kam gleich zur Sache. »Die Sache ist die«, sagte sie und brach damit ihr Versprechen, das sie Bjarni, dem mit dem Fall betrauten Beamten, gegeben hatte, »wir glauben, dass jemand Valur vor diesen Bus gestoßen hat.«

Sunna hatte selten eine so betroffene Reaktion erlebt.

»Was?«, rief Margrét entsetzt. »Was sagst du da?«

»Du warst nicht bei ihm, oder?«, fragte Sunna betont beiläufig.

»Bei ihm?«

»Als es passierte.«

»Nein, natürlich nicht. Er war allein. Er wollte sich mit mir treffen, oder vielleicht wollte er vorher noch einmal nach Hause, denn wir hatten uns für acht Uhr am See verabredet, und im Zentrum sind ja ständig Busse gefahren, also hat er wohl beschlossen …« Margrét stockte.

»Ja, verstehe.«

»Hast du wirklich gesagt, er wurde gestoßen?«

Margrét schien Sunna die Frage, wo sie gewesen war, nicht übel zu nehmen, und sie verstand sie offenbar auch nicht als indirekten Vorwurf, dass sie etwas zu verbergen oder nicht die ganze Wahrheit gesagt hatte.

»Ja, das sagt jedenfalls die Polizei.«

»Aber das ist unglaublich.«

Sunna schwieg.

»Es ist unglaublich«, wiederholte Margrét. »Wer soll das getan haben? Und warum?«

»Wir wissen es nicht, aber es ist ja wohl klar, dass es etwas mit Lára zu tun haben muss.«

»Lára? Du meinst das Mädchen, über das er geschrieben hat?«

»Seine Tasche ist auch verschwunden.« Von der Existenz des Notizbuchs sagte Sunna bewusst nichts. »Ich glaube, dass er irgendeinem gefährlichen Geheimnis bedenklich nahe gekommen sein muss.«

Margrét schüttelte ungläubig den Kopf. »Ich weiß nicht viel über diese Lára-Sache. Ich bin zu jung, um mich an den Fall zu erinnern. Natürlich habe ich ein paar von Valurs Artikeln gelesen, aber wir haben kaum darüber gesprochen. Wir haben überhaupt nur wenig über seine Arbeit bei der Zeitung gesprochen – du weißt ja, wie es ist. Ich war nicht sonderlich daran interessiert, Geschichten aus der Redaktion zu hören, nach den Erfahrungen, die ich bei meinem Ferienjob dort gemacht hatte.«

»Ich will ganz offen zu dir sein«, sagte Sunna. »Ich wollte dich fragen, ob du mir vielleicht helfen könntest.«

»Dir helfen? Wie meinst du das?«

»Bei der Lára-Geschichte.«

»Aber ich weiß doch gar nichts über …«

»Ich werde herausfinden, was passiert ist, Margrét. Jemand hat meinen Bruder vor diesen Bus gestoßen …«

»Das können wir nicht sicher wissen …«

»Wirst du mir helfen?«

»Ja, doch«, antwortete Margrét zögernd, mit hoher, gepresster Stimme, als ob sie den Tränen nahe wäre. Vielleicht hatte Sunna sie zu hart angefasst. Sie machte sich bewusst, dass sie nicht die Einzige war, die um Valur trauerte, und dass andere Leute vielleicht anders mit ihrem Verlust umgingen als sie selbst.

»Ich habe mir sein Notiz…, seine Notizen durchgelesen«, sagte Sunna. Um ein Haar wäre ihr doch herausgerutscht, dass sie im Besitz seines Notizbuchs war. »Ich war in der Redaktion, um seine Sachen zu holen. Und ich habe alle seine Artikel über Lára noch einmal gelesen. Aber er muss irgendwie auch auf neue Hinweise gestoßen sein – irgendetwas, was einen entscheidenden Durchbruch in dem Fall bedeutet.«

»Und was willst du jetzt machen?«

»Der Sache nachgehen natürlich. Seine Arbeit fortsetzen, da er es selbst nicht mehr tun kann.«

Margréts Miene ließ vermuten, dass sie die Idee für verrückt hielt, und vielleicht hatte sie recht. Aber Sunna musste sich unbedingt mit etwas beschäftigen, und was sie im Moment am meisten tröstete, war die Vorstellung, dass sie Valurs Arbeit an dem Punkt fortsetzen würde, an dem er angelangt war. Sie hatte das Gefühl, in einen Sturm geraten zu sein, sich durch ein Schneegestöber voranzukämpfen, und dass ihr nichts anderes übrig blieb, als immer weiterzugehen, bis der Wind sich legte oder sie einen sicheren Zufluchtsort erreichen würde. Aber zugleich war ihr Schmerz so groß, dass sie keine Worte dafür fand und nicht einmal mehr weinen konnte, wie Margrét es offenbar getan hatte.

Sie war so unglaublich stolz auf ihren Bruder, der in seiner kurzen Laufbahn schon so außerordentlich viel erreicht hatte, dass sie fest entschlossen war, seinen Namen am Leben zu halten; und konnte sie das nicht am besten dadurch erreichen, dass sie das Rätsel um Láras Verschwinden löste? Sie konnte einen letzten Artikel für das *Vikublaðið* schreiben, unter ihrer beider Namen, Valur und Sunna. Ein Gemeinschaftswerk über den Tod hinaus, eine Möglichkeit, wenigstens dieses eine Mal mit ihm zusammenzuarbeiten …

»Also gut«, unterbrach Margrét Sunnas Gedankengang. »Warum eigentlich nicht …?«

»Du kennst die grundlegenden Fakten des Falls, nicht wahr?«

»Ja, sicher. Lára ist 1956 auf Viðey verschwunden. Könnte es nicht sein, dass sie sich ertränkt hat?«

Sunna ging nicht auf die Frage ein. »Ja, sie hat dort als Haushaltshilfe gearbeitet, für ein Ehepaar namens Óttar Óskarsson und Ólöf Blöndal. Die beiden leben noch. Er ist Rechtsanwalt, wie deine Eltern.«

»Óttar und Ólöf, ja, ich kenne sie. Es sind Freunde von Papa. Ich glaube manchmal, dass diese Anwälte alle miteinander befreundet sind. Sie waren oft zum Essen bei uns.«

»Die Welt ist klein.«

Margrét lächelte.

»Pass auf«, fuhr Sunna fort, »ich muss unbedingt mit ihnen sprechen, und ich dachte mir, du könntest sie doch für mich kontaktieren und sie vielleicht sogar zusammen mit mir besuchen?«

»Wieso? Wegen Lára?«

»Ja.«

Margrét zögerte. »Wäre das nicht ein bisschen seltsam, Sunna? Du glaubst doch wohl nicht im Ernst, dass sie darüber reden wollen – nach so langer Zeit? Es sind anständige Leute, wenn auch vielleicht nicht gerade die unterhaltsamsten Zeitgenossen. Aber ich bin sicher, dass sie keiner Fliege etwas zuleide tun würden.«

»Ich weiß, es ist vielleicht eine etwas gewagte Bitte, aber wir müssen es für Valur tun«, entgegnete Sunna ungeduldig. Margrét ging ihr zunehmend auf die Nerven – diese Tochter aus reichem Haus, die noch nie im Leben etwas Unangenehmes hatte tun müssen –, doch sie durfte sich nichts anmerken lassen.

»Also, es ist ja nicht so, als ob ich selbst viel Kontakt mit ihnen hätte, auch wenn Óttar ein alter Schulfreund meiner Eltern ist …«

»Es war nur eine Idee«, sagte Sunna in etwas milderem Ton. »Für Valur«, wiederholte sie.

»Ja, in Ordnung, ich helfe dir, kein Problem.« Doch es war offensichtlich, dass der Gedanke Margrét nicht behagte. Je länger sie redeten, desto schwerer fiel es Sunna, zu verstehen, was Valur und dieses Mädchen zusammengebracht hatte – man konnte sich kaum zwei Menschen vorstellen, die weniger zueinanderpassten.

Dennoch lächelte sie. »Danke, Margrét. Es wäre super, wenn du die beiden zum Kaffee einladen könntest oder so, dann könnte ich mich in Ruhe mit ihnen unterhalten.«

»Ja, sicher.«

»Also«, wechselte Sunna das Thema, »du und Valur, ihr wart verabredet? Am Montag?«

»Ja. Am Abend. Wir wollten uns zusammen das Open-Air-Konzert anschauen, aber er ist nicht aufgetaucht, und ich nahm einfach an, dass wir einander verpasst hätten oder so. So etwas kommt vor. Aber dann konnte ich ihn telefonisch nicht erreichen, als ich nach Hause kam, und am nächsten Tag auch nicht … und …«

Sunna ertrug es mit einem Mal nicht mehr, noch irgendetwas über Valur zu hören. Sie wurde von einem so erdrückenden Kummer übermannt, dass sie das Gespräch beenden musste.

»Ich denke, ich sollte jetzt gehen«, sagte sie und bemühte sich, ihre Stimme neutral zu halten. »Danke, dass du dich mit mir getroffen hast, und danke für deine Hilfe. Denkst du, wir könnten mit Óttar und Ólöf Kaffee trinken, sobald die Beerdigung vorbei ist?«

»Äh, ja, das geht bestimmt.«

Sunna rang sich ein Lächeln ab und verabschiedete sich.

1986

25. August

Sunna hatte sich für die Fahrt nach Húsavík von einer Freundin ein Auto ausgeliehen, einen alten Škoda. Ihre Heimatstadt lag zwar von Reykjavík aus am anderen Ende des Landes, aber Fliegen war teuer, und außerdem brauchte Sunna dringend Zeit zum Nachdenken. Die Beerdigung war für dreizehn Uhr am Dienstag angesetzt, deshalb machte sie sich schon am Montag auf den Weg in den Norden. Es war ein wunderschöner Spätsommertag, das Gras war noch grün, und die Zwergbirken standen noch im Laub, das seinen frischen Glanz jedoch verloren hatte.

Sie verließ die Stadt und fuhr in nördlicher Richtung an dem langen Gebirgszug des Esja entlang, der wie ein schlafender Riese dalag, dann durch den einstmals ländlichen Mosfell-Distrikt, der in letzter Zeit einen immer städtischeren Charakter annahm. Weiter ging es entlang der Ausläufer des Gebirges und der Kjalarnes-Halbinsel zu der scheinbar endlosen Straße um den Hvalfjörður herum. Sie fuhr langsam – zum einen, um die Schönheit des Fjords zu genießen, aber hauptsächlich, weil sie damit beschäftigt war, das Geschehene zu verarbeiten.

Welchen Grund könnte irgendjemand gehabt haben, Valur vor den Bus zu stoßen? Es musste mit dem Fall Lára zusammenhängen, denn Valur hatte keine Feinde gehabt, war privat mit niemandem zerstritten gewesen. Nein, es musste mit seiner Arbeit zu tun haben. Er musste auf ein Geheimnis gestoßen sein, dessen Aufdeckung irgendjemand um jeden Preis verhindern wollte. Und dabei konnte es doch wohl nur um Lára gehen, oder? Schließlich hatten die Fernsehnachrichten kurz vor Valurs Tod von einer unmittelbar bevorstehenden großen Enthüllung berichtet und angedeutet, dass er den alten Fall vielleicht sogar gelöst hatte.

Der Škoda legte stetig Kilometer für Kilometer zurück. Es war fast Mittag, als Sunna das malerische Städtchen Borgarnes an der Westküste erreichte, und so hielt sie an einer Raststätte, um etwas zu essen – einen Burger mit Pommes und Cocktailsauce. Ein richtiges Trostessen, das half, ihre Stimmung ein wenig aufzuhellen.

Viele Stunden später, nachdem sie schier endlose Weiten von Moor und Gebirge durchquert hatte, erreichte sie endlich das Aðaldalur, das Tal südlich von Húsavík, und wusste, dass sie nun bald zu Hause sein würde. Als die Abendsonne ihr verwunschenes Licht über die weite Skjálfandi-Bucht warf und die schneebedeckten Berge mit einem rosigen Schein überzog, erfasste sie ein überwältigendes Gefühl von Trauer und Verlust, das sich wie eine schwere Last auf ihre Schultern legte. Das hier war die Landschaft, in der sie und Valur aufgewachsen und zur Schule gegangen waren, wo sie zusammen gespielt hatten, Unfug angestellt und Geheimnisse geteilt hatten, wo sie ihr Taschengeld zusammengelegt hatten, um ihren Eltern im Co-op Weihnachtsgeschenke zu kaufen, wo sie Blaubeeren gepflückt, Abenteuer erlebt und über ihre Zukunftsträume gesprochen hatten. Dieses Kapitel ihres Lebens war nun unwiederbringlich abgeschlossen – sie hatte Valur für immer verloren.

Nach dem grauen Reykjavík wirkte das Städtchen Húsavík einladender denn je – die bunten Fischerboote, die Holzhäuser am Hafen, die hübsche weiße Jugendstilkirche vor dem Hintergrund der braunroten und grünen Berghänge, die in der Abendsonne leuchteten.

Ihr bangte dermaßen vor der Begegnung mit ihren Eltern, dass sie noch eine Zeit lang vor dem Haus im Auto sitzen blieb und das Unvermeidliche vor sich herschob. Doch schließlich riss sie sich zusammen, stieg aus, nahm ihre kleine Sporttasche vom Rücksitz und ging über den gepflegten Plattenweg auf das bescheidene weiße Fünfzigerjahre-Haus zu, das ein wenig heruntergekommen wirkte und ihr dennoch so unendlich vertraut und lieb war. Es war nach neun Uhr abends, doch als sie die Tür öffnete, schlugen ihr die unverwechselbaren Aromen von Kaffee und Gebäck entgegen.

»Hallo«, rief Sunna.

»Grüß dich, Sunna, meine Liebe.« Ihr Vater kam ihr entgegen. Er wirkte seltsam geschrumpft in seinem Wollpullunder, den er über dem Hemd trug – nicht mehr der wohlgenährte, zufriedene Mann, den sie kannte, sondern bedrückt und verschlossen. Er nahm sie in den Arm. Ihre Mutter folgte ihm auf dem Fuß, eine kleine, rührige Frau, die stets eine vorbildliche Hausfrau und Mutter gewesen war. Auch sie schloss Sunna fest in die Arme. Ihr Gesicht war deutlich vom Kummer gezeichnet.

Sunnas Eltern hatten nur zwei Nächte in Reykjavík verbracht, ehe sie wieder in den Norden gefahren waren, um die Beerdigung vorzubereiten. Als Sunna sie jetzt wiedersah, wurde ihr noch eindringlicher bewusst, dass kein Mensch je sein eigenes Kind verlieren sollte.

Sie verbrachten einen ruhigen Abend. Ihre Mutter servierte Kaffee mit Ritz-Crackern, Krabbensalat und Rosinenkuchen.

Sunna aß so viel, wie sie konnte, und ging dann nach oben in ihr Zimmer. Da war ihr Bett, ordentlich gemacht, da waren ihr Schreibtisch und die weißen Spitzengardinen, die ihre Mutter auf Sunnas speziellen Wunsch für sie zur Konfirmation gemacht hatte. Sie stieß einen tiefen Seufzer aus. Sie hatte das Elternhaus mit sechzehn verlassen, um in Akureyri, der nächstgrößeren Stadt, die Oberschule zu besuchen – nur ein Jahr älter, als Lára gewesen war, als sie die Stelle auf Viðey angetreten hatte.

Láras Zimmer hatte wahrscheinlich ganz ähnlich ausgesehen wie dieses.

1986

26. August

Sunna schlief erstaunlich tief und fest in ihrem alten Bett und wurde von der Sonne geweckt, die erbarmungslos durch die dünnen Gardinen schien. Sie lächelte, als ihr wieder einfiel, wie ihre Mutter sie damals auf die praktischen Nachteile von Spitzengardinen hingewiesen hatte. Aber Sunna war ein romantischer Teenager gewesen und hatte sich ausgemalt, wie die weiße Spitze im Wind flattern würde, wenn sie am Fenster saß und verträumt aufs Meer hinausblickte …

Reykjavík hatte sie dann von allen romantischen Anwandlungen geheilt.

Kurz nach Mittag traf sie mit ihren Eltern in der Kirche ein. Erbaut kurz nach der Jahrhundertwende aus norwegischem Holz, mit weißen, rot abgesetzten Wänden, die mit dem Grün von Dach und Turmhaube kontrastierten, war sie der Stolz des Städtchens. In der Vorbereitung auf ihre Konfirmation hatte Sunna hier Gottesdienste besucht und Unterricht in christlichen Werten und Bräuchen erhalten. Damals war sie gläubig gewesen und hatte jeden Abend gewissenhaft gebetet, weil sie Angst hatte, dass sonst ihren Eltern oder ihrem Bruder etwas Schlimmes zustoßen könnte. Und nun war trotz all ihrer Gebete das denkbar Schlimmste eingetroffen.

Sie saßen ganz vorne. Da Sunna wusste, dass Margrét zur

Beerdigung kommen wollte, hatte sie beschlossen, sie zu fragen, ob sie bei ihnen sitzen wolle. Margrét traf um halb eins ein und nahm die Einladung an, obwohl es ihr sichtlich unangenehm war, Valurs Eltern, die vielleicht irgendwann ihre Schwiegereltern geworden wären, unter diesen Umständen zum ersten Mal zu begegnen.

Um zwanzig vor eins hatte sich die Kirche bereits gefüllt. Sunna ließ den Blick über die Trauergemeinde schweifen und entdeckte zwei von Valurs Kollegen bei der Zeitung, Dagbjartur und Baldur. Auch Schulfreunde aus Húsavík waren gekommen, unter ihnen Gunnar, der in Reykjavík Theologie studierte, aber eigens für die Beerdigung angereist war. Mit zehn war Sunna ein bisschen in ihn verknallt gewesen. Er schenkte ihr ein freundliches Lächeln, und sie erschrak, als sie merkte, dass sie ihn angestarrt hatte.

Es war eine sehr schöne Feier, wenngleich Sunna spürte, wie sich ihr die Nackenhaare aufstellten, als der Pfarrer, ein älterer, für seine umgängliche Art bekannter Mann, als Text für seine Predigt die Worte aus dem Prediger Salomo zitierte: »Ein jegliches hat seine Zeit, und alles Vornehmen unter dem Himmel hat seine Stunde.« Sie ballte die Fäuste. Valurs Zeit war noch nicht gekommen – jemand hatte die Zeit in die eigenen Hände genommen und ihren Bruder ermordet, und sie war fest entschlossen, dass dieses Verbrechen nicht wie Láras Verschwinden ungesühnt bleiben sollte.

Der Pfarrer zeichnete die wichtigsten Ereignisse von Valurs Leben nach und kam dann wieder auf den Prediger Salomo zurück. »Valurs Zeit ist allzu früh gekommen. Aber nun wollen wir auf Gott vertrauen und unseren Schmerz in seine Hände geben.« Ehe Sunna sichs versah, war der Gottesdienst vorbei, und Valurs Schulfreunde, angeführt von Gunnar, gingen auf den Sarg zu, um ihn hinauszutragen. Es war heiß in der voll besetzten Kirche, und die Sargträger waren rot im Gesicht, ihre Augen sichtlich feucht, als sie langsam an der ersten Bank vorbeischritten, während Chopins Trauermarsch von den Wänden des Kirchenschiffs widerhallte. Sunna spürte, wie ihr die Tränen über die Wangen rannen.

Nachdem sie den Sarg in den Leichenwagen gebracht hatten, fuhr Sunna mit ihren Eltern zur Beisetzung auf den Friedhof, während die anderen Gäste zu Fuß zu dem Hotel gingen, wo das anschließende Essen stattfand. Als die Familie dazukam, hatten sich die Gäste schon an Kaffee, Pfannkuchen und der herzhaften, mehrstöckigen Brottorte bedient.

Sunna sah sich unter den Trauergästen um. Obwohl ihr Platz eigentlich an der Seite ihrer Eltern sein sollte, wollte sie unbedingt mit möglichst vielen Leuten reden, um vielleicht etwas zu erfahren, was einen Hinweis auf die Identität von Valurs Mörder geben könnte. Allein der Gedanke schlug ihr sofort auf den Magen. Sie schob ihren Teller mit dem Stück Brottorte beiseite, lächelte ihren Eltern zu und stand auf.

Als Erstes steuerte sie auf Gunnar zu, der mit einer Gruppe von Valurs Schulfreunden zusammensaß.

»Hallo, schön, dich zu sehen«, sagte sie ein wenig verlegen.

»Freut mich auch, Sunna.« Gunnar, dem solche Verlegenheit immer schon fremd gewesen war, stand auf und umarmte sie herzlich. »Ich kann es noch gar nicht fassen«, sagte er. »So ein bizarrer Unfall. Weißt du, ich habe Valur noch kurz vorher auf der Straße getroffen – warte mal, das muss an dem Samstag gewesen sein. Wir haben uns kurz über die Lára-Artikel unterhalten. Ich hatte den Eindruck, dass er viel mehr wusste, als er zugeben wollte. Aber ich fürchte, wir werden nie erfahren, was er herausgefunden hatte.«

»Es war kein Unfall«, entfuhr es Sunna, ehe sie sich bremsen konnte.

Gunnar sah sie überrascht an. »Wie meinst du das? Ich dachte, Valur wäre von einem Bus erfasst worden?«

»Ja, aber jemand hat ihn gestoßen … Jemand, der nicht wollte, dass er seine Erkenntnisse über den Fall Lára veröffentlicht.« Während sie es sagte, wurde Sunna bewusst, dass sie sich wie eine Verrückte anhörte.

Gunnar betrachtete sie nachdenklich, doch er widersprach ihr nicht. Stattdessen nickte er bedächtig und sagte dann mit ruhiger Stimme: »Hast du der Polizei von deinem Verdacht erzählt?«

»Wir haben darüber gesprochen«, antwortete sie vorsichtig.

»Dann kannst du dir sicher sein, dass sie der Sache nachgehen werden«, sagte Gunnar mit ernster Miene. »Wir sollten Vertrauen in die Polizei und das Rechtssystem haben.«

»Tja, bei Lára hat das aber nicht so gut funktioniert«, entgegnete Sunna trocken.

Gunnar zog wieder die Stirn in Falten, während er nachdachte. »Ich weiß noch, dass er gesagt hat, Lára hätte Viðey möglicherweise nie verlassen. Ich sagte, dass sie vielleicht ins Wasser gegangen sein könnte, aber er war offenbar überzeugt, dass ein Verbrechen stattgefunden hatte; und aus dem, was er sagte, habe ich geschlossen, dass es seiner Meinung nach auf der Insel passiert ist.«

Sunna nickte. Dann sah sie aus dem Augenwinkel, wie Dagbjartur und Baldur in einer anderen Ecke des Saals vom Tisch aufstanden. Sie verabschiedete sich rasch von Gunnar und lief hin, um die beiden abzufangen.

»Hallo«, sagte sie und hielt Dagbjartur die Hand hin.

»Grüß dich, Sunna, meine Liebe. Das ist ja so furchtbar.« Dagbjartur hatte sich extra in seinen besten Anzug gezwängt, den er offenbar vor vielen Jahren gekauft hatte und der ihm inzwischen viel zu eng war. Er hatte sich sogar eine grün gestreifte Krawatte umgebunden, obwohl er normalerweise nie etwas um den Hals trug.

Sunna sprudelte sofort los: »Ich fürchte tatsächlich, Valur könnte wegen der Geschichte mit Lára ermordet worden sein. Jemand, der verhindern wollte, dass neue Informationen ans Licht kommen, könnte ihn auf die Straße gestoßen haben. Es gibt Zeugen, die gesehen haben, wie er gestoßen wurde …«

Dagbjartur sah sie mit gequälter Miene an. »Darf ich dir und deinen Eltern mein herzliches Beileid aussprechen?« Offenbar glaubte er ihr nicht.

Sunna schluckte krampfhaft. Sie war zunehmend gestresst, getrieben von dem verzweifelten Bedürfnis, alle Welt von ihrer Theorie zu überzeugen. »Was, wenn Lára auch ermordet wurde?«, fuhr sie mit gepresster Stimme fort. »Und Valur dahintergekommen war? Jemand hatte vielleicht die Nachrichten gesehen und erkannt, dass er ihn daran hindern musste, diesen letzten Artikel zu schreiben.«

Dagbjartur runzelte bekümmert die Stirn. »Sunna, ich weiß nicht, wie ich das sagen soll … Ich war derjenige, der die Information an die Fernsehnachrichten weitergegeben hat, dass im Fall Lára eine Enthüllung bevorsteht. Es ging mir einzig und allein darum, den Absatz zu steigern, weil das *Vikublaðið* immer kurz vor dem Ruin steht. Valurs Serie über Lára war das Einzige, was uns noch über Wasser hielt, um ehrlich zu sein. Aber, o Gott – wenn es dazu geführt hat … Ich mag gar nicht darüber nachdenken.«

Sunna war wie vor den Kopf gestoßen. Obwohl sie die Motive des Chefredakteurs in gewisser Weise nachvollziehen konnte, erfüllte sie dennoch die Vorstellung, dass die ganze Tragödie hätte verhindert werden können, mit hilfloser Wut.

Doch Dagbjartur war noch nicht fertig. »Ich wusste nicht, was er eigentlich schreiben wollte – und ich bezweifle, dass irgendjemand sonst bei der Zeitung es wusste. Hatte er dich zufällig ins Vertrauen gezogen?«

Sunna schüttelte den Kopf und seufzte. »Nein, ich hatte nicht mehr von ihm gehört, ich …«

»Es tut mir ja so leid. Ich hoffe sehr, dass sich das alles noch klären wird«, sagte Dagbjartur freundlich, dann verabschiedete er sich. Sie sah noch, wie er kurz bei ihren Eltern stehen blieb, um ihnen zu kondolieren, bevor er das Hotel mit Baldur im Schlepptau verließ.

Die Nacht nach der Beerdigung verbrachte Sunna wieder in ihrem alten Kinderzimmer. Ihre Eltern waren sich einig, dass es ein schöner Gottesdienst und eine gelungene Trauerfeier gewesen war. Sie fragten besonders nach Gunnar, und Sunna hatte den Eindruck, dass sie hofften, sie könnte sich für ihn interessieren. Sie dachte sich, dass sie ihn vielleicht mal zum Kaffee einladen sollte, wenn sie wieder in Reykjavík waren.

Früh am nächsten Morgen machte sie sich auf den Weg zurück in die Hauptstadt. Ihre Eltern begleiteten sie zum Auto, wo sie sich mit Umarmungen und Küssen verabschiedeten. Eine Welle unerträglicher Traurigkeit überkam Sunna, als sie davonfuhr und zusah, wie die beiden Gestalten im Rückspiegel kleiner und kleiner wurden.

Die Fahrt zurück nach Reykjavík verlief ohne Zwischenfälle, trotz des bedenklichen Zustands der holprigen Schotterstraßen, deren Belag vor allem im Spätsommer zahlreiche Spurrillen und Schlaglöcher aufwies. Als Sunna den Skagafjörður erreichte, ließ sich sogar die Sonne blicken und glitzerte auf dem blauen Wasser des Fjords.

Während der Fahrt kreisten ihre Gedanken unentwegt um die Rätsel von Láras Verschwinden und Valurs »Unfall«. Sie war jetzt entschlossener denn je, sich mit aller Kraft in die

Aufklärung der Geschehnisse zu stürzen, sobald sie wieder zurück in Reykjavík war. Sie würde Valurs Notizbuch von der ersten bis zur letzten Seite lesen.

Sie würde die Wahrheit herausfinden, und wenn es das Letzte war, was sie tat.

1986

29. August

Später musste Sunna feststellen, dass sie nur bruchstückhafte Erinnerungen an die Beerdigung hatte. Es kam ihr vor wie ein Traum – oder vielmehr wie ein Albtraum, unwirklich und zugleich so unerbittlich real.

Sie hatte gehofft, in der Stunde des Abschieds ihren Frieden mit dem Geschehenen machen und Valur loslassen zu können, aber das war ihr nicht gelungen – im Gegenteil, sie war weiter denn je davon entfernt. Vielmehr hatte sie das Gefühl, Valur näher zu sein als je zuvor – es war, als ob sie einen Pakt geschlossen hätten, um das Rätsel um Lára zu lösen …

Deswegen saß sie nun am Schreibtisch in ihrer kleinen Wohnung, blätterte in seinem Notizbuch und notierte sich Fakten und Ideen. Sie hatte Valurs Artikel immer wieder gelesen, so lange, bis sie manche Sätze auswendig kannte – ihr Bruder hatte immer schon ein Gespür für gute Formulierungen gehabt. Sie hatte auch Stunden in der Nationalbibliothek verbracht und sich die Zeitungen von damals ausgeliehen, die sie anschließend in dem prächtigen alten Lesesaal durchforstete, an einem schweren, mit grünem Leder bezogenen Holztisch, in einem ebenso massiven Sessel. Sie fühlte sich zu Hause in dieser Umgebung, weil sie sich daran erinnerte, wie sie und Valur hier Seite an Seite gesessen hatten, beide mit ihren jeweiligen Recherchen beschäftigt. Der Lesesaal und überhaupt das ganze Gebäude waren einer von Valurs Lieblingsorten gewesen, das hatte er ihr mehr als einmal gesagt, und so war es kaum verwunderlich, dass sie eine starke Empfindung seiner Anwesenheit hatte, als sie an dem Tisch saß und die Seiten der dreißig Jahre alten Zeitungen umblätterte.

Inzwischen glaubte sie einen ganz guten Überblick über die Hintergründe des Falls zu haben. Wie sich herausstellte, enthielt das Notizbuch eine Reihe nützlicher Informationen und eventuell auch den einen oder anderen vielversprechenden Hinweis. Ihr Studium würde für eine Weile in den Hintergrund treten müssen – die Arbeit über Elías Mar konnte warten. Es machte keinen großen Unterschied, ob sie ihr Studium in diesem Semester oder erst nächstes Frühjahr abschloss. Davon würde die Welt nicht untergehen – nicht noch einmal. Das war bereits geschehen.

Ein Name in dem Notizbuch gab ihr noch Rätsel auf: Gréta Grímsdóttir. Es gab eine Frau dieses Namens im Telefonbuch, aber Sunna hatte sie bislang nicht erreicht.

Am Rand einer Seite hatte Valur einen anderen Namen notiert, der keine offensichtliche Verbindung zu Lára hatte: Finnur Stephensen. Er kam ihr irgendwie bekannt vor. Sie fragte ihre Mutter, die meinte, dass es eine bekannte Großhandelsfirma namens F. Stephensen Ltd. gebe. Und da wusste Sunna, woher sie den Namen kannte. Es war eines der größten Großhandelsunternehmen des Landes, was vermuten ließ, dass der Inhaber ein sehr wohlhabender Mann war. Sunna hatte sich zwei Nummern aus dem Telefonbuch notiert, die der Firma und eine andere, die unter dem Namen »Finnur Stephensen, Großhändler« aufgeführt war, mit einer Adresse im Laugarásvegur. Das passt, dachte sie sich – es war eine Toplage mit vielen Einfamilienhäusern.

Sie ging hinaus auf den Flur, setzte sich in den Korbstuhl neben dem Telefon und wählte die Privatnummer des Großhändlers. »Wer nicht wagt, der nicht gewinnt«, sagte sie sich.

Es läutete und läutete, doch gerade als sie wieder auflegen wollte, meldete sich jemand. Nicht Finnur selbst, sondern eine weibliche Stimme – dem Klang nach eine ältere Frau.

»Ja, hallo? Hallo? Wer ist da?« Die Verbindung war so schlecht, dass die Stimme am anderen Ende beinahe aus einer anderen Dimension zu kommen schien.

»Hallo«, sagte Sunna zögerlich. »Mein Name ist Sunna Róbertsdóttir. Ich wollte eigentlich Finnur Stephensen sprechen. Ich hoffe, ich habe mich nicht verwählt.«

»Nein, meine Liebe, die Nummer stimmt schon.« Die Frau schwieg so lange, dass Sunna schon glaubte, die Verbindung sei unterbrochen, doch dann fuhr sie fort: »Aber Finnur ist tot.«

Sunna war geschockt – warum, war ihr selbst nicht ganz klar. Es kam ihr vor, als wäre sie schon zu Beginn ihrer Recherchen gegen eine Wand gerannt.

Aber gleich darauf kam ihr ein anderer Gedanke: Was, wenn das kein Zufall war? Wenn jemand Valur vor einen Bus gestoßen hatte, dann könnte diese Person doch auch Finnur ermordet haben. Alles nur, um seine Spuren zu verwischen? Ihr war bewusst, dass sie ziemlich wild spekulierte, aber sie konnte den Gedanken nicht abschütteln.

»Oh, das tut mir sehr leid«, sagte Sunna. »Bitte entschuldigen Sie die Störung, und … mein herzliches Beileid«, fügte sie hinzu, obwohl sie nicht wusste, ob sie wirklich mit der Witwe des Großhändlers sprach.

»Sie müssen sich nicht entschuldigen. Und vielen Dank.«

»Würden Sie mir sagen, wann er gestorben ist?«

»Das ist noch gar nicht lange her – Anfang des Monats.«

Wieder beschlich Sunna ein ungeheurer Verdacht: Könnte das alles irgendwie zusammenhängen?

»Haben Sie Finnur gekannt?«, fragte die Frau unvermittelt.

»Was? Oh, nein, ich bin ihm nie begegnet. Ich hatte nur gehofft, kurz mit ihm sprechen zu können.«

»Worüber?«

Sunna zögerte einen Moment. Sie fragte sich, ob sie das Richtige tat, doch dann beschloss sie, die Wahrheit zu sagen. »Es hat mit einem Artikel zu tun, an dem mein Bruder gearbeitet hat. Er ist ganz unerwartet gestorben, und ich wollte versuchen, den Artikel mit ihm fertig zu schreiben … für ihn, wollte ich sagen.«

»Das tut mir leid zu hören. Wie furchtbar! Mein herzliches Beileid, Sunna. Wie war sein Name?«

»Valur.«

»Valur, ah. Mein Gott, das tut mir wirklich so leid für Sie. Worum ging es in seinem Artikel?«

»Um ein junges Mädchen namens Lára, das verschwunden ist. Sie erinnern sich vielleicht an den Fall?«

»Wir alle erinnern uns daran, meine Liebe – wenigstens alle in meiner Generation. Und Sie sagen, Sie hatten gehofft, mit meinem verstorbenen Mann über etwas zu sprechen, was damit zu tun hat?«

»Nun ja, mein Bruder hatte sich seinen Namen notiert – aber ich habe keine Ahnung, warum.«

»Hm, das ist ja seltsam.«

»Könnte ich Sie vielleicht – sagen Sie Nein, wenn Sie es lieber nicht möchten –, aber könnte ich Sie vielleicht irgendwann mal auf einen Kaffee treffen?«

»Aber selbstverständlich, Sunna. Mein Leben ist zurzeit ziemlich ereignislos, die Zeit scheint so langsam zu vergehen, dass ich mich immer über Gesellschaft freue. Und ich könnte mir vorstellen, dass es Ihnen ganz ähnlich geht.«

»Allerdings«, sagte Sunna.

»Dann schreibe ich mir doch gleich in den Kalender, dass Sie diese Woche bei mir vorbeischauen – am Montagnachmittag vielleicht, zur Kaffeezeit? Die Adresse haben Sie, nehme ich an, da Sie ja meine Nummer herausgefunden haben?«

»Ja, die habe ich«, bestätigte Sunna.

»Gut. Ich heiße übrigens Þórdís. Ich freue mich darauf, Sie kennenzulernen.«

Später an diesem Tag stattete Sunna Valurs Redaktion einen Besuch ab. In ihren Augen würde das *Vikublaðið* immer seine Zeitung sein. Sie hatte dort etwas zu erledigen, aber wenn sie ehrlich war, war der wahre Grund, dass sie Valur vermisste, und in dem Büro in der Kárastígur konnte sie seine Gegenwart immer noch nahezu körperlich spüren.

Sie hatte Valurs Faszination für die Welt des Journalismus nicht geteilt, aber sie begann allmählich zu ahnen, was ihn daran angezogen hatte: das Arbeiten unter Hochdruck, der Kick, der Rausch.

Als sie das Redaktionsbüro betrat, schlug ihr förmlich eine Welle von Adrenalin entgegen. Die Luft war rauchgeschwängert, ein Telefon klingelte, Schreibmaschinen klapperten und klingelten, und Dagbjartur schrie Baldur an, der zurückschrie: »Es wird nun mal nicht fertig!«

»Dann gibt's eben keine verdammte Zeitung! Wir bringen nicht einen Haufen leere Seiten raus!«

Sie blickten sich beide um, als Sunna eintrat.

»Sunna.« Es war Dagbjartur, dessen Stimme von einer Sekunde auf die andere von wütendem Geschimpfe in einen sanften, besorgten Ton umschlug. »So eine schöne Trauerfeier.«

»Wunderschön«, warf Baldur ein.

»Entschuldige, dass wir gerade ein bisschen laut waren«, fuhr Dagbjartur fort. »Das ist nur der übliche Stress. Können wir etwas für dich tun?«

»Ich wollte fragen, ob wir uns ganz kurz unterhalten könnten.«

Dagbjartur führte sie in sein enges, vollgestopftes Büro, das an ein Filmset erinnerte: chaotische Papierberge, Kaffeetassen, Aschenbecher, sogar eine alte Reportermütze an einem Haken – vielleicht eine Art Talisman, oder vielleicht brauchte Dagbjartur sie, um seinen kahlen Schädel zu bedecken.

»Wie geht es dir, Sunna? Wie kommst du zurecht?«

»Ich weiß es nicht. Irgendwie muss es ja weitergehen.«

»Das könnten wir auch sagen, obwohl es für dich natürlich viel schlimmer ist, das versteht sich von selbst.«

»Dagbjartur, ich …« Sie wählte ihre Worte mit Bedacht. »Ich würde gerne Valurs Artikel fertig schreiben.«

»Seinen Artikel fertig schreiben?«

»Den letzten in der Serie, meine ich. Um seine Arbeit abzuschließen. Einen letzten Artikel, unter unseren beiden Namen.«

Der Chefredakteur lehnte sich auf seinem Stuhl zurück und dachte darüber nach. »Hmm, warum nicht? Ja, warum nicht? Valur hat immer in den höchsten Tönen von dir gesprochen, Sunna. Du seist viel klüger als er, hat er gesagt. Vielleicht solltest du dir überlegen, ob du das nicht beruflich machen willst …«

»Oh, nein, so habe ich das nicht gemeint …«

»Du studierst Isländisch, nicht wahr? Das ist eine gute Basis für eine Journalistin …«

»Literaturwissenschaft, genauer gesagt.«

»Ja, ist doch dasselbe.«

»Es ging mir eigentlich nur darum, diese eine Sache für ihn zum Abschluss zu bringen …«

»Das kannst du gerne machen. Es hat keine Eile, nimm dir alle Zeit, die du brauchst. Wir haben immer Platz für einen weiteren Artikel von Valur. Und Sunna … wenn du Arbeit suchst, wäre ich nur zu gerne bereit, dich probeweise hier bei der Zeitung einzustellen.« Nach kurzer Pause fügte er hinzu: »Valur hätte das bestimmt gewollt.«

1986

1. September

Sunna saß in ihrer Wohnung in Hlíðar am Küchentisch und trank Früchtetee. Sie hatte ihn in einem Café gekauft, das vor Kurzem in einem kleinen Haus in der Nähe der Haupteinkaufsstraße Laugavegur eröffnet hatte. In einem Land mit einer so ausgeprägten Kaffeekultur wie der isländischen war ein Lokal, in dem man in Ruhe eine Tasse Tee und einen Toast zu sich nehmen konnte, etwas ganz Neues. Sunna waren diese Momente kostbar – das süße Aroma half ihr, sich wenigstens für eine Weile von den trüben Gedanken abzulenken, und sie kaufte öfter exotische Tees, um sich auch zu Hause diese spezielle Atmosphäre schaffen zu können. Aber heute wartete Arbeit auf sie. Sie nahm noch einen Schluck, dann schlug sie entschlossen das Notizbuch auf.

Valur war noch nie sehr gut darin gewesen, seine Gedanken in ein System zu bringen, dachte sie, während sie seine Notizen durchblätterte. Namen und Daten stachen hervor, begleitet von spekulativen Anmerkungen und dem einen oder anderen vollständigen Satz. Sie stieß auf den Namen des damaligen Ermittlers, Kristján Kristjánsson, mit einer Adresse in Gravavogur – wohnten dort wirklich schon Menschen?

Neben dem Namen hatte Valur notiert: *Warum hat die Polizei auf Viðey nicht gründlicher ermittelt?*

Die Namen von Óttar und Ólöf standen natürlich auch da, nebst einer Menge hingekritzelter Notizen, mit denen Sunna wenig anfangen konnte. Was sie entzifferte, war eine Bemerkung, wonach es so schwierig war, an Óttar heranzukommen, dass Valur überlegt hatte, sich stattdessen auf Ólöf zu konzentrieren. Der Name des Großhändlers Finnur Stephenson am Rand der Seite war durchgestrichen. Daneben glaubte Sunna lesen zu können: *Schulfreund.* Oder so ähnlich.

Später am Nachmittag war Sunna bei Finnurs Witwe Þórdís zum Kaffee eingeladen. Aber nachdem sie ihren Tee ausgetrunken hatte, machte sie sich zunächst auf den Weg zur Nationalbibliothek in der Hverfisgata. Aus schierer Notwendigkeit nahm sie wieder den Bus, trotz der schlimmen Assoziationen …

Am Informationsschalter traf sie auf einen verstaubten Bibliothekar mit Hornbrille und grauem Bart, einen von der Sorte, die einem immer die höchste Strafgebühr aufbrummten, wenn man ein Buch verspätet zurückgab.

»Ich suche nach Zeitungsberichten über Finnur Stephensen«, sagte Sunna. »Er ist Anfang August gestorben.«

Der Mann sah sie aus trüben Augen verwundert an. »Dann finden Sie ihn natürlich in den Nachrufen. Da sortieren wir die Toten ein.«

»Ah ja, natürlich …«

Dann fügte er ziemlich widerwillig hinzu: »Aber es gab da auch einen Artikel über die Beerdigung, wenn ich mich recht erinnere. Im *Morgunblaðið*. Raussuchen müssen Sie ihn aber selbst. Füllen Sie einfach einen Bestellzettel aus. Aber fragen Sie nicht zu viele Zeitungen auf einmal an – Sie können nicht erwarten, dass ich Ihnen einen ganzen Jahrgang anschleppe.«

Sunna lächelte verlegen. »Danke. Gut, dann fülle ich einen Bestellzettel aus.«

Die Nachrufe ließen sich ausführlich über Finnurs Leben aus, enthielten aber nichts, was Licht auf den Fall Lára hätte werfen können. Unter den Verfassern war auch Óttar, der sich in seinem Beitrag an eine langjährige Freundschaft erinnerte, die in der Schule begonnen hatte. Dann bezog sich das Stichwort »Schulfreund« in Valurs Notizen also offensichtlich auf Finnur und Óttar. Beim Lesen der Nachrufe ging Sunna auf, dass die Frau namens Þórdís, mit der sie an diesem Nachmittag verabredet war, niemand anderes war als Þórdís Alexandersdóttir, die Schauspielerin. Sunna kannte sie noch aus zahllosen Fernsehspielen und Unterhaltungssendungen.

Später stieß sie auf einen Artikel über die Beerdigung, auf Seite vier des *Morgunblaðið*.

Finnur Stephensen zu Grabe getragen.

Die beiden ersten Sargträger, die auf dem Foto zu sehen waren, wurden in der Bildunterschrift genannt:

Stadtrat Páll Jóhannesson und Bauunternehmer Högni Eyfjörð.

Vielleicht sollte sie auch versuchen, mit ihnen zu sprechen. Schaden konnte es jedenfalls nicht.

Sie nahm sich noch einmal die Zeitung mit den Nachrufen vor. Tatsächlich, auch Páll Jóhannesson hatte etwas über Finnur geschrieben. Er schilderte ihn als höchst anständigen, rechtschaffenen Mann und zitierte aus einem Gedicht. Aber von Högni konnte sie keinen Nachruf finden.

Sunna gab die Zeitungen zurück und schenkte dem Bibliothekar ein strahlendes Lächeln. Sie hätte schwören können, ein leichtes Zucken um seine Mundwinkel zu sehen, das man mit gutem Willen als Lächeln interpretieren konnte.

Ihre nächste Station war das Haus von Þórdís, doch als sie an der Bushaltestelle wartete, bekam sie plötzlich Zweifel. Die Frau hatte kürzlich ihren Mann verloren, und Sunna, die es schwer genug hatte, mit ihrem eigenen Kummer fertigzuwerden, wurde bewusst, dass sie wahrscheinlich nicht in der Verfassung war, Mitgefühl zu zeigen und ein offenes Ohr für die Sorgen anderer zu haben. In ihrer Familie redete man nie über seine Gefühle, weshalb sie darin keine Übung hatte.

Einer spontanen Eingebung folgend, ging sie zu einer nahen Telefonzelle. Ihr war eingefallen, dass Gunnar, den sie bei Valurs Beerdigung wiedergesehen hatte, Theologie studierte. Vielleicht würde er in so einer Situation eher die passenden Worte finden. Sunna fand seinen Namen im Telefonbuch – er wohnte in der Weststadt –, wählte seine Nummer und ließ es klingeln.

»Hallo, Gunnar Gunnarsson am Apparat.« Seine Stimme war sanft wie immer, sehr passend für einen angehenden Pfarrer.

»Hallo, Gunnar, hier ist Sunna«, sagte sie, während ihr zu spät einfiel, dass das eigentlich eine dämliche Idee war.

»Oh, hallo«, antwortete Gunnar überaus freundlich.

»Ich, äh … also, ich wollte dich fragen, ob du mir bei etwas helfen kannst.«

»Aber klar doch, immer gerne«, sagte Gunnar. »Ich brauche sowieso mal eine Pause von meiner Magisterarbeit.«

Sunna bat ihn, ins Café Mokka zu kommen, und eine halbe Stunde später erschien er dort, bekleidet mit hüftlanger blauer Jacke und Jeans. Ein bisschen zu trendy für einen Pfarrer, dachte Sunna, wobei ihr klar war, dass sie schwerlich jemanden finden würde, der besser geeignet war, mit einer trauernden Witwe zu sprechen, als diesen netten jungen Mann, der so viel Herzlichkeit und Anstand ausstrahlte.

Doch als sie ihm ihr Anliegen erläuterte, war Gunnar alles andere als begeistert.

»Sunna, das ist eine Aufgabe für die Polizei. Was machst du mit diesem Notizbuch? Es könnte Hinweise enthalten, die für die Ermittlung von entscheidender Bedeutung sind.«

»Die Polizei tut ja nichts«, entgegnete Sunna verächtlich, dann blickte sie ihn flehend an. »Da steht nichts Weltbewegendes drin, nur Namen und vage Spekulationen. Ich will lediglich wissen, ob Finnurs Witwe mir erklären kann, warum sein Name in dem Notizbuch auftaucht«, erklärte sie, obwohl sie die Antwort auf diese Frage schon zu kennen glaubte: Finnur und Óttar waren Freunde gewesen, mehr steckte nicht dahinter.

Endlich ließ Gunnar sich von ihren Bitten erweichen und fuhr sie in den Laugarásvegur. Es war kurz nach drei, also mehr oder weniger schon Kaffeezeit.

Sunna hob den massiven Türklopfer und schielte dabei zu den imposanten Löwenskulpturen, die auf Sockeln zu beiden Seiten der Auffahrt standen. Gunnar trat hinter ihr von einem Fuß auf den anderen und murmelte, dass Þórdís wahrscheinlich gar nicht zu Hause sei, und das wäre bei dieser Schnapsidee auch ganz gut so. Sunna ignorierte seine Warnungen. Die Tür ging auf.

Þórdís Alexandersdóttir war ganz in Schwarz gekleidet, in einem eleganten Kostüm. Als sie Sunna erblickte, erhellte ein freundliches Lächeln ihre Züge.

»Sie müssen Sunna sein. Und Sie sind …?«

»Gunnar Gunnarsson. Ein Freund von Sunna«, antwortete er – ein bisschen aufgeregt, wie Sunna fand, was bei ihm nicht allzu oft vorkam.

Doch er fasste sich schnell wieder. »Ich möchte Ihnen mein herzliches Beileid zum Tod Ihres Mannes aussprechen«, sagte er. »Ich habe gehört, dass Sie für heute mit Sunna verabredet sind. Ich hoffe, Sie haben nichts dagegen, dass ich mitgekommen bin.«

Þórdís betrachtete sie beide einen Moment lang. Sunna warf Gunnar einen raschen Seitenblick zu und sah, dass er seine höflichste Miene aufgesetzt hatte.

Dann sah Þórdís Sunna noch einmal fest in die Augen, ehe sie sagte: »Bitte, kommt rein.«

Das Haus war teuer, aber geschmackvoll eingerichtet – von den Gipslöwen in der Auffahrt abgesehen. Es war offensichtlich, dass die Eigentümer weit gereist waren und viele exotische Gegenstände als Souvenirs mitgebracht hatten. An den Wänden hingen Gemälde der isländischen Meister, aber auch Werke von jüngeren, aufstrebenden Künstlern, deren Namen Sunna zumeist nichts sagten. Die Bücherregale enthielten ebenfalls eine abwechslungsreiche Sammlung, wenngleich ein wenig konventioneller, mit all jenen Titeln, von denen die feine Gesellschaft glaubte, sie besitzen zu müssen, ohne sie unbedingt gelesen zu haben.

»Das mit Ihrem Bruder tut mir ja so leid«, begann Þórdís. »Nochmals mein herzliches Beileid.«

»Danke«, sagte Sunna leise.

»Sie sagten, dass er etwas über uns geschrieben hätte. Hat er nur Finnur erwähnt oder uns beide?«

»Nur Finnur. Haben Sie ihn gekannt? Valur, meine ich.«

Þórdís schüttelte den Kopf – ziemlich theatralisch, fand Sunna. »Nein, ich habe Ihren Bruder leider nicht gekannt, Sunna.«

Sunna schoss der Gedanke durch den Kopf, dass Þórdís Julia sein könnte, die Frau, die Valur angerufen hatte.

»War Ihr Mann zufällig mit Lára bekannt?«

»Nein.«

»Und Sie?«

»Nein …«

»Aber Sie kennen Óttar und Ólöf, das Ehepaar, bei dem Lára auf Viðey gearbeitet hat?«

»Óttar und Finnur waren Freunde. Sie kannten sich fast ihr ganzes Leben lang.«

An diesem Punkt schaltete sich zu Sunnas Verärgerung Gunnar ein. »Uns ist bewusst, dass dies für Sie eine schwere Zeit sein muss – wir …«

»Machen Sie sich keine Gedanken um mich«, fiel ihm Þórdís ins Wort. »Ich erinnere mich an die Sache mit Lára, wie jeder hier in Island. Wie ich bereits sagte: Mein Mann und ich haben sie nicht gekannt. Haben Sie mit Óttar gesprochen?«

»Noch nicht.« Sunna hielt kurz inne, dann beschloss sie, den Sprung zu wagen: »Ich glaube, dass Valur ermordet wurde – wegen Lára.«

Þórdís war sichtlich erschüttert. »Das … nein, ich kann das nicht glauben, nein …«

»Er wurde vor einen Bus gestoßen«, beharrte Sunna.

Þórdís erstarrte vor Entsetzen. »Gütiger Himmel. Warum wurde das in den Nachrichten nicht erwähnt?«

Im nächsten Moment war sie schon aufgestanden.

»Es tut mir leid, aber ich kann Ihnen nicht helfen. Und das mit Ihrem Bruder tut mir entsetzlich leid«, wiederholte sie. Sie blickte Sunna mit großen Augen an, als ob ihre Maske plötzlich Risse bekommen hätte.

Ein wenig verdutzt über ihre Reaktion, erhoben sich Sunna und Gunnar ebenfalls und folgten ihr in den Hausflur.

Gunnar schüttelte Þórdís zum Abschied die Hand. »Danke, dass Sie sich die Zeit genommen haben, mit uns zu sprechen. Falls Ihnen später noch etwas einfällt, finden Sie uns beide im

Telefonbuch: Gunnar Gunnarsson, Theologiestudent, und Sunna Róbertsdóttir.«

Þórdís schenkte ihm ein Lächeln, dann ergriff sie Sunnas Hand. »Viel Glück, meine Liebe«, sagte sie mit bebender Stimme und schloss die Tür hinter ihnen.

Sie blieben ein wenig unschlüssig vor dem Haus stehen. Obwohl die Sonne schien, wehte ein kühler Wind durch die Straße.

»Sie weiß mehr, als sie zugibt«, sagte Sunna voller Überzeugung.

»Das glaube ich nicht. Lassen wir es einfach gut sein.«

Sunna seufzte. Sie mochte Gunnar, aber vielleicht wäre es doch besser, wenn sie ohne ihn mit Óttar und Ólöf redete. Es würde sich vielleicht lohnen, auch den beiden Sargträgern, Páll und Högni, einen Besuch abzustatten.

»Weißt du, was? Ich glaube, du hast recht. Besser, ich vergesse das Ganze eine Zeit lang und konzentriere mich auf meine Magisterarbeit«, sagte Sunna lächelnd, während sie insgeheim weiterhin fest entschlossen war, die Wahrheit aufzudecken.

1986

3. September

»Sie müssen Sunna sein.«

Es war Margréts Vater Jökull, der die Tür öffnete. Der Anblick des ehemaligen Justizministers war Sunna aus Presse und Fernsehen seit Jahren so vertraut, dass sie das Gefühl hatte, live bei den Abendnachrichten dabei zu sein – es fehlte nur noch der Moderator.

Aus Jökulls brüskem Tonfall und seiner unfreundlichen Miene schloss Sunna, dass sie nicht gerade willkommen war. Umso mehr musste sie Margrét bewundern – es hatte zwar eine Weile gedauert, aber irgendwie hatte sie es doch geschafft, den Widerstand ihrer Eltern zu überwinden und sie zu überreden, dieses Treffen mit Óttar und Ólöf zu arrangieren. Sunna wusste aus Valurs Notizbuch, dass alle seine Versuche, an das Ehepaar heranzukommen, gescheitert waren. Sie war ein wenig stolz darauf, dass sie die brillante Idee gehabt hatte, Margrét einzuspannen, um dieses Gespräch zu ermöglichen, und damit etwas geschafft hatte, was ihrem Bruder nicht gelungen war.

»Ja, ich bin Sunna«, sagte sie, während sie sich die Schuhe auszog. Dabei warf sie einen Blick ins Wohnzimmer und sah, dass die Gäste bereits eingetroffen waren.

»Wir haben nicht viel Zeit, wir sind nämlich zum Abendessen verabredet«, sagte Jökull und senkte die Stimme. »Ich bin mir nicht ganz sicher, wozu das Ganze gut sein soll, aber Margrét hat mich geradezu angefleht, Ihnen eine Gelegenheit zu einem Gespräch mit Óttar und Ólöf zu verschaffen. Aber nur damit das klar ist: Die beiden sind Freunde von uns, und ich werde mir keine faulen Tricks gefallen lassen.«

Sunna musste innerlich grinsen, als sie den ehrenwerten Herrn Minister – oder vielmehr Ex-Minister – einen Ausdruck wie »faule Tricks« in den Mund nehmen hörte.

»Nein, keine faulen Tricks«, versicherte sie ihm mit todernster Miene.

»Óttar, Ólöf«, sagte Jökull daraufhin mit lauterer Stimme. »Das ist Sunna, die euch unbedingt kennenlernen will. Wie ich bereits sagte, ist sie die Schwester des kürzlich verstorbenen Reporters Valur Róbertsson. Ich habe ihr erklärt, dass wir nicht viel Zeit haben, aber sie möchte kurz mit euch über diese Sache sprechen, an der Valur für dieses … dieses Wochenblatt gearbeitet hat.« Sein Ton war so verächtlich, dass er ebenso gut »dieses Schundblatt« hätte sagen können.

Óttar erhob sich und gab ihr die Hand. »Mein herzliches Beileid.«

»Danke.«

Sunna hatte im Verzeichnis der zugelassenen Rechtsanwälte der isländischen Anwaltskammer ein altes Foto von Óttar gefunden, aber er war seither gealtert: Sein eisengraues Haar war an den Schläfen schütter geworden, und seine Augen wirkten müde. Andererseits hatte sich sein Modegeschmack seit den Fünfzigerjahren offenbar nicht verändert, nach dem grauen Zweireiher mit Fliege und seidenem Einstecktuch zu urteilen.

Im Gegensatz dazu war die Frau an seiner Seite die Unscheinbarkeit in Person mit ihren dünnen, strähnigen Haaren und ihrem beigefarbenen Kostüm. Ihr ganzes Gebaren drückte Unbehagen aus. Die beiden saßen nebeneinander auf dem hellen Sofa und hatten Getränke vor sich stehen – seines sah nach einem Gin Tonic mit einer Zitronenscheibe aus, bei ihr war es etwas Rosafarbenes in einem Weinglas, vielleicht ein Kir Royal. Auch Jökull und seine Frau Nanna hielten Gläser in der Hand, doch sie machten keine Anstalten, Sunna etwas anzubieten. Margrét saß in sicherer Entfernung in der Ecke, auf einem antiken Stuhl mit besticktem Rückenpolster. Neben ihr tickte eine Standuhr gravitätisch vor sich hin, und in der Luft hing der Geruch von Zigarettenrauch, obwohl die Aschenbecher leer waren. Der Boden war mit einem hochflorigen hellen Teppich ausgelegt, die Vorhänge waren aus weinrotem Samt.

Óttar ergriff wieder das Wort: »Wie Sie sich vorstellen können, haben wir im Lauf der Jahre oft und ausgiebig über Láras Verschwinden gesprochen, und wir sind schon vor langer Zeit zu dem Entschluss gelangt, dass wir uns nicht mehr öffentlich zu der Tragödie äußern wollen. Lára war in unserer Obhut, als sie verschwand. Aber wir haben nie eine Antwort auf die Frage bekommen, was mit ihr passiert ist, und wir sind nie ganz über den Vorfall hinweggekommen. Es ist eine Tragödie, wenn ein Mädchen in der Blüte seiner Jahre einfach so verschwindet. Aber irgendwann muss man einen Schlussstrich unter die ganze Sache ziehen, und das haben wir, wie gesagt, schon vor langer Zeit getan. Wir haben keine Erklärung für das, was geschehen ist, und … nun, um ehrlich zu sein, ich habe meine Zweifel, ob Ihr Bruder wirklich auf etwas Entscheidendes gestoßen war. Ich glaube nicht, dass das Rätsel jemals gelöst werden wird. Nicht so viele Jahre nach dem Vorfall.«

»Ich bin fest davon überzeugt, dass mein Bruder …«

Diesmal fiel Óttar ihr einfach ins Wort. »Sunna, ich kann sehr gut verstehen, dass Sie Ihrem Bruder vertraut haben. Ich verstehe auch, dass Sie unbedingt glauben wollen, dass er Lára finden würde. Aber lassen Sie es sich von mir gesagt sein:

Das ist absurd. Ich lebe schon zu lange mit diesem Fall. Ich bin älter und erfahrener als Sie, ich bin seit fast vierzig Jahren Rechtsanwalt, und ich weiß, wann jemand blufft und wann er die Wahrheit sagt. Glauben Sie mir, diese Meldung in den Fernsehnachrichten war mit an Sicherheit grenzender Wahrscheinlichkeit ein Bluff. Ich kenne den alten Dagbjartur und seine Tricks. Er würde vor nichts zurückschrecken, um seine Zeitung zu verkaufen. So war er schon immer. So viel dazu – und wie können wir Ihnen denn nun behilflich sein?«

Er setzte sich wieder. Sein Lächeln war einigermaßen freundlich, doch Sunna ließ sich davon nicht täuschen – sie spürte die Kälte dahinter. Óttar hätte einen guten Politiker abgegeben, einen wie Margréts Vater. Einen Moment lang hatte Sunna sogar geglaubt – fast geglaubt –, dass er ihr wirklich helfen wollte.

Sie überlegte hin und her, was sie erwidern sollte, dann zog sie Valurs Notizbuch hervor, in dem sie sich einige Fragen an das Ehepaar notiert hatte.

»Als Erstes wollte ich Sie fragen, ob Sie einen Mann namens Finnur Stephensen gekannt haben, der vor Kurzem verstorben ist. Er hatte ein Großhandels…«

Es war wieder Óttar, der antwortete, während seine Frau den Blick senkte. Ihre Miene war sorgenvoll, und sie brachte es offenbar nicht fertig, Sunna in die Augen zu sehen.

»Finnur, ja. Das kam sehr plötzlich. Er hatte Krebs, der Ärmste, und es war nur eine Sache von ein paar Wochen – allenfalls von ein oder zwei Monaten. Er war in meinem Alter – sogar ganz genauso alt wie ich. Island ist ein kleines Land, das muss ich Ihnen nicht sagen. Hier kennt jeder jeden.«

»Na ja, das ist vielleicht ein bisschen übertrieben«, meinte Sunna, »aber mit anderen Worten, Sie haben ihn gekannt? Sie und Ihre Frau?«

Wieder versuchte sie vergeblich, Blickkontakt mit Ólöf aufzunehmen.

»Wir sind zusammen zur Schule gegangen, falls Ihnen das hilft. Andererseits war ich mit sehr vielen Leuten zusammen auf der Schule, und ich kann nicht sagen, dass ich mit allen näher bekannt bin. Ich bin mir nicht ganz sicher, worauf Sie hinauswollen.« Óttar rümpfte die Nase.

»Was ist mit Ihnen, Ólöf? Haben Sie Finnur gekannt?«

Die Frau hielt den Blick gesenkt und antwortete nicht. Verwundert über ihr Schweigen, sah Sunna sie unverwandt an, doch es schien keinen Effekt zu haben.

»Wann haben Sie Finnur das letzte Mal gesehen?« Sunna gab es auf und richtete die Frage wieder an Óttar.

»Ich erinnere mich nicht, aber ich würde vermuten, es war vor zwei oder drei Jahren, bei einem unserer Klassentreffen.«

»Sie waren also in einer Klasse?«

»Ja, wie ich bereits sagte.« Óttars Ton hatte sich ein wenig verändert, er klang nicht mehr ganz so selbstsicher.

»Sie haben eigentlich nur gesagt, dass Sie zusammen zur Schule gegangen sind. Waren Sie auf seiner Beerdigung?«

Óttar zögerte einen Moment, dann antwortete er: »Selbstverständlich. Würden Sie etwa nicht auf die Beerdigung eines Klassenkameraden gehen?«

»Nicht unbedingt bei allen«, sagte Sunna, dann stellte sie ihre nächste Frage: »War er jemals auf Viðey?«

»Wer?«

Sunna lächelte. Das war ein durchsichtiger Versuch von Óttar, Zeit zu schinden. »Finnur.«

»Oh, Finnur. Woher soll ich das wissen?«

»Ich meinte, hat er Sie und Ihre Frau auf Viðey besucht?«

»Wir hatten nicht viele Besucher, als wir dort wohnten. Es ist ein bisschen abgelegen.«

»Kannte er Lára?«

»Was soll der Unsinn?« Óttar sah zu seinem Gastgeber.

Jökull schritt auch sogleich ein. »Sunna, wir haben Sie aus Höflichkeit in unser Haus eingeladen, damit Sie kurz mit Óttar und Ólöf sprechen können. Ich habe nicht damit gerechnet, dass Sie die Gelegenheit für ein Verhör ausnutzen würden. Sie benehmen sich geradezu, als ob Sie im Auftrag der Polizei ermitteln.«

In diesem Moment kam von Margréts Mutter Nanna, die ein pastellfarbenes Kleid mit Längsstreifen trug, ein Hüsteln. »Sunna, es ist verständlich, dass Sie vom Tod Ihres Bruders erschüttert sind, aber ich kann mir nicht vorstellen, was Sie mit diesen ganzen Fragen erreichen wollen.« Sie bedachte zuerst Sunna und dann ihre Tochter, die immer noch still in ihrer Ecke saß, mit einem eisigen Blick.

Sunna nahm ihren Mut zusammen und sagte: »Valur hat zu Láras Verschwinden recherchiert. Sie verschwand, als sie für Óttar und Ólöf arbeitete. Ich habe Beweise … Indizien …, die Finnur Stephensen mit Lára in Verbindung bringen. Und wie wir gerade festgestellt haben, kannten Sie und Ihre Frau sowohl Lára als auch Finnur.«

»Was für Beweise?«, fragte Óttar, der jetzt offenbar in den Anwaltsmodus schaltete, in aggressivem Ton.

»Das kann ich Ihnen leider nicht sagen«, entgegnete Sunna, die den Eindruck zu erwecken versuchte, alle Trümpfe in der Hand zu halten. »Valur arbeitete gerade an einem Artikel darüber, als er ermordet wurde.«

Ein leiser Schrei entrang sich Ólöfs Lippen. »Ermordet?«

Sunna hatte sie genau beobachtet und sah, dass sie Angst hatte.

Óttar fixierte Sunna mit finsterem Blick und fragte mit so klarer und deutlicher Aussprache, als ob er in einem Hörspiel mitwirkte: »Gibt es irgendwelche konkreten Beweise, dass Ihr Bruder ermordet wurde?«

Sunna zuckte nicht mit der Wimper. »Er wurde vor einen Bus gestoßen.«

Darauf erwiderte Óttar nichts.

»Ist Finnur Stephensen Ihres Wissens jemals Lára begegnet? Hat er Sie und Ólöf auf Viðey besucht?«

»Es ist möglich«, sagte Óttar. »Aber es ist so lange her, und Sie können nicht erwarten, dass ich mich an jeden erinnere, der...«

Sunna fiel ihm ins Wort. »Aber gerade eben haben Sie gesagt, dass es so abgelegen war, dass Sie nicht viel Besuch bekamen.«

Óttar zögerte kurz, dann sagte er: »Ich kann mich nicht erinnern, dass Finnur uns besucht hat. Aber Finnur Stephensen hätte sich nie irgendein Verbrechen zuschulden kommen lassen. Er war ein höchst rechtschaffener, anständiger Mann.«

»Sind Sie mit Páll Jóhannesson vom Stadtrat bekannt?« Wieder richtete Sunna die Frage an Óttar.

In diesem Augenblick stand Jökull auf. Er wirkte äußerst verärgert. »Das reicht. Es gibt eine Grenze. Das hier ist mein Haus.« Er wies zur Wohnzimmertür. Auch seine Frau Nanna stand auf.

»Danke für das Gespräch«, sagte Sunna unbeeindruckt. »Ich wünsche Ihnen noch einen angenehmen Abend.«

Margrét kam beinahe verstohlen aus ihrer Ecke hervor und begleitete Sunna aus dem Zimmer.

»Das hat ihnen gar nicht gefallen«, sagte Margrét mit schwacher Stimme.

»Ganz und gar nicht«, stimmte Sunna ihr zu. »Und was sagt uns das? Óttar weiß etwas. Finnur muss sie auf Viðey besucht haben.«

»Das ist anzunehmen«, sagte Margrét. »Papa war nicht sehr erfreut darüber …«

»Danke, Margrét«, sagte Sunna. Sie spürte, dass Margrét ehrlich bemüht war, ihr zu helfen, und das bedeutete ihr viel. »Wir hören voneinander.«

Margrét nickte und lächelte verzagt.

Im Weggehen blickte Sunna sich noch einmal um und sah, dass Jökull ihr von der Haustür aus nachsah. Aber was kümmerte sie das? Sie musste zum Bus.

Die Dämmerung brach herein, und die Straßenlaternen waren schon eingeschaltet. In dem fast leeren Bus dröhnte Radio 2 aus den Lautsprechern.

Sunna schloss die Augen und spürte, wie die Anspannung allmählich aus ihren Muskeln wich.

Sie hatte jetzt hervorragendes Material für ihren Artikel – ihren gemeinsamen Artikel. Mit etwas Glück stand als Nächstes ein Besuch bei Stadtrat Páll Jóhannesson auf dem Programm.

1986

4. September

»Der Film ist echt spitze«, schwärmte Margrét. »Und Tom Cruise auch.«

Sie standen während der Pause in der Schlange am Kiosk des Uni-Kinos. Margrét hatte Sunna überraschend angerufen und gefragt, ob sie mit ihr in *Top Gun* gehen wolle, den Kinohit der Saison. Sie hatte erklärt, dass sie gerne mit ihr in Kontakt bleiben würde, und es klang ehrlich. Trotzdem hatte sich Sunna gefragt, ob dieses freundliche Angebot vielleicht auch die Unhöflichkeit ihrer Eltern wettmachen sollte. Ansonsten war Sunnas Tag eher ruhig verlaufen, abgesehen davon, dass es ihr gelungen war, einen Termin bei Stadtrat Páll Jóhannesson zu bekommen, allerdings erst für Ende des Monats.

»Ja, der Film ist nicht schlecht«, stimmte Sunna ihr zu. Im Gegensatz zu Valur war sie keine regelmäßige Kinogängerin, da sie sich mehr für Bücher als für Filme interessierte. Und dieser hier war auch nicht direkt nach ihrem Geschmack. Sie hätte etwas mit nicht ganz so viel Action bevorzugt, wie zum Beispiel *Die Farbe Lila*, der im Austurbær-Kino lief.

Obwohl Sunna nicht unfreundlich wirken wollte, wahrte sie instinktiv eine gewisse Distanz zu Margrét. Sie konnten keine Freundinnen werden, dachte sie – das würde irgendwie nicht funktionieren. Sie kamen aus so verschiedenen Welten: Sunna war ein Mädchen vom Land, Margrét die Tochter eines konservativen Politikers aus Garðabær.

»Was machst du am Wochenende?«, fragte Margrét. Sie warteten immer noch darauf, bedient zu werden. Sunna wurde allmählich ungeduldig; es war ihr unangenehm, sich so lange mit Margrét unterhalten zu müssen. Im Kinosaal neben ihr zu sitzen, das war eine Sache, da musste man schließlich nicht so viel reden, aber sie würde auf keinen Fall am Samstagabend mit Margrét ausgehen, falls die Frage darauf abzielte.

»Ich habe keine besonderen Pläne«, sagte sie und merkte zu spät, dass diese Antwort viel zu offen war. »Ich meine, ich wollte mir dieses Wochenende für meine Magisterarbeit reservieren. Ich würde gerne am Ende des Semesters meinen Abschluss machen, das hatte ich doch erwähnt, oder nicht? Aber ich komme nicht so recht voran.«

»Du solltest dich ein bisschen schonen.«

Margrét war eigentlich ganz in Ordnung – unter anderen Umständen hätten sie vielleicht sogar Freundinnen werden können. Wenn nur Valur nicht gestorben wäre … Das war der Anfang und das Ende aller ihrer Gedanken. Ihr Leben verlief in einem monotonen Trott, jeder Tag eine Wiederholung des vorherigen, auch wenn sie sich aus der Ferne betrachtet unterscheiden mochten.

»Und du?«, fragte Sunna mechanisch.

»Ich gehe wahrscheinlich ins Hollywood, wie üblich.« Das Hollywood war eine der größten Discos in der Stadt.

Sie ist ziemlich schnell über Valur hinweggekommen, dachte Sunna missmutig, obwohl das natürlich unfair war. »Okay«, sagte sie.

»Ich meine, nicht unbedingt zum Trinken oder Tanzen oder so. Aber meine Freundinnen gehen da immer hin, und es ist eine Abwechslung vom Alltag. Es ist nicht leicht, die ganze Zeit zu Hause zu sitzen und über Valur nachzudenken.«

»Ja«, erwiderte Sunna höflich.

»Was darf's für dich sein?«

Ohne es zu merken, hatten sie den Anfang der Schlange erreicht.

»Nur Popcorn und eine Cola, bitte«, sagte Sunna.

»Hör mal, ehe ich's vergesse – da war letztes Wochenende ein Mädchen im Hollywood …«, sagte Margrét unvermittelt. Offenbar hatte sie vergessen, dass der Junge hinter dem Tresen auf ihre Bestellung wartete.

»Margrét, was nimmst du?«, erinnerte Sunna sie.

»Was? Ach so, auch bloß Popcorn. Und eine Cola Light, falls ihr das habt.«

Der Junge nickte.

Margrét wandte sich wieder Sunna zu. »Ja, da war dieses Mädchen – ich habe völlig vergessen, es dir zu sagen. Sie hat nach Valur gefragt.«

»Nach Valur?« Niemandem, der regelmäßig die Nachrichten sah, konnte es entgangen sein, dass Valur bei einem Unfall ums Leben gekommen war. Der junge Journalist, der mit seinen Artikeln »die Aufmerksamkeit der Öffentlichkeit auf sich gezogen hatte«, war schlagartig in den Heiligenstand erhoben worden, sein Bild war in allen Zeitungen – ihr großer Bruder, den vor der Tragödie noch kein Mensch gekannt hatte. »Was wollte sie über ihn wissen?«

»Oh, es ging nicht darum, dass sie etwas über ihn wissen wollte. Sie heißt Katrín, sie ist eine Freundin von mir. Valur hatte sie über mich kennengelernt. Und sie hat gesagt, er hätte sie vor Kurzem angerufen, weil sie beim Statistikamt arbeitet.«

»Was? Vor Kurzem? Wann genau?« Sunna blieb am Tresen stehen, obwohl sie Popcorn und Cola schon erhalten hatte.

»Vor seinem Tod, meinte sie.«

Sunna seufzte genervt. »Aber wann genau?«

»Kurz vor seinem Tod, wollte ich sagen.«

»Was hat er von ihr gewollt?«

Jemand tippte Sunna auf die Schulter, und sie zuckte so heftig zusammen, dass sie ihr Popcorn verschüttete.

»Entschuldigt, aber der Film geht gleich weiter, also würdet ihr zwei vielleicht mal Platz machen?«

Sunna wich hastig zur Seite aus und folgte Margrét zurück in den Saal.

»Warum hat Valur sie angerufen?«, fragte sie, sobald sie ihre Plätze wieder eingenommen hatten.

»Es ging um irgendeine Frau. Er hat sie gebeten, den Namen einer Frau nachzuschlagen.«

»Welchen Namen?«

»Ich kann mich nicht erinnern, vielleicht hat sie ihn mir auch nicht gesagt. Die Musik war so laut.«

»Und hat sie es gemacht?«

»Was?«

»Den Namen der Frau nachgeschlagen?«

»Ja, ich glaube schon, aber er hat nicht mehr angerufen. Du kannst sie selbst fragen, wenn du möchtest. Katrín Guðjónsdóttir, beim Statistikamt. Am besten schaust du einfach während der Öffnungszeiten vorbei. Es sei denn, du willst an diesem Wochenende mitkommen – sie ist immer im Hollywood.«

»Nein, danke. Ich gehe lieber zu ihr ins Büro.«

Sie wurden von einem gellenden Schrei und lautem Getöse unterbrochen – der Film hatte wieder angefangen, nachdem er wie üblich einfach mitten in der Szene unterbrochen worden war. Es wurde still im Saal, abgesehen vom unvermeidlichen Rascheln und Knuspern der Popcornesser.

1986

5. September

Es war wahrscheinlich reine Zeitverschwendung, aber so kam Sunna wenigstens vor die Tür, und das war doch auch schon etwas wert. Wenn Margrét ihr nicht von ihrer Freundin beim Statistikamt erzählt hätte, wäre Sunna wohl den ganzen Freitag in ihrer Wohnung geblieben und hätte vorgegeben, an ihrer Magisterarbeit zu schreiben.

Sie war ungewöhnlich früh aufgewacht, schon um kurz nach sieben, hatte sich eine Schüssel Cheerios zum Frühstück gemacht und automatisch Bylgjan, »Die Welle«, eingeschaltet. Seit der neue Radiosender vor einer Woche den Betrieb aufgenommen hatte, hörte Sunna nichts anderes mehr – Radio 2 hatte ohnehin schon längst seinen Reiz verloren. Es war einfach so aufregend, ein neues Radioprogramm zu haben, mit all den neuen Stimmen, die man kennenlernen konnte. Und bald würden auch auf den Fernsehbildschirmen neue Gesichter auftauchen. Wenn Valur nicht gestorben wäre ... die immer gleichen Gedanken gingen ihr im Kopf herum ... Dann hätte er vielleicht irgendwann für Bylgjan gearbeitet, oder er wäre der Star des neuen Fernsehsenders TV2 geworden.

Das Statistikamt hatte seinen Sitz im zweiten Stock eines funktionalen Gebäudes an der Hverfisgata. Sunna traf kurz nach neun dort ein und fragte nach der Person, von der Margrét gesprochen hatte.

Obwohl Katrín sie nicht erwartet hatte, empfing sie Sunna freundlich. Nachdem Sunna kurz erklärt hatte, wer sie war, bat Katrín sie in ein kleines Büro mit Blick auf die herbstliche Straße.

»Ich bin Valur nur ein- oder zweimal begegnet, aber ich war so geschockt, als ich davon hörte. Ich weiß gar nicht, was ich sagen soll.« Ihr Tonfall war herzlich.

»Du musst gar nichts sagen.«

»Entschuldige bitte die Unordnung, aber ich bin gerade erst in dieses Luxusbüro umgezogen und noch dabei, mich einzurichten. Vorher hatte ich mir ein Büro mit zwei anderen Kollegen geteilt, aber ich arbeite mich langsam die Leiter hoch.« Sie grinste.

»Verstehe.« Sunna lächelte höflich. »Ich wollte dich nur nach deinem Gespräch mit Valur fragen …«

»Ja, natürlich. Er hat mich angerufen. Ich habe versucht, mich an das Datum zu erinnern, und es war am Morgen der Zweihundertjahrfeier.«

An seinem Todestag.

Katrín fuhr fort: »Er bat mich, den Namen einer Frau nachzuschlagen – Arnfríður Leifsdóttir. Normalerweise lehne ich solche Bitten ab, aber – na ja, er war der Freund meiner Freundin. Ich hatte kein Problem damit, ihm zu helfen. Ich habe die ganze Zeit gewartet, dass er sich noch einmal meldet, aber dann kam ja die Nachricht …«

Einen Moment lang herrschte betretenes Schweigen.

»Wer ist diese Arnfríður? Oder gibt es mehr als eine?«

»Es gibt insgesamt drei, von denen zwei noch leben. Eine ist 1940 gestorben. Ich habe das alles für ihn auf einem Zettel notiert – das heißt, die wenigen Informationen, die ich habe. Ich weiß nichts über diese Frauen, aber ich bin sicher, dass du mit ein bisschen Detektivarbeit mehr herausfinden kannst.«

Sie gab Sunna den Zettel. »Weißt du, warum Valur mich nach dieser Frau gefragt hat?«

Sunna schüttelte den Kopf. »Ich habe keine Ahnung, aber ich bin dir dankbar, dass du Margrét davon erzählt hast.«

»Ich hoffe, du kannst etwas damit anfangen.«

»Bestimmt«, antwortete Sunna, obwohl sie eigentlich das Gefühl hatte, wieder ganz am Anfang zu stehen. Sie hatte keine Ahnung, was ihren Bruder veranlasst hatte, nach dieser Frau zu fragen. Vielleicht war er einer ganz neuen Spur in dem Fall nachgegangen, von der sie nichts wusste.

1986

12. September

Sunna wurde vom Schrillen des Telefons aus dem morgendlichen Schlummer gerissen. Sie wollte eigentlich nicht so lange schlafen, aber sie hatte derzeit so wenige dringende Verpflichtungen, dass sie sich den Luxus leisten konnte.

Sie rieb sich den Schlaf aus den Augen, während sie in den Flur lief. Verpasste Anrufe machten sie immer nervös – sie fragte sich dann den ganzen Tag, wer wohl versucht hatte, sie zu erreichen, und ob ihr vielleicht irgendein aufregendes Angebot entgangen war.

Die Woche war ohne größere Ereignisse verlaufen. Sunna war zweimal in der Tjarnargata gewesen in der Hoffnung, Högni Eyfjörð abzufangen, beide Male ohne Erfolg. Dann hatte sie bei Láras Eltern einen Brief eingeworfen, in dem sie sie um ein Gespräch bat. Sie hatte auch noch einmal versucht, Gréta Grímsdóttir zu erreichen, doch die Frau ging immer noch nicht ans Telefon.

Vielleicht war es ja Gréta, die jetzt anrief, oder Láras Eltern. Dann fiel ihr ein, dass es vielleicht endlich der lang erwartete Anruf von der Literaturzeitschrift war. Im vergangenen Sommer hatte sie eine Kurzgeschichte in einen Umschlag gesteckt und an den Herausgeber geschickt in der Hoffnung, dass sie eines Tages veröffentlicht würde, vielleicht zusammen mit

Texten etablierter Autoren. Was natürlich reines Wunschdenken war – die Zeitschrift wurde bestimmt von Literaturstudentinnen und -studenten mit Kurzgeschichten und Gedichten überhäuft, die wahrscheinlich alle auf dem großen Stapel unverlangt eingesandter Manuskripte landeten oder gleich ungelesen in den Papierkorb wanderten. Als Kind hatte sie Geschichten und Gedichte an die Zeitschrift *Jugend* geschickt, die so gut wie alles von ihr abgedruckt hatte. Mit Literatur für Erwachsene war es offensichtlich nicht ganz so einfach, einen Fuß in die Tür zu bekommen.

Und dennoch gestattete sie sich an diesem sonnigen Morgen die Hoffnung, dass es der Herausgeber der Literaturzeitschrift war, der anrief, um ihr die wunderbare Nachricht zu überbringen, dass ihre Geschichte in der nächsten Ausgabe erscheinen würde.

»Spreche ich mit Sunna?« Eine Männerstimme.

»Ja. Wer ist da, bitte?«

»Sunna, hier ist Jökull Thorarensen, der Rechtsanwalt.«

Er war der Allerletzte, von dem sie einen Anruf erwartet hätte. Seltsam, dass er sich so förmlich vorstellte, anstatt einfach zu sagen, dass er Margréts Vater war, aber vielleicht sollte sie dankbar sein, dass er nicht auch noch hinzugefügt hatte, dass er der ehemalige Justizminister war.

»Oh, hallo«, antwortete sie ein wenig argwöhnisch, während sie sich fragte, was in aller Welt er von ihr wollte.

»Der Hauptgrund für meinen Anruf ist, dass ich mich für meine … ähm … Wortwahl bei Ihrem Besuch letzte Woche entschuldigen möchte. Wir waren natürlich alle recht aufgeregt, aber ich hätte höflicher sein müssen. Das ist sonst gar nicht meine Art, und ich hoffe, Sie haben es sich nicht zu sehr zu Herzen genommen. Uns ist natürlich bewusst, dass Sie einen schweren Verlust erlitten haben, genau wie unsere Tochter.«

»Es ist für uns alle schwer, aber danke für Ihren Anruf.«

»Das ist das Mindeste, was ich tun kann. Übrigens, wie kommen Sie voran mit …« Er hielt inne, als ob er nach dem richtigen Wort suchte: »… mit Ihren, äh, Recherchen?«

»Ich mache Fortschritte, aber nur langsam.«

»Rechnen Sie damit, der Sache auf den Grund zu kommen? Das Ganze war natürlich eine unerhörte Geschichte – ein Mädchen, das einfach so verschwindet. Ich persönlich vermute ja, dass sie ins Wasser gegangen ist und dass nichts weiter dahintersteckt.«

Mit ihrem ganzen Gepäck?, hätte Sunna am liebsten eingewandt.

»Um ehrlich zu sein, ich habe nicht ernsthaft die Hoffnung, Lára zu finden«, erwiderte sie. »Aber es war Valur wirklich wichtig – deshalb gehe ich der Sache nach. Das ist alles.«

»Ich verstehe. Viel Glück dabei, Sunna. Und alles Gute für Ihr Studium. Margrét hat mir erzählt, dass Sie Isländisch oder Literatur oder so etwas in der Art studieren?«

»Das stimmt.« Sie hatte keine Lust, ihm den Unterschied zwischen den Studiengängen Isländische Sprache und Literatur und Vergleichende Literaturwissenschaft zu erklären.

Im Lauf des Tages zog sich die Sonne hinter eine Wolkenbank zurück, und es begann zu regnen. Der Herbst hatte in Reykjavík Einzug gehalten, färbte die ersten Blätter gelb und den Himmel grau.

Sunnas Wohnung sah aus, als hätte eine Bombe eingeschlagen. Der Wäschekorb im Bad quoll über, weil sie noch nicht dazu gekommen war, ihn in den Keller zu tragen und die Schmutzwäsche in die Waschmaschine zu stopfen. Ihre Magisterarbeit bestand aus losen Papierstapeln, die über den

Couchtisch verteilt waren, und das schäbige Sofa war unter Büchern begraben. In der Küche wurde das Brot schimmlig. Sie hatte in letzter Zeit kaum Appetit, aus Kummer und wegen ihrer Besessenheit von der Lára-Geschichte.

Nachdem sie auf der Suche nach einer sauberen Unterhose die ganze Wohnung auf den Kopf gestellt hatte, schwor sie sich, am Abend endlich zu waschen. Eine Sichtung der begrenzten Auswahl in ihrem Kleiderschrank ließ sie entmutigt zurück. Endlich entschied sie sich für ein orangefarbenes Kleid, das sich besser für eine Gartenparty im Hochsommer geeignet hätte, und entschärfte es ein wenig, indem sie eine weinrote Strickjacke darüber anzog. Ein passender weinroter Lippenstift und ein wenig Mascara komplettierten den Look. Sunna zeigte ihrem Spiegelbild die Zähne. Sie war bereit, wieder in den Kampf zu ziehen und einen neuen Versuch zu unternehmen, Högni Eyfjörð zu erwischen.

In der engen Diele blieb sie stehen und zögerte. Es regnete inzwischen in Strömen, und das einzig Vernünftige wäre gewesen, eine Regenjacke und Stiefel anzuziehen, aber der Mann, den sie zu treffen hoffte, war ein notorischer Schürzenjäger, und er würde sie mit Sicherheit freundlicher empfangen, wenn sie hohe Absätze und eine Sommerjacke trug. Nachdem sie eine Weile unschlüssig verharrt hatte, entschied sie sich für die High Heels, die sie nur als äußerste Notlösung trug, da sie nie richtig gelernt hatte, darin zu gehen. Sie war einfach der Turnschuh-Typ. Dann zwängte sie ihre Arme in die leichte Sommerjacke, die über der Strickjacke ein wenig eng war. Sie würde das Geld für ein Taxi opfern müssen, denn wenn sie total durchnässt bei Högni aufkreuzte, hätte sie sich ganz umsonst in Schale geworfen.

Als sie endlich in der Tjarnargata ankamen, hatte der Taxifahrer seine Analyse der wichtigsten politischen Streitfragen des Tages abgeschlossen. Offenbar wusste er, wem das Haus gehörte, vor dem sie ihn anzuhalten bat.

»Sie wollen zu Högni Eyfjörð, hm?«, fragte er. »Sind Sie in der Baubranche? Oder haben Sie etwa vor, ein Haus zu bauen?«

»Nein, ich arbeite nicht in der Branche«, antwortete sie beiläufig und ignorierte seinen spöttischen Tonfall. »Aber es stimmt, ich will zu Högni Eyfjörð.«

»Der hat Geschmack, der Mann«, sagte der Taxifahrer. »Hat sich ein jüngeres Modell zugelegt, wie ich sehe.« Er zwinkerte Sunna zu. Sie lächelte nur und drückte ihm einen Schein in die Hand.

Es regnete immer noch. Sunna schlug den Jackenkragen hoch und eilte die Stufen zu dem eleganten Holzhaus hinauf, das in krassem Kontrast zu den Betonkästen stand, die Högni Eyfjörð den Einwohnern von Reykjavík zumutete. Neben der Haustür war eine Messingtafel mit dem eingravierten Firmennamen *Eyfjörð Bau AG* angebracht. Am Empfang saß eine distinguierte Dame mittleren Alters mit Brille und Dutt, die bei Sunnas Eintreten fragend die Augenbrauen hochzog. Ihr elfenbeinfarbenes Twinset und das goldene Kreuz auf ihrer Brust vermittelten den Eindruck, dass sie in einem Diözesanbüro besser aufgehoben wäre als im Vorzimmer eines Bauunternehmers.

»Sie schon wieder? Wollen Sie zu Högni?«, fragte sie in mechanischem Ton.

Sunna, die sich an den Irrtum des Taxifahrers erinnerte, beschloss, dass sie dies zu ihrem Vorteil nutzen könnte. Sie schenkte der Empfangsdame ein schüchternes Lächeln und flüsterte: »Ist Högni in seinem Büro? Ich komme in einer … ähm … privaten Angelegenheit.«

Die Frau musterte sie streng und bat sie dann, kurz Platz zu nehmen. Dann entschwand sie nach oben und kam gleich darauf zurück, um Sunna hinaufzubitten.

Högni Eyfjörð saß hinter seinem Schreibtisch in einem großen Büro mit Blick über den See. Er strahlte Vitalität aus: wohlgenährt und braun gebrannt, die dunklen – offensichtlich gefärbten – Haare zu einem windgepeitschten Look gestylt, wie ihn die Männer in der Rasierwasserwerbung gerne trugen. Und tatsächlich war der Schwall von Aftershave, der Sunna entgegenschlug, als sie eintrat, so überwältigend, dass sie fast würgen musste.

»Guten Tag. Wer sind Sie, und was kann ich für Sie tun?«, begrüßte Högni sie freundlich. Seine Stimme war klangvoll und sonor wie die eines Heldentenors. Er hatte seine Hemdsärmel hochgekrempelt, wie ein Mann, der ein Projekt nach dem anderen anpackt. Sicherlich ein sorgsam gepflegtes Image. Ein Blazer mit goldenen Knöpfen hing über der Rückenlehne seines Stuhls.

»Guten Tag. Es freut mich, Sie endlich kennenzulernen …« Sunna überlegte einen Moment und beschloss dann, sich aufs Schmeicheln zu verlegen. »Ich verstehe natürlich, dass ein bekannter Unternehmer wie Sie mit so vielen wichtigen Projekten sicher sehr beschäftigt ist.« Sie lächelte kokett in der Hoffnung, Högni damit wohlwollender zu stimmen. »Mein Name ist Sunna, und ich wollte Ihnen nur ein paar Fragen zu Ihrer Verbindung zu Lára Marteinsdóttir stellen, die 1956 verschwunden ist.«

»So, so.« Högni lehnte sich in seinem Stuhl zurück und lächelte. »Sind Sie auch von der Presse?«

»Auch?«

»Neulich war ein Journalist hier, der dieselbe Frage gestellt hat – Valur hieß er, wenn ich mich recht erinnere.«

Dann war ihr Bruder also schon vor ihr hier gewesen …

Sunna zögerte. »Ich habe Verbindungen zum *Vikublaðið*, das kürzlich über den Fall Lára berichtet hat.«

»Ah, dann sind Sie eins von Dagbjarturs Mädels, wie?« Er musterte Sunna von Kopf bis Fuß. »Er hat Sie doch wohl nicht hergeschickt?«

Sunna wusste, dass sie sich auf dünnem Eis bewegte. »Ich führe eine unabhängige Untersuchung durch, auf der Basis der Recherchen des *Vikublaðið*.«

Högni runzelte die Stirn, dann setzte er eine Miene auf, die er wahrscheinlich für unwiderstehlich charmant hielt. »Das ist alles höchst mysteriös, junge Dame. Ich glaube, Sie sollten sich besser etwas klarer ausdrücken.«

Was konnte es schaden, die Wahrheit zu sagen? »Valur war mein Bruder«, sagte sie. »Er wurde im August ermordet, weil …«

»Ermordet? Das glauben Sie doch selbst nicht!«

»Ich weiß, dass Sie Óttar kennen, bei dem Lára auf Viðey gearbeitet hat.«

»Ich bin absolut sicher, dass Ihr Bruder nicht ermordet wurde. So etwas passiert einfach nicht in Island. Aber ja, ich kenne Óttar.« Högni verschränkte die Hände und schenkte Sunna ein wohlwollendes Lächeln. »Wir sind zusammen zur Schule gegangen. Und auch geschäftlich haben sich unsere Wege häufig gekreuzt. Aber unsere Bekanntschaft hat absolut gar nichts mit Láras Verschwinden zu tun.«

»Dann waren Sie auch mit Finnur auf der Schule?«

»Bitte?«

»Mit Finnur Stephensen?«

»Ja, das stimmt, aber das tut nichts zur Sache.« Er wirkte jetzt gereizt.

»Haben Sie Óttar auf Viðey besucht, als er und seine Frau Ólöf dort wohnten?«

Högni setzte eine nachdenkliche Miene auf. »Doch, ich werde wohl irgendwann mal vorbeigeschaut haben, um zu sehen, wie es ihnen geht. Obwohl es mir ein Rätsel war, wie jemand freiwillig in so primitiven Verhältnissen wohnen kann.«

»Haben Sie auch Lára kennengelernt?«

»Nicht, dass ich wüsste. Und ich habe ein recht gutes Auge für die Damenwelt, das können Sie mir glauben.« Er zwinkerte Sunna zu, als ob sie im Broadway, einem berüchtigten Abschleppschuppen, an der Theke stünden. Und Högni hätte auch gut zu den ältlichen Herrschaften gepasst, die dieses Etablissement frequentierten.

Sunna war zwar auf genau diese Art von Reaktion vorbereitet gewesen, aber dieses Chauvi-Gehabe ging ihr dennoch zunehmend auf die Nerven.

»Sie hat im Sommer 1956 auf Viðey gearbeitet«, fuhr sie trotzig fort und zog ein Foto von Lára hervor, das sie aus der Zeitung kopiert hatte.

»Nein, ich erinnere mich nicht an Lára«, wiederholte er. »Und mir ist nicht ganz klar, worauf Sie mit diesen Fragen hinauswollen, junge Frau.«

Sunna sah Högni an und überlegte, was alle diese Frauen wohl an ihm fanden. Er hielt ihrem Blick stand, keine Spur von Selbstzweifel in seiner Miene.

»Woher kennen Sie Arnfríður?«, fragte sie dann.

Högni sah sie stirnrunzelnd an. »Wer zum Teufel ist Arnfríður?«

»Arnfríður Leifsdóttir«, präzisierte sie und hoffte, dass sie sich den Namen richtig gemerkt hatte.

»Sunna, da sind Sie bei mir an der völlig falschen Adresse. Aber es hat mich dennoch gefreut, Sie kennenzulernen.«

Sie erhob sich widerwillig und verabschiedete sich in merklich kühlerem Ton als bei der Begrüßung.

Högni lächelte nur und winkte ihr lässig zu.

Sunna lief die Treppe hinunter, vorbei an der steifen Empfangsdame mit dem goldenen Kreuz und hinaus in die Kälte und den Regen.

Vielleicht war sie ja wirklich auf dem falschen Dampfer.

Sollte sie wirklich noch mehr Zeit vergeuden, indem sie sich nächste Woche mit dem Stadtrat traf, oder würde sich das nur als weitere Sackgasse erweisen?

Und warum um alles in der Welt hatte ihr Bruder Fragen zu einer Frau namens Arnfríður Leifsdóttir gestellt?

Sunna war so in Gedanken versunken, dass sie ihre Umgebung gar nicht wahrnahm, bis jemand direkt neben ihr ihren Namen rief.

»Sunna!« Gunnar war plötzlich neben ihr aufgetaucht, er atmete schwer. »Mensch, ich lauf dir schon die halbe Tjarnargata hinterher und rufe deinen Namen. Du warst ja meilenweit weg.«

Sunna lächelte. Gunnars rote Haare waren klatschnass und klebten an seinem Kopf. Er erwiderte ihr Lächeln und umarmte sie. »Wie geht es dir? Das war vielleicht ein eigenartiger Besuch neulich, was?«

»Bei Þórdís, meinst du? Das kann man wohl sagen. Und ich habe seitdem noch ein paar anderen Leuten Besuche abgestattet«, sagte Sunna, obwohl sie nicht unbedingt vorgehabt hatte, irgendjemandem davon zu erzählen.

»Hast du wieder Privatdetektivin gespielt?« Gunnar wirkte ein wenig besorgt. Sie waren jetzt fast im Zentrum angekommen. »Komm, gehen wir doch schnell ins Nýja kökuhúsið, wie wär's?«

Sunna ließ sich überreden. Sie flüchteten vor dem Regen in das Café und bestellten beide einen Kaffee.

»Ich habe mit Óttar und Ólöf gesprochen, Láras Arbeitgeber auf Viðey. Und mit Högni Eyfjörð, dem Bauunternehmer.«

»Mit Högni Eyfjörð? Wieso das denn?«

»Er war einer der Sargträger bei Finnur Stephensens Beerdigung, und Finnurs Name steht in Valurs Notizbuch. Anscheinend hatte Valur auch schon mit Högni gesprochen. Sie waren alle zusammen auf der Schule: Högni, Finnur und Óttar.«

»Pah, in Island kennt doch jeder jeden. Wir sind ein kleines Land, Sunna.«

Sunna ignorierte ihn und fuhr fort: »Ich versuche auch eine Frau namens Gréta zu erreichen, obwohl ich keine Ahnung habe, was sie mit all dem zu tun hat. Und ...« Sie hielt kurz inne, um Atem zu schöpfen. »Und Páll Jóhannesson, der, glaube ich, im Stadtrat ist ... Oder, keine Ahnung ... Er war auch einer von Finnurs Sargträgern und ...«

Sie machte sich darauf gefasst, dass Gunnar sie auf den Boden der Tatsachen zurückholen würde, indem er darauf hinwies, wie wenig konkrete Anhaltspunkte sie hatte.

Doch stattdessen fragte er: »Sunna, kann ich dir vielleicht irgendwie helfen? Ich habe gerade nichts Besseres zu tun, außer dass ich meine Abschlussarbeit schreiben muss, und da komme ich nicht so richtig vom Fleck. Ich hätte nie gedacht, dass das Matthäus-Evangelium sich als so kompliziert erweisen würde.«

Sunna warf die Hände in die Luft. »O Gott, erzähl mir nichts von Abschlussarbeiten – mein Essay über Elías Mar liegt als chaotischer Zettelwust auf dem Sofa herum. Ich glaube inzwischen nicht mehr, dass ich je fertig werde. Aber ich muss das hier tun, weißt du ... für Valur ...«

»Sag mir einfach Bescheid, Sunna.«

»Danke«, sagte sie und sah ihm in die Augen, vielleicht ein bisschen länger als unbedingt nötig.

1986

25. September

Die vergangenen Tage hatten zwei unerwartete Entwicklungen gebracht.

Der Stadtrat – oder vielmehr seine Sekretärin – hatte seine Besprechung mit Sunna um eine Woche verschoben. Obwohl sie ihren richtigen Namen genannt hatte, als sie den Termin vereinbarte, hatte sie nicht den Eindruck, dass an der Entscheidung irgendetwas verdächtig war. Páll Jóhannesson war wahrscheinlich so beschäftigt, dass ihm kaum Zeit für Treffen mit seinen Wählern – oder potenziellen Wählerinnen – blieb.

Dann hatte Gunnar sie zu einem Rendezvous eingeladen.

Er hatte tatsächlich dieses altmodische Wort benutzt – ein Rendezvous. Bei dem Gedanken musste sie lächeln. Er hatte vorgeschlagen, dass sie in *Top Gun* gehen könnten, und sie hatte ihm nicht sagen wollen, dass sie den Film schon gesehen hatte. So seltsam es angesichts der Umstände scheinen mochte: Irgendwie war – wieder? – ein Funke übergesprungen, als sie zusammen Kaffee getrunken hatten, und sie hatte zugesagt. Auch wenn das hieß, dass sie die erste Folge der neuen Serie mit Inspector Dalgliesh verpassen würde.

Das Rendezvous war gut gelaufen. Sie fühlte sich wohl in Gunnars Gesellschaft, und am Ende des Abends hatte er sie sogar geküsst. Sie hatte in den letzten Tagen viel an ihn gedacht, und das hatte sie von ihren Grübeleien über Lára und Valur abgelenkt. Sie hatte sogar die Energie aufgebracht, ein wenig an ihrer Magisterarbeit zu schreiben und beim *Vikublaðið* vorbeizuschauen, um Dagbjartur wegen des Jobangebots auszufragen. Er hatte sie herzlich empfangen und gesagt, für Valurs Schwester würde er alles tun, und er hatte sie sogar zum Abschied umarmt. Wenn sie wollte, könnte sie die Stelle haben, auf Probe zunächst, und sie war zunehmend versucht, das Angebot anzunehmen.

Aber jetzt war endlich Donnerstag, der 25. September, angebrochen, der Tag ihres Termins bei Páll Jóhannesson. Lára stand wieder ganz oben auf der Tagesordnung.

Es war ein Tag mit strahlendem Sonnenschein, obwohl eine spürbare herbstliche Kälte in der Luft lag und die Blätter in Sunnas Garten sich rot und golden färbten. Sie liebte den Herbst, eine Zeit des Neubeginns: ein neues Semester, eine neue Jacke, neue Schuhe, neue Gesichter. Vielleicht könnte sie tatsächlich mit Gunnars Hilfe ihr Leben ohne Valur in den Griff bekommen und die Zukunft mit offenen Armen begrüßen.

Sie fuhr mit dem Bus zu ihrem Treffen mit Páll in der Borgartún. Laut ihren Recherchen leitete er das Bauamt der Stadt, dessen Mitarbeiter zurzeit offenbar alle Hände voll zu tun hatten. Im ganzen Hauptstadtgebiet schossen neue Wohnviertel aus dem Boden, und zahlreiche Bauprojekte waren in der Anhörungsphase, darunter das neue Rathaus, das offenbar ziemlich umstritten war. Als Politiker war Páll jedoch noch kaum in Erscheinung getreten. Sunna vermutete, dass die meisten Einwohner von Reykjavík noch nie von ihm gehört hatten.

Darüber hinaus wusste sie so gut wie nichts über ihn. Sie hatte seinen Namen im Telefonbuch nachgeschlagen, und nachdem sie in Erfahrung gebracht hatte, dass er in einem Einfamilienhaus in der Weststadt wohnte, hatte sie eines

Abends einen Spaziergang dorthin gemacht, sich an das Haus herangeschlichen und so getan, als ob sie etwas in den Briefkasten werfen wollte. An der Tür war ein Messingschild, auf der in Schönschrift die Namen von Páll Jóhannesson und seiner Frau Gunnlaug Haraldsdóttir eingraviert waren.

Sunna erreichte das Büro in der Borgartún kurz vor elf. Sie meldete sich am Empfang im Erdgeschoss und wurde nach oben geführt, wo sie warten sollte, bis sie aufgerufen würde. Im Wartebereich saßen außer ihr fast nur Männer – vermutlich alles Bauunternehmer oder Leute, die sonst irgendwie mit Bauprojekten zu tun hatten. Einer nach dem anderen ging hinein, um mit dem Stadtrat zu sprechen, der ihnen ein paar Minuten seiner Zeit gewährte, und kamen wieder heraus, die meisten mit einem Lächeln im Gesicht.

Es verging fast eine Stunde, bis Sunna endlich an die Reihe kam. Eine junge Frau mit blonden Haaren und hohem Pferdeschwanz kam heraus und rief: »Sunna Róbertsdóttir, zum Termin mit Páll bitte hier entlang.«

An den Wänden von Pálls Büro standen dunkle Bücherschränke, die voluminöse Bände mit goldgeprägten Rücken enthielten. Der Stadtrat selbst saß hinter einem Schreibtisch aus dunklem Holz und hatte einige säuberlich gestapelte Papiere vor sich liegen, die aussahen, als wären sie nur zur Dekoration so arrangiert worden. Auf einem runden Tisch am Fenster waren Baupläne ausgebreitet.

Die junge Frau setzte sich auf einen Stuhl in der Ecke des Büros und hielt Stift und Notizblock bereit, während sie Sunna neugierig musterte.

»Nehmen Sie bitte Platz«, sagte Páll zu Sunna und deutete auf den Stuhl vor seinem Schreibtisch. Sunna setzte sich und lächelte. Sie hatte die Eröffnung des Gesprächs vorbereitet, aber wie es danach weitergehen würde, war völlig offen.

»Guten Tag. Ich würde gerne mit Ihnen über Ihre Verbindung zu einer jungen Frau sprechen, die 1956 auf Viðey verschwunden ist.«

Befriedigt beobachtete sie die Wirkung ihrer Worte. Pálls Augen weiteten sich vor Entsetzen. Die junge Frau mit dem Pferdeschwanz wirkte sehr interessiert.

»Ich fürchte, ich kann Ihnen nicht folgen«, sagte Páll und räusperte sich. »Sind Sie nicht hier, um über ein Bauprojekt zu sprechen …« Er schielte nach dem Papier vor ihm auf dem Schreibtisch. »… Sunna?«

Sunna fuhr unbeirrt mit ihren Fragen fort. »Ich wollte Sie auch nach Ihrer Verbindung zu dem verstorbenen Finnur Stephensen fragen. Ach ja, und der Name des verschwundenen Mädchens lautet übrigens Lára Marteinsdóttir.«

Páll blickte zu der jungen Frau in der Ecke. »Elísabet, würden Sie mir einen Kaffee holen, während ich mich um diese Sache kümmere?«

Die junge Frau, die über diese Entwicklung gar nicht glücklich zu sein schien, erhob sich widerwillig und ging hinaus.

Páll wandte sich Sunna zu, seine Augen blitzten zornig. »Wie können Sie es wagen, hier während meiner öffentlichen Sprechstunde aufzukreuzen und solche Fragen zu stellen? Sind Sie von der Presse?«

Aber Sunna ließ sich nicht einschüchtern. »Ich bin die Schwester von Valur Róbertsson, dem verstorbenen Journalisten, der über Láras Verschwinden geschrieben hat. Ich recherchiere in der Sache …« Sie hielt kurz inne und fuhr dann fort: »Ich recherchiere in der Sache in Kooperation mit dem *Vikublaðið*, für das Valur gearbeitet hat.«

Páll starrte sie nur schweigend an.

»Ich weiß, dass Sie mit Finnur bekannt waren«, fügte sie hinzu. »Und ich weiß, dass Sie beide Lára gekannt haben.«

Páll sprang unvermittelt auf, nur um sich gleich darauf wieder hinzusetzen. »Selbstverständlich habe ich Finnur Stephensen gekannt, aber ich weiß nicht, wie Sie darauf kommen, dass wir dieses Mädchen gekannt hätten. Das ist eine unerhörte Unterstellung.«

»Haben Sie irgendwelche Verbindungen zu Viðey?«, fragte Sunna weiter und sah ihn dabei unverwandt an.

»Ob ich Verbindungen zu Viðey habe? Nein«, antwortete er wütend. Schweißperlen glänzten auf seinem Gesicht.

»Woher kannten Sie und Finnur sich?«

»Wir sind … Wir waren alte Schulfreunde. Finnur war ein durch und durch anständiger, ehrlicher Mann.«

Er verstummte wieder, und Sunna beobachtete ihn aufmerksam. An der Art, wie er auf seinem Stuhl herumrutschte und an den Manschetten herumnestelte, die aus den Ärmeln seines grauen Jacketts hervorschauten, konnte sie deutlich sehen, wie verunsichert er war.

Sunna fand, dass der passende Moment gekommen war, und stand auf, um ihm ihre letzte Frage ins Gesicht zu schleudern: »Wer ist Arnfríður Leifsdóttir? Hat sie bei Láras Verschwinden eine Rolle gespielt?«

Die Farbe wich aus Pálls Gesicht. »Dieses Gespräch ist beendet.«

Sunna wartete nicht auf eine zweite Aufforderung. Es war nicht zu übersehen, dass sie den Stadtrat in Panik versetzt hatte, also musste sie wohl etwas richtig gemacht haben.

Draußen wartete die junge Frau mit dem kecken Pferdeschwanz und hielt eine Tasse Kaffee in der Hand. Sie platzte sichtlich vor Neugier.

Sunna blickte sich um und sagte laut und deutlich, bevor Páll die Tür schließen konnte: »Wir sehen uns wieder.«

1986

1. Oktober

Sunna stand in aller Herrgottsfrühe auf. Sie konnte keine Minute länger still liegen, so ungeduldig erwartete sie den Tag.

Marteinn, Láras Vater, hatte sich am Abend zuvor bei ihr gemeldet. Er hatte ihrer Bitte um ein Treffen mit ihm und seiner Frau zugestimmt und einen Ort vorgeschlagen. Sunna hatte kurz in Erwägung gezogen, Gunnar mitzunehmen, dann aber entschieden, dass es bei ihrem ersten Treffen mit Láras Eltern unangebracht wäre, jemanden mitzubringen. Sie würde allein hingehen.

Zunächst aber stärkte sie sich an dem von Zeitungen bedeckten Küchentisch mit einem Käsetoast und einem Glas Milch, während im Hintergrund der neue Radiosender lief. Gerade spielten sie Madonnas neueste Platte – ein kurzes musikalisches Zwischenspiel, das die Dauerberichterstattung über das bevorstehende, völlig überraschend angesetzte Gipfeltreffen zwischen Präsident Reagan und Generalsekretär Gorbatschow unterbrach.

Am Tag zuvor war gemeldet worden, dass die Staatsoberhäupter der beiden Supermächte, der USA und der UdSSR, sich darauf verständigt hatten, ein Treffen in Island abzuhalten. Und das mit nicht einmal zwei Wochen Vorlaufzeit. Das ganze Land war deswegen in Aufruhr. Alle Hotels in der Stadt waren binnen zwölf Stunden ausgebucht, und nun begann die hektische Suche nach einem geeigneten Ort für die Begegnung selbst, wobei dem Kjarvalsstaðir-Museum und dem Hotel Saga die besten Chancen eingeräumt wurden.

Sunna jedoch sah dem Besuch der Spitzenpolitiker weder mit Vorfreude noch mit Aufregung entgegen – sie war nur traurig, dass Valur das nicht mehr erleben durfte. Er wäre so begeistert gewesen, bei diesem Großereignis dabei sein zu können, und hätte bestimmt eine Gelegenheit bekommen, Reagan und Gorbatschow aus nächster Nähe zu sehen oder ihnen vielleicht sogar bei der Pressekonferenz eine Frage zu stellen.

Wieder einmal überlegte sie ernsthaft, den Job bei der Zeitung anzunehmen, und sei es nur, um den historischen Gipfel hautnah zu erleben. Aber das konnte warten. Den heutigen Tag würde sie Lára widmen. Ihr Gespräch mit deren Eltern würde ihr vielleicht das Material liefern, das ihr zu einem richtig guten Artikel noch fehlte, auch wenn sie, um bei der Wahrheit zu bleiben, noch nicht sehr viel weiter gekommen war als Valur.

Ohnehin hätte es wenig Sinn, den Artikel einzureichen, solange die zwei Staatschefs die Nachrichten beherrschten. Nicht, dass es ihr so wichtig gewesen wäre, dass möglichst viele Leute ihren Beitrag lasen. Sie war von dem Wunsch getrieben, die Wahrheit aufzudecken, nicht von dem Bedürfnis, im Mittelpunkt zu stehen. Dennoch sah sie vor ihrem geistigen Auge schon ihren Artikel auf der Titelseite des *Vikublaðið* prangen – das war sie Valur einfach schuldig. Doch die nächsten zwei Ausgaben, so viel war klar, würden ganz der Berichterstattung über den Gipfel gewidmet sein.

»Sie wissen ja, dass wir keine Interviews mehr geben.« Marteinns Auftreten war freundlich, in seiner Stimme lag keine

Verärgerung, nur Aufrichtigkeit. »Wir sprechen nicht mit Fremden über Lára, weil das keinen Sinn hat. Aber für Sie haben wir eine Ausnahme gemacht.«

»Vielen Dank«, sagte Sunna. »Das weiß ich wirklich zu schätzen.«

»Es ist vor allem der Tod Ihres Bruders, der uns dazu bewogen hat. Wir waren sehr betroffen, als wir davon hörten. Aber soviel ich weiß, sind Sie selbst keine Journalistin. Sie hatten doch nicht vor, über uns zu schreiben, oder?«

Sunna seufzte innerlich. Sie war ein wenig enttäuscht, sagte aber: »Nicht über Sie. Ich würde allerdings gerne Valurs Artikel fertig schreiben, aber ich verspreche Ihnen, dass ich kein Wort über Sie schreiben werde, wenn Sie das nicht möchten. Ich fand es nur wichtig, mich mit Ihnen zu treffen, und sei es nur für ein kurzes Gespräch.«

»Es tut uns leid, dass wir Sie nicht in unser Haus einladen konnten, aber das ist eine weitere Entscheidung, die wir vor langer Zeit schon getroffen haben. Weil alle immer ihr Zimmer sehen wollen, und das können wir nicht zulassen. Wir mussten irgendwo einen Schlussstrich ziehen, eine Grenze setzen.«

Sunna nickte.

Das Ehepaar saß ihr gegenüber an einem Tisch im Café Prikið, einer Reykjavíker Institution. Es gehörte nicht zu den Lokalen, die Sunna normalerweise frequentierte, aber Marteinn und Emma hatten ihr versichert, dass der Kaffee dort gut sei. Sunna hatte für alle den Kaffee bezahlt, und nun saßen sie am Fenster und sahen zu, wie das Stadtzentrum zu einem neuen Tag erwachte.

»Das hier ist unser Lieblingscafé«, sagte Emma. »Wir kommen schon seit Jahren hierher. Wir wohnen in der Nähe. Wir haben immer im selben Haus gewohnt – ich habe es von meinen Eltern geerbt.«

Marteinn und Emma schienen beide um die siebzig zu sein, vielleicht auch ein wenig älter – Lára selbst wäre jetzt fünfundvierzig … »Verhärmt« war das Adjektiv, das Sunna spontan in den Sinn gekommen war, als sie die beiden zum ersten Mal gesehen hatte.

»Wir waren beide Lehrer, Marteinn für Sport und ich für Englisch. Manchmal habe ich auch den Mathelehrer vertreten. Aber heutzutage ist unser Leben ruhiger. Wir gehen viel spazieren.«

»Vielen Dank nochmals, dass Sie …«

Marteinn unterbrach sie, bevor sie den Satz beenden konnte. »Wir haben es am Telefon nicht erwähnt, aber wir haben Ihren Bruder einmal getroffen. Wir sprechen nicht mit Reportern, wie ich bereits sagte, aber er hat uns eines Tages hier aufgelauert. Eine etwas ungewöhnliche Arbeitsmethode, aber so ist die jüngere Generation nun mal. Wenn ich ehrlich bin, war ich in dem Moment ein wenig verärgert, aber ich nehme es ihm nicht übel, er schien ein sehr netter junger Mann zu sein. Nicht wahr?« Er sah seine Frau an.

Emma pflichtete ihm bei: »Ja, sehr nett. Deswegen haben wir dem Treffen mit Ihnen zugestimmt, Sunna.«

»Valur hat uns versprochen, dass er Lára finden würde. Aber so etwas haben wir nicht zum ersten Mal gehört.« Marteinn übernahm wieder die Gesprächsführung. »Ich war allerdings beeindruckt von seiner Energie. Er schien wirklich überzeugt davon, dass es ihm gelingen würde. Lára ist natürlich tot, das wissen wir, aber sie lebt in unserer Erinnerung weiter. Wir werden vielleicht nie erfahren, was passiert ist, aber ich hoffe, dass wir lange genug leben, um wenigstens einige Antworten zu bekommen.«

»Wir geben die Hoffnung nicht auf«, fügte Emma hinzu.

Sunna fand, dass dies nicht der richtige Moment war, ihnen

von dem Anruf zu erzählen, den Valur bekommen hatte, in dem es hieß, dass Lára tot sei und ein ordentliches Begräbnis in geweihter Erde bekommen müsse …

»Dürfte ich Sie fragen, worüber Sie mit Valur gesprochen haben?«, fragte sie stattdessen.

Láras Eltern wechselten einen Blick.

»Er hat nicht viele Fragen gestellt«, sagte Emma. »Er schien uns nicht zu sehr bedrängen zu wollen, Gott segne ihn. Hauptsächlich wollte er wissen, ob in jenem Sommer sonst noch jemand auf der Insel gewesen war. Natürlich hat niemand dort gewohnt außer Lára, Óttar und Ólöf. Ich meine, wenn es noch weitere Augenzeugen gegeben hätte, dann hätte die Polizei – also Kristján – sie doch bestimmt vernommen, oder?« Die Frage schien an Marteinn und nicht an Sunna gerichtet zu sein, und es war Marteinn, der antwortete.

»Ja, das denke ich auch.«

Sunna hatte den Eindruck, dass dies ein Gespräch war, das sie schon viele Male so ähnlich geführt hatten. »Also mit anderen Worten: Sie konnten ihm nicht viel erzählen?«

»Nun ja, wir haben ihm von Gréta berichtet«, sagte Marteinn.

»Gréta?«

»Gréta Grímsdóttir.«

Sunna hielt den Atem an – das war die Frau, die sie vergeblich zu erreichen versucht hatte. »Einen Moment – wer ist Gréta?«, fragte sie und versuchte, nicht zu aufgeregt zu klingen.

»Eine entfernte Verwandte von mir«, antwortete Emma. »Sie hatte den Sommer davor auf Viðey gearbeitet. Es war ihre Mutter, die uns empfohlen hat – ich meine Lára …«

Die lange Pause, die auf diese Auskunft folgte, wurde vom Stimmengewirr der anderen Gäste und dem Klirren von Tassen und Untertassen gefüllt.

Schließlich fuhr Emma fort: »Ja, sie hat ein gutes Wort für Lára eingelegt. Dadurch hat Lára die Stelle bekommen. Sie hat uns erzählt, dass Óttar und Ólöf gut bezahlen würden, dass die Arbeit nicht zu anstrengend sei und dass es unserer Tochter nicht schaden könne, einflussreiche Leute wie die beiden kennenzulernen. Ólöf stammt aus einer sehr guten Familie, wie Ihnen sicher bekannt ist.«

Nichts in Emmas Ausführungen deutete darauf hin, dass sie Óttar und Ólöf irgendeines Fehlverhaltens verdächtigte. Vielleicht ertrug sie aber auch prinzipiell den Gedanken nicht, dass sie ihre Tochter möglicherweise in die Hände von schlechten Menschen gegeben hatten.

»Sie war erst fünfzehn, wie Sie wissen«, fuhr Emma fort. »Im Mai sind wir mit ihr zum Hafen gefahren – es war Ende Mai, ich erinnere mich noch so gut, so ein wunderschöner Sommertag, und die Insel in der Ferne sah so grün und idyllisch aus. Ich bin selbst nie auf Viðey gewesen …«

»Sie haben sie also nie dort besucht?«

»Nein, das wollte sie nicht. Sie wollte auf eigenen Füßen stehen. Unsere Tochter war schon immer sehr selbstständig.«

»Ich nehme an, die Polizei hat damals alles gründlich mit Ihnen besprochen und alle Hebel in Bewegung gesetzt?«

»Ich denke schon«, antwortete Marteinn zögernd. »Sie können das alles in den alten Zeitungen nachlesen, jedenfalls die wichtigsten Fakten. Sie ist einfach verschwunden. Wir haben nichts mehr von ihr gehört. Normalerweise rief sie uns einmal in der Woche an, aber dann sagte man uns plötzlich, sie sei nicht mehr auf Viðey. Es fällt uns immer noch schwer, darüber zu sprechen, selbst nach all den Jahren, das werden Sie sicher verstehen. Sie müssten die Informationen in den Zeitungsarchiven finden, wie ich bereits sagte – eine Schilderung der ganzen Geschichte. Wir sind natürlich auf die Insel gefahren, um uns zusammen mit unseren Bekannten und Verwandten an der Suche zu beteiligen, aber es kam nichts dabei heraus.«

»Ich fürchte, wir können Ihnen nicht helfen«, fügte Emma hinzu. »Vielleicht gelingt Ihnen ja das Unmögliche, und Sie finden heraus, was passiert ist und wo Lára sich befindet ... Ich hoffe es, ich hoffe es sehr ...« Doch ihren Worten zum Trotz war es offensichtlich, dass Emma schon vor langer Zeit alle Hoffnung aufgegeben hatte.

Sunna wusste, dass sie zumindest versuchen müsste, Gréta zu erreichen. Vielleicht hätte die Frau ihr etwas Interessantes zu erzählen. »Also, dann will ich Sie nicht länger aufhalten«, sagte sie, »und Sie können in Ruhe Ihren Kaffee austrinken.«

Emma sah Sunna dankbar an und erwiderte: »Es war schön, Sie kennenzulernen. Und ich wünsche Ihnen viel Glück. Dürfte ich fragen, was Sie beruflich machen?«

»Ich studiere Vergleichende Literaturwissenschaft.«

»Oh, das klingt gut. Sehr gut, hervorragend.«

Sunna schob ihren Stuhl zurück und stand auf.

»Dürfte ich Ihnen noch eine letzte Frage stellen, bevor ich gehe?«

»Aber natürlich. Wir haben es nicht eilig.«

»Haben die Zeitungen über alle wichtigen Aspekte berichtet? Ich frage mich nur, ob es irgendwelche Details gibt, von denen ich nichts weiß ... Irgendetwas, wovon mein Bruder vielleicht auch nichts gewusst hat ... Ich bin seine Notizen immer wieder durchgegangen, und ich möchte dieser Sache unbedingt auf den Grund gehen.«

»Mir gefällt Ihr Optimismus – es ist immer gut, optimistisch zu sein«, sagte Marteinn. »Und vielleicht haben Sie ja Erfolg. Aber mir fällt da nichts ein – die Berichterstattung damals war so ausführlich, dass ich es manchmal schon ein bisschen übertrieben fand.«

»Die Halskette, Marteinn – wir könnten ihr davon erzählen«, warf Emma ein.

»Die Halskette?«, wiederholte Sunna.

»Ja, Lára hat immer die Halskette getragen, die ihre Großmutter ihr geschenkt hatte. Das haben wir der Presse gegenüber nicht erwähnt. Sie bekam sie, nachdem das Foto gemacht worden war – das Foto, das wir benutzt haben, als sie als vermisst gemeldet wurde. Die Polizei wollte einige Details der Öffentlichkeit vorenthalten, um mögliche falsche Hinweise gleich ausschließen zu können. Ich weiß nicht, ob es welche gab, aber wir haben die Information über die Halskette für uns behalten. Nicht, dass es jetzt noch von Bedeutung wäre.«

»Was war das für eine Halskette?«

»Sie wurde nie gefunden. Lára hat sie bestimmt getragen, da bin ich mir sicher. Es war … es ist ein wunderschönes Stück, ein großes Filigrankreuz an einer Kette. Es war ein Erbstück – Qualitätsarbeit, nicht billig. Das gute Kind hat sie nie abgelegt.«

1986

6. Oktober

Sunna und Gunnar sahen sich jetzt öfter, und Sunna hatte ein gutes Gefühl dabei. Er war nett, er lächelte viel, und er verstand sie genau. Aber was wohl vor allem den Ausschlag zu seinen Gunsten gegeben hatte, war, dass er ein Freund von Valur gewesen war.

Am Samstagabend war sie mit Gunnar im Hotel Borg tanzen gegangen. Dann hatte er sie zu einer Konferenz anlässlich des fünfundsiebzigsten Jahrestags der Gründung der Universität mitgeschleift, die sie, ehrlich gesagt, ziemlich langweilig fand, doch seine Gesellschaft hatte das wettgemacht. Gunnar war ein richtiger Bücherwurm, aber einer von der liebenswerten Sorte.

Er hatte vorgeschlagen, Ende der Woche zu einer Technikausstellung im Stadttheater zu gehen, aber da hatte Sunna ein Veto eingelegt. Sie konnte sich nichts Öderes vorstellen, als eine solche Ausstellung zu besuchen, umzingelt von überdrehten Kindern, die irgendwelche Knöpfe drückten, und hatte deshalb dafür plädiert, dass er doch lieber allein hingehen sollte, wenn er etwas über die schöne neue Welt der Technik lernen wollte.

Gréta Grímsdóttir hatte sie immer noch nicht erreicht. Die Frau ging nicht an ihr Telefon und rief auch nicht zurück. Da sie die einzige Person mit diesem Namen im Telefonbuch war, konnte Sunna sich ziemlich sicher sein, dass sie die richtige Gréta war, und sie hatte ihr schon mehrfach höfliche Nachrichten auf dem Anrufbeantworter hinterlassen.

Sunna hatte vor, den Tag in der Nationalbibliothek zu verbringen, doch vorher wollte sie noch einmal versuchen, Gréta zu erreichen. Zu ihrer großen Verärgerung bekam sie noch nicht einmal ein Freizeichen. Der neue Radiosender Bylgjan lief im Hintergrund, und wie so oft in letzter Zeit riefen massenhaft Hörer an, um an einem Telefonquiz teilzunehmen. Sunna hatte vor Kurzem einen wütenden Leserbrief im *Morgunblaðið* gelesen, in dem der Schreiber sich beklagte, dass das Telefonnetz mit dieser Unzahl von Anrufen nicht fertigwürde, also vermutete sie, dass die Schuld bei Bylgjan lag – die Leitungen waren schlicht überlastet. Offenbar fanden die Isländer die Aussicht auf all die Preise, die es zu gewinnen gab, einfach zu verlockend.

Und das war nicht der einzige Punkt, in dem Islands Infrastruktur derzeit offensichtlich überfordert war. Es wurde berichtet, dass im Zusammenhang mit dem Reagan-Gorbatschow-Gipfel um die dreitausend Besucher ins Land kommen würden, aber Reykjavík war für ein Ereignis dieser Größenordnung einfach nicht gerüstet. Es gab lautstarke Proteste, dass die Hotels ihre Preise auf ein astronomisches Niveau angehoben hätten und die Restaurants ihre alten Speisekarten durch edle neue ersetzen würden, die auf den Zustrom ausländischer Besucher zugeschnitten waren. Es hatte den Anschein, dass alle entschlossen waren, irgendwie bei diesem Großereignis mitzumischen. Möglicherweise hatte das überlastete Telefonnetz auch etwas mit dem bevorstehenden Gipfeltreffen zu tun.

Letztendlich war weder das Kjarvalsstaðir-Museum noch das Hotel Saga als Schauplatz für das historische Treffen gewählt worden. Stattdessen hatte man entschieden, dass die Jugendstilvilla Höfði für den Anlass am geeignetsten wäre. Obwohl Sunna das Haus selbst noch nie betreten hatte, wusste sie, dass in dem ehemaligen Konsulat zu seinen Glanzzeiten solche Berühmtheiten wie Winston Churchill und Marlene Dietrich zu Gast gewesen waren, also warum nicht auch Reagan und Gorbatschow? Laut den Zeitungsberichten würde Reagan ohne seine Frau Nancy anreisen, während Raissa Gorbatschowa ihren Gatten begleiten wollte.

Sunna wählte erneut Grétas Nummer – immer noch kein Freizeichen – und knallte den Hörer auf den ramponierten alten Apparat. Fast im gleichen Moment hallte ein lautes Schrillen durch den Flur. Offenbar war es jemandem gelungen, zu ihr durchzukommen.

Es war allerdings nicht Gréta. Die Stimme am anderen Ende war männlich – es war diesmal nicht Margréts Vater Jökull, doch der Anruf kam genauso unerwartet. »Hallo, spreche ich mit Sunna?«

Sie erkannte seine Stimme, bevor er sich selbst vorstellte: »Hier ist Elías Mar.«

»Elías – wie schön, von dir zu hören«, rief sie. Es war ihr Autor.

»Wegen unseres Treffens neulich – du hattest mich gefragt, wie ich dazu gekommen bin, *Dichtung in einer wilden Zeit* zu schreiben, und ich fürchte, ich war in dem Moment ein bisschen überfragt. Aber inzwischen hatte ich die Gelegenheit, mir noch einmal einige alte Manuskripte vorzunehmen, und ... da wollte ich dich fragen, ob du Lust hättest, vorbeizukommen und sie dir anzuschauen. Du kannst sie gerne mitnehmen, wenn du möchtest – ich kann eigentlich nichts damit anfangen.«

»Das wäre wirklich toll, vielen Dank!«, erwiderte Sunna, die sogleich ein wenig auflebte. Das zusätzliche Material würde sie für ihre Magisterarbeit gut gebrauchen können, aber es war nicht nur das. Es war, als hätte sich ein Fenster in die Vergangenheit geöffnet, zurück zu jenen unbeschwerten Tagen, als Valur noch gelebt hatte. »Wann kann ich vorbeikommen?«

»Wann immer es dir passt. Bei mir ist im Moment nicht viel los. Und ich darf dich noch in ein Geheimnis einweihen, das ich neulich nicht erwähnt habe: Ich bringe noch vor Weihnachten ein neues Buch heraus.«

»Wirklich? Ein neues Buch?«

»Ja, eine Übersetzung diesmal.«

»Wie aufregend. Kannst du mir Näheres dazu sagen?«

»Ja, natürlich. Es ist wieder mal eine Agatha-Christie-Übersetzung – ich glaube, ich hatte dir erzählt, dass ich vor Jahren einen ihrer Romane fürs Radio übersetzt habe. Er hieß *Das fehlende Glied in der Kette*. Ein wirklich raffinierter Plot. Allerdings erinnere ich mich, dass mir nach der Ausstrahlung der Übersetzung ein gewisser berühmter Komponist sagte, er fände es unter meiner Würde, im Radio einen Kriminalroman von Agatha Christie zu lesen. Ich erwiderte, dass er sich selbst offenbar auch nicht zu schade gewesen sei, einige zweitklassige Stücke zu dirigieren, als er mit all diesen renommierten Orchestern im Ausland zusammenarbeitete.«

Sunna grinste. Wider Erwarten hatte Elías es geschafft, ihre Stimmung zu heben. Sie blickte aus dem Fenster in das trübe Morgenlicht und war auf einmal ganz optimistisch, dass die Sonne bald wieder hinter den Wolken hervorbrechen würde.

Nachdem Elías Mar aufgelegt hatte, gelang es ihr endlich, ein Freizeichen zu bekommen. Sie versuchte es noch einmal bei Gréta Grímsdóttir und hinterließ eine weitere Nachricht auf ihrem Anrufbeantworter, einen Tick schärfer formuliert diesmal:

Hallo, Gréta. Ich versuche seit Wochen, Sie zu erreichen. Es geht um den Vermisstenfall auf Viðey 1956, zu dem ich recherchiere. Mein Bruder Valur hatte für seine Zeitung an der Sache gearbeitet, als er im August plötzlich starb. Ich wäre Ihnen wirklich dankbar, wenn Sie mich zurückrufen könnten und …

Ein Piepton signalisierte ihr, dass das Band zu Ende war.

In dem Moment, als sie den Hörer auflegte, läutete es erneut.

Sie rechnete fest damit, dass es noch einmal Elías Mar war, der anrief, um zu sagen, dass er noch etwas vergessen hatte zu erwähnen. Sobald sie einen Moment Zeit hatte, würde sie ihn in seiner verrauchten Wohnung aufsuchen müssen, wo seine Gedichte und Erzählungen entstanden – und natürlich seine Übersetzungen von Kriminalromanen. In Sunnas Augen waren Letztere keineswegs von geringerer Qualität als seine explizit literarischen Werke, was sie gegenüber ihren Studienkollegen allerdings niemals zugegeben hätte.

»Hallo, kann ich bitte mit Sunna sprechen?«

Diesmal war es eine weibliche Stimme, die es durch das überlastete Telefonnetz geschafft hatte, vorbei an all den Radiohörern, die scharf auf Preise waren.

»Ja, am Apparat.«

»Hallo, Sunna. Mein Name ist Gréta. Ich habe Ihre Nachrichten bekommen.«

Sunna verschlug es im ersten Moment die Sprache.

»Ich war auf Kur in Hveragerði und bin gerade erst nach Hause gekommen. Ich hätte Sie heute noch zurückgerufen.«

»Oh, danke, dass Sie gleich anrufen. Ja, ich wollte Sie etwas zu Viðey fragen.«

»Ach ja?«

»Ja. Mein Bruder hat zu der Geschichte recherchiert, dem Vermisstenfall – Sie wissen doch, wovon ich rede? Lára … soviel ich weiß, war sie entfernt mit Ihnen verwandt.«

Es war eine ganze Weile still.

»Ja, das ist richtig«, sagte Gréta schließlich. »Wieso fragen Sie danach?«

»Soweit ich weiß, haben Sie selbst dort gearbeitet, in dem Sommer, bevor Lára verschwand?«

Wieder Schweigen.

»Das stimmt. Ich war dort in der gleichen Funktion wie sie – ich habe als Haushaltshilfe für dasselbe Ehepaar gearbeitet.«

»Könnten wir uns vielleicht treffen, nur auf ein kurzes Gespräch?«

»Also … ja, warum nicht? … Es ist natürlich lange her. Dreißig Jahre – einunddreißig, um genau zu sein … Sie können zu mir in die Arbeit kommen, wenn Sie möchten, ich bin den ganzen Tag da …«

Gréta arbeitete in der Gesundheitsdirektion, im ersten Stock eines Gebäudes am Hlemmur-Platz. Der Zugang war einigermaßen abschreckend – ein vergittertes Eingangstor, durch das man in ein kaltes, düsteres Treppenhaus gelangte –, doch als Sunna die Tür des Büros erreichte, stand sie plötzlich einem Mann gegenüber, den sie aus dem Fernsehen kannte. Es war der Leiter der Gesundheitsdirektion persönlich, ein distinguiert wirkender Herr mit dicker schwarzer Hornbrille und grau melierten Haaren. Er grüßte sie mit freundlicher Vertrautheit, als ob sie einander kannten, dabei waren sie sich nie zuvor begegnet.

Sunna hatte sich für Mittag mit Gréta verabredet. Sie musste gar nicht erst nach ihr fragen, denn kaum war der Direktor die Treppe hinunter verschwunden, als auch schon eine Frau mittleren Alters den Gang entlang auf sie zukam.

»Sie müssen Sunna sein«, sagte sie und lächelte. »Der Direktor ist gerade eben ausgegangen, wir können uns also in sein

Büro setzen. Ich habe seine Erlaubnis, es bei Bedarf für Besprechungen zu nutzen.«

Sunna machte es sich auf einem rotbraunen Sofa bequem und nahm ihr Schreibheft heraus. Valur hatte bei seinen Interviews oft einen Kassettenrekorder benutzt, aber sie besaß keinen und war noch nicht bereit, in einen zu investieren, da sie immer noch nicht sicher war, ob sie ihr Literaturstudium aufgeben wollte, um in Vollzeit als Reporterin zu arbeiten.

»Wie ich bereits erklärt habe, kann ich Ihnen nur sehr wenig sagen.«

»Aber Sie haben doch bei Óttar und Ólöf als Haushaltshilfe gearbeitet?«

»Ja, 1955 – in dem Jahr, bevor Lára verschwand. Ich war den ganzen Sommer dort.«

»Ist es glatt gelaufen? Keinerlei Zwischenfälle irgendwelcher Art?«

Gréta wandte kurz den Blick ab und strich sich eine Haarsträhne aus der Stirn, dann sah sie Gréta wieder in die Augen. »Nichts, was der Rede wert ist. Obwohl – Óttar hatte manchmal Freunde zu Besuch, und ich weiß noch, einer von ihnen war ein bisschen … nun ja …«

Sunna wartete.

»Ich fühlte mich nicht wohl in seiner Gegenwart, wenn Sie wissen, was ich meine?«

»Inwiefern?« Sunna beugte sich vor und schlug ihr Schreibheft auf, um die Antwort festhalten zu können, denn das Gespräch schien gerade eine interessante Wendung zu nehmen.

»Oh, das spielt jetzt keine Rolle mehr. Es ist so lange her. Sie sind keine Journalistin, oder?«

Sunna schüttelte den Kopf. »Ich versuche nur zu verstehen, was da gelaufen ist. Mein Bruder ist gestorben, und ich weiß immer noch nicht, warum. Es gibt den Verdacht, dass jemand ihn vor einen Bus gestoßen haben könnte.«

»Gestoßen? Du lieber Himmel!« Gréta wirkte zutiefst schockiert.

Bislang war diese Spekulation noch nicht öffentlich gemacht worden. Nachdem der Fall an die Kriminalpolizei übergeben worden war, hatte Sunna vor Kurzem mit dem zuständigen Ermittler gesprochen, einem Mann namens Snorri, der ihr erklärt hatte, der Fall sei »immer noch offen«, aber es seien keine neuen Beweise ans Licht gekommen, und es hätten sich auch keine weiteren Zeugen gemeldet …

»Ich versuche nur, allen möglichen Hinweisen nachzugehen. Und einer hat mich zu Ihnen geführt. Er hat nicht mit Ihnen gesprochen, mein Bruder, Valur, oder?«

»Nein, ich bin ihm nie begegnet. Niemand hat je mit mir über die Sache geredet.«

»Und damals? Die Polizei muss Sie doch vernommen haben?«

»Als Lára verschwand? Nein, mich hat niemand gefragt.«

Diese Aussage machte Sunna stutzig. Wie gründlich – oder besser gesagt, wie oberflächlich – war Kristjáns ursprüngliche Ermittlung eigentlich gewesen?

»Erzählen Sie mir von diesem Mann, wenn Sie können.«

»Óttars Freund, meinen Sie? Es ist wirklich so lange her. Ich war damals fünfzehn und wusste nicht, wer diese Männer waren – ich konnte sie kaum auseinanderhalten. Aber da war einer, der mich zuerst gar nicht in Ruhe lassen wollte – es war furchtbar peinlich –, aber dann hat er sich den Rest des Abends zurückgehalten.«

»Waren es viele Männer?«

»Sie haben sich einmal im Monat getroffen, immer am ersten Freitag im Monat. Daran erinnere ich mich noch. Sie haben zusammen gegessen und getrunken. Als ich im Juni auf die Insel kam, musste ich beim Abendessen bedienen, aber bei ihren Treffen im Juli und August gab Ólöf mir jeweils den Abend frei. Ich habe mich manchmal gefragt, ob das damit zu tun hatte, wie dieser Mann sich benommen hatte – Sie wissen schon, ob es Óttar darum ging, einen Skandal zu vermeiden. Ich bin ihnen also nur dieses eine Mal begegnet, und auch da habe ich nicht viel von ihnen gesehen. Ich bin an dem Abend nur ein paarmal herumgegangen, um ihnen nachzuschenken.«

»Können Sie sich erinnern, wer die Männer waren? Ihre Namen, oder wie sie aussahen? Und wie viele es waren?«

Gréta lächelte. »Das sind ziemlich viele Fragen auf einmal.«

»Tut mir leid, ich bin es nicht gewohnt, Leute zu interviewen. Ich fühle mich viel wohler in einer Bibliothek mit der Nase in einem Buch.«

»Ich hatte von keinem der Männer je gehört, und ich habe mir auch an diesem Abend ihre Namen nicht gemerkt. Für ein junges Mädchen wie mich waren sie einfach nur ein Haufen älterer Männer, die *brennivín* kippten. Sie haben mich einfach nicht interessiert. Ich glaube mich allerdings zu erinnern, dass der Mann, der mich so in Verlegenheit brachte, rote Haare hatte, aber ich kann es nicht sicher sagen – vielleicht spielt mir meine Erinnerung da auch einen Streich.«

Sunna machte sich rasch eine Notiz. Sie kam sich allmählich vor wie eine richtige Journalistin – als ob Valur ihr über die Schulter schaute, sie anleitete und ermutigte.

»Óttar und eine Gruppe von Freunden – Sie erinnern sich nicht zufällig, wie viele es waren?«

Gréta überlegte eine Weile. »Also, ich bin mir nicht sicher. Vier oder fünf? Mehr waren es nicht.«

»Und Ólöf war nicht dabei?«

»Nein, es war eine reine Männerrunde. Sie ist raufgegangen

und hat sich den ganzen Abend nicht blicken lassen. Und ich bin in meinem Zimmer geblieben – ich meine, die beiden anderen Male, als sie kamen. Aber es war alles ganz harmlos, wissen Sie. Nur so eine Art Männerclub. Sie waren damals wahrscheinlich erst um die dreißig.«

Ganz harmlos …

Sunna stellte sich vor, wie Lára diesen Männern nachschenkte. War es denkbar, dass einer von ihnen zu viel getrunken hatte und zu weit gegangen war?

Aber wer hatte zu dieser Runde gehört?

Óttar natürlich.

Und vielleicht Högni Eyfjörð?

Der verstorbene Finnur Stephensen, der Großhändler?

Páll, der Stadtrat?

Ein Rechtsanwalt, ein Geschäftsmann, ein Bauunternehmer, ein Politiker … Sie hatten es alle im Leben zu etwas gebracht und waren in enger Verbindung miteinander geblieben. Was, wenn das unverbrüchliche Band zwischen ihnen seinen Ursprung in einem schrecklichen Geheimnis hatte, das sie alle teilten?

»Högni Eyfjörð – wissen Sie, wer das ist?«

»Den Namen habe ich schon mal gehört. Aber ich kann ihm kein Gesicht zuordnen.«

»Er ist Bauunternehmer.«

Gréta zuckte mit den Schultern.

»Ein anderer Name, der mir dazu einfällt«, fuhr Sunna fort, »ist Finnur Stephensen, der kürzlich verstorben ist. Er war Großhändler.« Sunna verfluchte sich selbst, weil sie nicht daran gedacht hatte, Fotos der Männer mitzubringen, um sie Gréta zeigen zu können. Ein Anfängerfehler. Sie könnte rasch in der Bibliothek vorbeischauen, sich die Nachrufe auf Finnur ausleihen und ein geeignetes Foto kopieren.

»Ja, den Namen habe ich schon mal gehört. Heißt nicht dieses Großhandelsunternehmen nach ihm?«

»Ja, richtig.«

»Aber wie er aussieht, könnte ich leider auch nicht sagen.«

»Was ist mit Páll Jóhannesson, dem Stadtrat?«

»Der Name sagt mir nichts. Ist er neu?«

»Er ist seit Jahren in der Stadtpolitik aktiv, aber nicht in der ersten Reihe.«

Das war genau das Problem. Es waren alles Männer, die sich im Hintergrund hielten. Sie waren in ihren jeweiligen Berufen oder in der Geschäftswelt wohlbekannt, aber kaum ein Normalbürger würde sie auf der Straße erkennen. Sie operierten im Verborgenen. Was auch ganz verständlich war, denn nur wenige Menschen wollten ihr Leben freiwillig im Scheinwerferlicht der Medien verbringen. Aber könnte ihre Zurückhaltung zum Teil darauf zurückzuführen sein, dass sie – oder einer aus ihrer Clique – sich vor vielen Jahren eines entsetzlichen Verbrechens schuldig gemacht hatten?

»Immer freitags, sagen Sie?«

»Was? Ja. Das ist mir in Erinnerung geblieben, weil der Freitag mein Lieblingstag ist.«

Und da kamen Sunna wieder Julias Worte in den Sinn, die Valur nach dem Telefonat mit ihr notiert hatte.

Am Samstagabend. Nicht am Freitagabend.

Sie konnte sich nicht sicher sein, dass sie die Notiz richtig verstanden hatte, aber vielleicht war sie der Wahrheit jetzt näher gekommen als je zuvor.

Hatte Julia andeuten wollen, dass die Gruppe – der Männerclub – sich gelegentlich auch am Samstagabend getroffen hatte und nicht wie gewohnt am Freitag? Dass sie aus irgendeinem Grund von ihrem Brauch abgewichen waren? Und dass dieser Samstagabend Láras letzter gewesen war?

1986

7. Oktober

Der Himmel sah bedrohlich aus, als Sunna der Nationalbibliothek einen weiteren Besuch abstattete. Sie steuerte gleich den Lesesaal an, suchte sich einen Tisch im hinteren Bereich und setzte sich. Ihre Gedanken schweiften ab, als sie aus den hohen Bogenfenstern in das rosig graue Morgenlicht hinausblickte. Wie gewohnt herrschte tiefe Stille im Saal, denn hierher kam man nur, um zu lesen und zu recherchieren. Von dem verstaubten Bibliothekar war heute nichts zu sehen, statt seiner stand eine ältere Frau mit eleganter Brille und Dutt an der Ausleihe.

Bei ihr hatte Sunna an diesem Morgen ihre Bestellung aufgegeben … natürlich im Flüsterton, wie es sich gehörte für jeden, der hier Schätze aus den Archiven der Bibliothek heben wollte. Sie war gekommen, um sich *Chibaba, Chibaba* anzusehen, die deutsche Übersetzung von Elías Mars Roman *Vögguvísa*. Das Buch hatte einen bunten Einband mit der Abbildung eines dunkelhaarigen Jungen, doch Sunna stellte fest, dass sie sich nicht auf den Text konzentrieren konnte. Sie hatte ihr Schreibheft vor sich aufgeschlagen, doch die Seite war leer, und ihr Stift lag unberührt daneben auf dem Tisch. Was hatte das jetzt noch für einen Sinn, nach allem, was passiert war? Welche wichtigen Erkenntnisse konnte so eine alte

Übersetzung schon zu bieten haben? In ihrem Kopf war nur Platz für Lára und Valur. Es war ein Fehler gewesen hierherzukommen. Sie sah ein, dass sie noch nicht bereit war, zu einem normalen Leben zurückzukehren.

Sie musste Lára finden – das brachte sie dazu, morgens aus dem Bett aufzustehen, und es half ihr, abends einzuschlafen. Es war weniger eine Obsession als vielmehr eine Notwendigkeit, ein schlichter Überlebensmechanismus.

Und deswegen hatte sie auch Valurs sämtliche Papiere in ihre Tasche gestopft – sein gutes altes Notizbuch und alles, was auf seinem Schreibtisch gelegen hatte. Das Notizbuch hatte sie natürlich schon x-mal durchgelesen. Auf manchen Seiten war die Schrift von ihren Tränen verschmiert, denn es fiel ihr schwer, sich durch Valurs nahezu unlesbares Gekritzel zu arbeiten, ohne von ihren Gefühlen überwältigt zu werden. Sie konnte die Vorstellung kaum ertragen, es noch einmal ganz durchzugehen. Die Papiere, die sie auf seinem Schreibtisch gefunden hatte, erwiesen sich als wenig hilfreich, da es sich hauptsächlich um Notizen zu Themen handelte, die nichts mit Lára zu tun hatten. Valur hatte an mehreren Aufträgen parallel gearbeitet. So ist das Journalistenleben, hatte er immer gesagt – da hast du keine ruhige Minute. Wegen der ständigen Ablenkungen kam man nie dazu, sich gründlich in ein Thema einzuarbeiten. Aber trotz alledem erwog Sunna immer noch, Dagbjarturs Angebot anzunehmen. Je weiter die Aussicht in die Ferne rückte, ihre Magisterarbeit irgendwann fertig zu schreiben, desto verlockender fand sie die Vorstellung, sich in etwas ganz Neues, völlig anderes zu stürzen und in Valurs journalistische Fußstapfen zu treten.

Das Gespräch mit Gréta ging ihr nicht aus dem Sinn. Sie hatte das Gefühl, dass sich die wahren Zusammenhänge allmählich vor ihren Augen entfalteten. Die vier Freunde auf

Viðey … Irgendetwas musste da passiert sein, aber es war unwahrscheinlich, dass einer von ihnen nach so vielen Jahren sein Schweigen brechen würde. Sie hatten das Geheimnis sorgsam gehütet, eine Art Blutsbrüderschaft geschlossen, und niemand würde etwas ausplaudern, wenn so viel auf dem Spiel stand.

Sie schob ihr Schreibheft beiseite und legte *Chibaba, Chibaba* unauffällig auf den Nebentisch. Der Lesesaal war an diesem Morgen relativ leer – die meisten vernünftigen Studenten hatten vermutlich nach einem Blick in den wolkenverhangenen Himmel beschlossen, im Bett liegen zu bleiben. Dann hob sie ihre Tasche vom Boden auf und leerte den Inhalt mit Geraschel und Gepolter auf dem Tisch aus. Als sie verstohlen zur Ausleihe schielte, sah sie, wie die Bibliothekarin ihr einen missbilligenden Blick zuwarf und den Finger an die Lippen legte. So ein Lärm wurde in den heiligen Hallen der Nationalbibliothek selbstverständlich nicht geduldet.

Sunna schickte ihr durch den großen Saal ein schuldbewusstes Lächeln zu. *Tut mir leid.* Dann machte sie sich daran, ein wenig Ordnung in das Chaos zu bringen. Das Konvolut bestand aus losen Blättern, Notizzetteln und der letzten Ausgabe des *Vikublaðið* vor Valurs Tod. Sie hatte sie damals natürlich gelesen, vor allem Valurs eigenen Artikel, weshalb die Zeitung für sie eher einen Erinnerungswert als irgendeinen praktischen Nutzen hatte.

Doch sie schlug sie dennoch auf und atmete den Geruch der Druckerschwärze ein. Valurs Artikel war im hinteren Teil, doch sie blätterte die Seiten langsam um, kostete die Erinnerungen an das Leben in Reykjavík vor der Zweihundertjahrfeier aus, bevor ihr eigenes Leben aus den Fugen geraten war: eine Anzeige für einen Videorekorder (sie wollte sich noch keinen leisten und lieh sich stattdessen ein paarmal im

Jahr ein Gerät und einige Videos aus), eine weitere für einen SodaStream (so einen hatte sie schon) und Meldungen über die Vorbereitung zur Jubiläumsfeier der Stadt. Der Premierminister äußerte sich zur Stärke der Isländischen Krone und erklärte, dass eine Abwertung der Währung nicht infrage käme. Und dann eine Kurzrezension eines Romans, von der sie wusste, dass Valur sie geschrieben hatte, obwohl er seine Initialen nicht daruntergesetzt hatte.

Ihr Leben hatte sich in den wenigen Wochen seither von Grund auf verändert. Jetzt war nur noch sie übrig, ganz allein auf der Welt. Ihr Blick wurde wieder vom Fenster angezogen, just in dem Moment, als der Himmel seine Schleusen öffnete und ein gewaltiger Wolkenbruch niederging.

Sie blätterte weiter, bis sie zu Valurs Artikel kam. Er war mit einem Foto von Viðey und dem bekannten Porträt von Lára illustriert. Und dann fiel ihr auf, dass Valur etwas an den Rand gekritzelt hatte. Ihr Herz setzte einen Schlag aus, als sie seine Handschrift erkannte. Sie hatte dieses Exemplar der Zeitung bisher nicht aufgeschlagen, da sie nicht auf die Idee gekommen war, dass Valur es benutzt haben könnte, um sich Notizen zu machen. Doch nachdem er ihr sein Notizbuch ausgeliehen hatte, musste er wohl in den letzten Tagen seines Lebens zu allem gegriffen haben, was gerade zur Hand war.

Ihr Bruder hatte notiert:

Lára.
Nicht am Leben. Getötet. Am Sa-Abend. Nicht Fr-Abend.
Julia?
Soll in geweihter Erde begraben werden – oder ordentliches Begräbnis bekommen.
Muss Frieden finden.

Will, dass sie gefunden wird.
Will nicht in den Fall reingezogen werden.
Will, dass alles ein Ende hat.

Sunna las das Gekritzel ein ums andere Mal, grübelte über jedes Wort, sah sich jeden Buchstaben genau an, um sicherzugehen, dass sie Valurs Handschrift korrekt entziffert hatte.

Denn es war wohl so etwas wie die letzte Botschaft ihres Bruders an sie.

Offensichtlich handelte es sich um die Notizen, die er sich während des Telefonats mit Julia gemacht hatte. Er hatte Sunna den wesentlichen Inhalt des Gesprächs erzählt, aber hier waren nun Details, die bedeutsam sein könnten.

Am Sa-Abend. Nicht Fr-Abend.

Gréta hätte ihm wohl erklären können, was es damit auf sich hatte.

Aus Valurs Gekritzel konnte man zudem schließen, dass Julia genau wusste, wann Lára gestorben war – oder genauer gesagt, wann sie getötet worden war.

Dann kam eine Stelle, die Sunna stutzig machte:

Soll in geweihter Erde begraben werden – oder ordentliches Begräbnis bekommen.

Er hatte anscheinend wortwörtlich aufgeschrieben, was Julia gesagt hatte.

… oder …

Wieso »oder?« War »in geweihter Erde begraben werden« nicht gleichbedeutend mit einem »ordentlichen Begräbnis«?

Sunna schloss die Augen, ließ den Kopf auf den Schreibtisch sinken und lauschte auf die Stille ringsum. Sie war aus so vielen Einzelgeräuschen zusammengesetzt: dem Echo des Wolkenbruchs draußen, dem Rascheln von Büchern und Papieren an den anderen Tischen, dem Scharren eines Stuhls, der verschoben wurde – es waren schwere, massive Möbelstücke –, und einem leisen Flüstern von irgendwoher. Selbst an einem Ort wie diesem war absolute Stille eine Illusion. Wahre Stille war nirgendwo zu bekommen, außer im Grab, wo Valur jetzt lag.

Das Grab …

Soll in geweihter Erde begraben werden – oder ordentliches Begräbnis bekommen.

Sunna schlug die Augen auf und las die Worte noch einmal.

Sie fragte sich: *Was, wenn Lára schon in geweihter Erde liegt?*

War es möglich?

Wenn es so war, dann ergab der Satz natürlich mehr Sinn.

Julia hatte sich versprochen, als sie gesagt hatte, Lára müsse »in geweihter Erde begraben werden«. Als ihr eingefallen war, dass Lára bereits in geweihter Erde lag, hatte sie sich korrigiert und erklärt, was Lára brauche, sei ein ordentliches Begräbnis.

Hieß das, dass Lára irgendwo auf einem Friedhof lag?

Und wenn ja, auf welchem?

Es war nicht allzu schwer zu erraten.

Konnte es sein, dass sie die ganze Zeit schon auf Viðey begraben lag?

Es war schon eine Weile her, dass Sunna selbst auf der Insel gewesen war, aber sie wusste, dass es dort einen Friedhof gab. Auch wenn er sehr klein war, würde man bestimmt keine Genehmigung bekommen, jedes einzelne Grab dort öffnen zu lassen.

Sie verstaute die Papiere, das Notizbuch und die Zeitung wieder in ihrer Tasche, und fast hätte sie auch die deutsche Ausgabe des Buchs von Elías Mar mit eingesteckt – was ein teurer Fehler gewesen wäre, denn sie bezweifelte, dass die Bibliothekarin allzu großes Verständnis für eine Benutzerin hätte, die versuchte, die Schätze der Bibliothek in ihrer Taschen nach draußen zu schmuggeln.

Bevor sie den Saal verließ, ging sie zur Ausleihe. »Verzeihung«, flüsterte sie der ernst dreinschauenden Frau zu, »aber können Sie mir sagen, wo ich etwas über Gräber nachschlagen kann?«

»Bitte?«

»Gräber.«

Die Bibliothekarin sah sie verwirrt an.

»Ich suche nach Informationen über Friedhöfe.«

»Warum haben Sie das nicht gleich gesagt?«

»Gibt es da irgendwo ein Verzeichnis?«

»Sie meinen, Informationen darüber, wer wo begraben ist?«

Sunna nickte. Es war mühsam, das ganze Gespräch im Flüsterton zu führen.

»Nein, das gibt es bei uns nicht«, beschied ihr die Bibliothekarin knapp.

»Entschuldigung, aber wissen Sie vielleicht, wo ich diese Informationen bekommen könnte?«

Pause.

»Interessieren Sie sich für einen bestimmten Friedhof?«

»Ja, den auf Viðey.«

»Ah, dann müssen Sie sich an das Friedhofsamt von Reykjavík wenden.«

Nachdem Sunna sich noch erkundigt hatte, wo sie das Amt finden könnte, lächelte sie und bedankte sie sich bei der Bibliothekarin.

Als sie die prächtige Marmortreppe der Bibliothek hinuntereilte, kam sie sich einen Moment lang vor wie in irgendeiner europäischen Metropole, doch der Regen, der gegen die Fenster prasselte, zerstreute die Illusion im Nu. Sie war immer noch hier in der kleinen arktischen Hauptstadt am Rand der Welt.

Sunna hatte keine Ahnung, wie sie ihre Frage an die Mitarbeiter des Friedhofsamts formulieren sollte: Könnte es sein, dass ein junges Mädchen auf Viðey begraben lag? Gab es irgendeine Möglichkeit, das herauszufinden? Die alten Gräber zu öffnen?

Zumindest könnte sie um eine Liste aller Personen bitten, die auf der Insel begraben waren.

Als sie in den strömenden Regen hinaustrat, fiel es ihr plötzlich wie Schuppen von den Augen.

Arnfríður Leifsdóttir. Die Frau, nach der Valur Katrín vom Statistikamt gefragt hatte, ohne zu erklären, warum. Es hatte drei Frauen mit diesem Namen gegeben, von denen eine 1940 gestorben war ... War es möglich?

»Der Friedhof von Viðey, sagten Sie?«

Der Mann musterte sie durch seine dicken Brillengläser. Er war völlig kahl, trug eine karierte Weste, Hemd und graue Hose, und er musste kurz vor dem Rentenalter sein, falls er es nicht schon überschritten hatte, ohne dass es irgendjemandem aufgefallen war. Hier saß er in seinem eigenen kleinen Reich, vergessen von der Welt, inmitten von Karteikarten, Aktenordnern und Büchern. Es roch intensiv nach Kaffee, aber er bot Sunna keinen an.

»Ja, Viðey.«

»Wir begraben heutzutage nicht mehr viele Leute dort, wie Sie sicher wissen.«

»Nein, das kann ich mir denken.«

»Ich kann Ihnen die Unterlagen zu dem Friedhof raussuchen, wenn Sie unbedingt wollen.«

»Da wäre ich Ihnen sehr dankbar«, sagte Sunna im lieblichsten Tonfall, zu dem sie fähig war.

»Na schön. Was wollen Sie denn genau wissen, junge

Dame?« Der Mann hatte eine dermaßen arrogante Art, dass sie sich fragte, ob er es vielleicht nicht gewohnt war, mit Menschen zu tun zu haben, die noch unter den Lebenden weilten.

»Ich bräuchte eine Liste der Personen, die dort begraben sind.«

»Das sind nicht viele. Kein Vergleich mit den großen Friedhöfen.«

»Da haben Sie vermutlich recht.«

»Ich habe recht. Ich weiß, wovon ich rede.«

»Also, haben Sie die Namen irgendwo? Sind sie sehr schwer zu finden?«, fragte Sunna mit wachsender Ungeduld. Offenbar wollte der Mann sich auf keinen Fall hetzen lassen.

»Kommt drauf an, was Sie mit ›schwer‹ meinen ... Aber ich kann es herausfinden.«

»Ich interessiere mich besonders für einen bestimmten Namen.«

»Na, warum haben Sie das denn nicht gleich gesagt?«, entgegnete der Mann verschnupft. Er rückte seine Brille zurecht. »Und welcher Name ist das?«

»Arnfríður Leifsdóttir. Sie ist 1940 gestorben.«

»Arnfríður Leifsdóttir«, brummte er. Dann runzelte er die Stirn. »Nein, der Name sagt mir nichts, aber ich schaue nach. Ich bin gleich wieder da.«

Aus dem »gleich« wurde eine halbe Stunde, ehe der Mann endlich wieder auftauchte.

»Sie müssen entschuldigen«, sagte er. »Ich hatte nicht gemerkt, dass es schon zwölf ist. Ich gehe immer um zwölf runter in die Kantine zum Mittagessen. Na ja, Mittagessen ist übertrieben – kalter Haferbrei und brauner Molkenkäse, aber es ist besser als nichts, würde ich mal sagen.«

»Haben Sie Arnfríður gefunden?«, fragte Sunna recht kurz angebunden.

»Ja, allerdings. Sie liegt tatsächlich dort auf Viðey begraben. Seit 1940, wie Sie sagten. War Sie eine Verwandte von Ihnen?«

Sunna gab keine Antwort.

Obwohl sie nicht wirklich damit gerechnet hatte, dass ihre Vermutung sich bestätigen würde, schämte sie sich in einem Winkel ihres Herzens, dass sie nicht eher daraufgekommen war.

Doch nachdem sie sich von ihrer ersten Überraschung erholt hatte, war sie höchst zufrieden und sogar stolz auf sich, während sie zugleich den nächsten Schritt fürchtete.

Sie hatte Arnfríður Leifsdóttir gefunden. Hatte sie vielleicht auch Lára gefunden?

1986

8. Oktober

In dieser Nacht lag Sunna lange wach. Ihre Gedanken rasten, denn sie war überzeugt, dass sie kurz vor der Lösung des Rätsels stand. Als sie endlich erschöpft einschlief, war es unvermeidlich, dass sie von Valur träumte.

Wie weit waren seine Recherchen fortgeschritten?

War er auch schon daraufgekommen, dass Arnfríður Leifsdóttir auf dem Friedhof von Viðey begraben war?

Ziemlich sicher nicht, da Katrín vom Statistikamt nicht mehr dazu gekommen war, ihm die Ergebnisse ihrer Nachforschungen mitzuteilen. Und natürlich war er im Zuge seiner Recherchen nicht selbst auf der Insel gewesen. Sunna erinnerte sich, wie sie ihn damals wegen dieses Versäumnisses gerügt hatte.

Aber die große Frage lautete natürlich: Konnte es sein, dass noch etwas anderes – oder vielmehr jemand anderes – in der geweihten Erde begraben war, in der Arnfríður lag?

Sunna wagte kaum, diesen Gedanken zu Ende zu denken.

Sie überlegte, ob sie mit jemandem bei der Zeitung darüber reden könnte – mit Dagbjartur selbst oder mit Baldur –, aber sie schreckte vor diesem Schritt zurück. Sie fand, dass sie die Männer noch nicht gut genug kannte, um sich mit ihnen bei einem Kaffee über ihr weiteres Vorgehen beraten zu können.

Sie gehörten einer anderen Generation an, sie waren zu weit weg von ihr. Und sie konnte nicht mit ihren Eltern reden, denn sie hatte ihnen nicht gesagt, dass sie an Valurs Story arbeitete, und sie konnte nicht damit rechnen, dass sie ihren Bemühungen ihren Segen geben würden.

Sie versuchte Gunnar anzurufen, erreichte ihn aber nicht. Sicher war er an der Uni und brütete gerade über der Bergpredigt.

Als Nächstes kam ihr Margrét in den Sinn, was sicher zum Teil daran lag, dass im Radio gerade »Take My Breath Away« lief, das Liebeslied aus *Top Gun*, und wohl auch daran, dass Margrét zu den wenigen Menschen gehörte, mit denen Sunna über Valurs Tod und die Lára-Recherche gesprochen hatte. Sie war zudem in Sunnas Alter, und wenngleich sie nicht viel gemeinsam hatten – Margrét hatte noch nie von Elías Mar gehört! –, einte sie immerhin die Tatsache, dass sie beide Valur geliebt hatten. Sunna hatte den Eindruck gewonnen, dass Margrét wirklich daran interessiert war, ihr zu helfen, trotz der unangenehmen Begegnung mit Óttar und Ólöf in ihrem Elternhaus. Ihr Vater Jökull hatte sich immerhin hinterher für sein Verhalten entschuldigt, und Margrét hatte es wiedergutzumachen versucht, indem sie Sunna ins Kino eingeladen hatte.

Zu Sunnas Erleichterung ging direkt Margrét ans Telefon.

»Hallo, ich bin's, Sunna.«

»Sunna?« Margrét konnte ihre Überraschung nicht verbergen. »Oh, hallo, wie geht es dir?«

»Gut, danke.«

»Es ist schön, von dir zu hören. Ich wollte dich auch schon anrufen. Was sagst du zu den Nachrichten – dass Reagan und Gorbatschow nach Reykjavík kommen?«

»Ach, weißt du, das ist …«

»Total verrückt, oder? Papa denkt, dass er sie wahrscheinlich persönlich treffen wird.«

»Wirklich?«

»Ja, er gehört wohl zu einer Art Empfangskomitee oder einer Delegation oder so was in der Art. Das ist so aufregend!«

»Okay …«, sagte Sunna, doch dann wurde ihr klar, dass Margrét wohl eine enthusiastischere Reaktion auf die Nachricht erwartet hatte, dass ihr Vater die zwei mächtigsten Männer der Welt treffen würde. »Also, eigentlich wollte ich dich fragen, ob wir uns auf einen Kaffee treffen könnten.«

»Kaffee? Ja, klar doch. Jederzeit.«

Sie trafen sich noch am selben Nachmittag in Sunnas Wohnung. Margréts Besuch machte Sunna bewusst, wie lange es her war, dass sie zuletzt Gäste gehabt hatte – die Zeit schien seit Wochen stillzustehen, jeder Tag war wie der andere, die Stimmen im Radio ihre einzige Gesellschaft. Und auch außerhalb ihrer vier Wände kam sie nicht gerade mit vielen Menschen zusammen, abgesehen von Gunnar. Sie ging nicht mehr in die Vorlesungen, und ihre Magisterarbeit hatte sie vorerst auf Eis gelegt.

Wie um zu unterstreichen, dass sie es gar nicht mehr gewohnt war, Gäste zu bewirten, musste sie nach oben gehen und an Kamillas Tür klopfen, um zu fragen, ob sie sich etwas Zucker leihen könne. Nur mit Mühe konnte sie es vermeiden, in ein Gespräch hineingezogen zu werden, und versprach, dass sie den ausgiebigen Plausch bald nachholen würden.

Margrét saß auf der Sofakante und hielt eine Tasse Kaffee mit Zucker und Milch in den Händen. So elegant, wie sie gekleidet war, wirkte sie auf dem schäbigen Sofa mit den zerschlissenen Kissen völlig fehl am Platz.

»Hör zu, ich weiß, dass es dir ein bisschen seltsam vorkommen muss«, sagte Sunna.

»Bitte?«

»Na, dass ich dich einfach so aus heiterem Himmel zum Kaffee einlade.«

Im Hintergrund konnten sie hören, wie der Moderator der neuen Nachmittags-Talkshow im Radio über Reagan und Gorbatschow sprach – wie ganz Island in diesen Tagen.

»Ach, Unsinn, Sunna. Das ist doch eine nette Idee – ich hatte sowieso nichts Besonderes vor.«

»Es ist nämlich so – ich habe mich noch weiter mit der Lára-Geschichte beschäftigt.«

»Und? Hast du was Neues rausgefunden?«

»Ja, ich glaube schon. Deswegen habe ich dich angerufen. Ich bin mir nicht ganz sicher, wie ich weiter vorgehen soll, also dachte ich mir, ich muss unbedingt mit jemandem reden, dem ich vertrauen kann …«

»Oh, ich helfe dir nur zu gerne. Valur hätte sich gefreut, da bin ich mir sicher.«

Sunna nickte.

»Du hast sie doch nicht gefunden, oder? Lára, meine ich.«

»Nicht direkt«, antwortete Sunna zögernd.

»Sag jetzt nicht, du bist auf etwas gestoßen, was Ólöf und Óttar belastet?«

Sunna registrierte den besorgten Unterton. Margrét hatte wohl Angst, dass die Freunde ihrer Eltern in irgendetwas Unehrenhaftes hineingezogen werden könnten.

»Ich glaube nicht. Aber sicher bin ich mir nicht.«

»Okay. Ich war nur neugierig«, sagte Margrét entschuldigend.

»Kein Problem.« Sunna wählte ihre nächsten Worte mit Bedacht. »Margrét, ich glaube, ich weiß, wo Lára ist.«

Margrét sah sie ungläubig an. »Was? Wo?«

»Ich glaube, sie ist schon die ganze Zeit tot.«

Margrét nickte und wartete mit ernster Miene darauf, dass sie fortfuhr.

»Meine Vermutung ist, dass sie auf Viðey begraben ist.«

»Sie war die ganze Zeit auf Viðey?«

»Ja, auf dem Friedhof. Es ist doch offensichtlich, jedenfalls im Nachhinein betrachtet. Sie ist auf der Insel verschwunden, und das beste Versteck ist eines, das gar keins ist. Hast du mal Edgar Allan Poe gelesen?«

Margrét zuckte mit den Schultern. »Nein.«

Sunna schüttelte ungehalten den Kopf, aber dies war nicht der passende Moment, um ihrem Gast einen Vortrag über ihr Lieblingsthema zu halten: die Ursprünge des Kriminalromans und Edgar Allan Poes Rolle bei der Entstehung des Genres. Stattdessen kam sie gleich auf den Punkt: »Ich glaube, ich weiß sogar ganz genau, wo: im Grab einer Frau namens Arnfríður Leifsdóttir. Valur hatte sich nämlich nach ihr erkundigt, kurz bevor … bevor er starb.«

»Wow … das ist ja unglaublich, wenn das wirklich stimmt. Ich meine, du hast vielleicht gerade ein dreißig Jahre altes Rätsel gelöst!«

»Wir …«

»Wir?«

»Ja, ich und Valur – wir haben es zusammen gelöst.«

»Natürlich.« Margrét lächelte verlegen. »Und wie geht es jetzt weiter?«

»Das wollte ich gerade mit dir besprechen. Findest du, dass ich zur Polizei gehen sollte? Oder mit Dagbjartur reden und die Zeitung auf meine Seite bringen? Ich meine, eine Leiche exhumieren zu dürfen, ist doch bestimmt ein juristischer Albtraum, oder? Die ganzen Genehmigungen und so weiter. Und was ist, wenn jemand uns zuvorkommt – wenn die Nachricht durchsickert? Island ist so klein, da ist es so gut wie unmöglich, dieses Geheimnis lange für sich zu behalten …«

»Also, du kannst dir sicher sein, dass ich keinem Menschen etwas sage, Sunna.«

»Ich weiß.«

»Ich denke, ich könnte mal mit meinem Vater sprechen … Du weißt schon, ihn einfach fragen, wie schwierig es prinzipiell ist, die Genehmigung für die Öffnung eines Grabes zu bekommen, ohne zu sagen, warum ich das wissen will.«

Sunna dachte darüber nach. Sie zögerte, den Rechtsanwalt einzubeziehen, weil sie fürchtete, dass er ihre Absichten durchschauen und seinen Freund Óttar warnen könnte. Denn Óttar und Ólöf würden natürlich gewaltige Schwierigkeiten bekommen, falls Sunnas Theorie zutraf – wenn sich herausstellte, dass das Mädchen, das als Haushaltshilfe bei ihnen gearbeitet hatte, auf der Insel begraben war. Etwas Furchtbares musste damals passiert sein, vielleicht ein Unfall, vielleicht auch nicht … Und es wurde höchste Zeit, dass die Wahrheit ans Licht kam.

Fast bedauerte sie ihren Entschluss, ihre Entdeckung Margrét anzuvertrauen, doch andererseits war es hilfreich, mit jemandem über die Alternativen diskutieren zu können.

»Margrét, ich habe eine Idee«, sagte sie.

»Ja?«

»Wie wäre es, wenn wir zusammen nach Viðey fahren, nur wir zwei … heute Abend oder morgen … und uns selbst ein wenig auf dem Friedhof umschauen?«

Margrét antwortete nicht gleich.

»Also … Ich finde, wir sollten auf jeden Fall Valurs Zeitung da raushalten«, sagte sie schließlich mit fester Stimme. »Und vielleicht ist es auch keine so gute Idee, mit meinem

Vater zu sprechen. Machen wir es einfach selbst, wie du vorschlägst.«

»Bist du sicher?«

»Ja. Ich bekomme nicht allzu oft eine Gelegenheit, aus der Komfortzone auszubrechen, die meine Eltern um mich errichtet haben, und ich weiß, dass sie ausflippen würden, wenn sie wüssten, dass ich so etwas auch nur in Erwägung ziehe – aber ich will es machen. Ich will endlich mal etwas riskieren. Auch wenn es gegen das Gesetz ist.«

»Na, ich will doch sehr hoffen, dass wir nicht im Gefängnis landen. Wir gehen nur einem Hinweis nach. Es ist ja nicht so, dass wir vorhätten, Arnfríðurs Sarg auszugraben. Bloß ein bisschen Erde wegkratzen und schauen, ob es irgendwelche Anzeichen dafür gibt, dass dort noch jemand anderes begraben ist …« Sunna stellte sich irgendwie vor, dass es gar nicht so viel anders sein würde, als einen Tag lang in der Nationalbibliothek in alten Manuskripten zu stöbern.

»Ich bin dabei«, sagte Margrét. »Hundertprozentig. Wann fahren wir?«

Nach ihrem Gespräch mit Margrét machte Sunna ein paar Anrufe und erfuhr, dass es außer am Wochenende keine regelmäßige Fährverbindung nach Viðey gab. Dar Mann vom Fährbüro erklärte ihr: »Unter der Woche will kaum jemand nach Viðey rausfahren, aber es gibt da einen Fischer, der schon seit Jahren nebenher Leute auf die Insel übersetzt. Soll ich Ihnen seinen Namen und seine Telefonnummer geben?«

Als sie den Fischer später am Abend erreichte, sagte der, dass er gerne bereit wäre, die beiden Frauen auf die Insel zu bringen. Sunna wollte unbedingt so spät wie möglich fahren, um nicht zu viel Aufmerksamkeit zu erregen. Manche Dinge erledigte man am besten im Schutz der Dunkelheit.

»Wir hoffen, dort in der Abenddämmerung ein paar gute Fotos machen zu können, also könnten Sie uns vielleicht morgen Abend um sechs übersetzen und gegen neun wieder abholen?«

»Ja, klar, das kann ich schon machen. Aber für eine Abendfahrt muss ich Ihnen ein bisschen mehr berechnen – ich hoffe, Sie verstehen das.«

»Das ist kein Problem«, antworte Sunna. Sie vertraute darauf, dass sie Margrét dazu überreden könnte, die Kosten zu übernehmen.

Für irgendetwas müsste Margréts Familienvermögen ja gut sein.

1986

9. Oktober

Sie saßen recht bequem in dem kleinen Fischkutter und ließen sich die Kekse schmecken, die ihnen der Fischer spendiert hatte. Die See war ruhig, und sie kamen zügig voran auf ihrer Fahrt über die Bucht, aber die Luft war recht kühl.

»Ihr wollt Fotos machen, sagt ihr?«, rief der Fischer von der Tür des Ruderhauses. »Die Leute wollen immer Fotos von der Insel machen. Geht es euch um die Vögel?«

»Eigentlich interessiert uns alles«, antwortete Sunna für sie beide. »Die Landschaft, die Vegetation, die Vögel … Wir sind besonders daran interessiert, das Dämmerlicht einzufangen.«

»Ich habe dieses Boot jetzt schon zehn Jahre und bin unzählige Male nach Viðey rausgefahren, wann immer das Wetter es erlaubte. Vorher hat das Boot meinem Vater gehört. Er hat damals oft Leute auf die Insel gebracht.«

»Dann hat dein Vater wohl auch um die Zeit, als Lára verschwand, den Fährmann gemacht?«

Der Fischer zog fragend die Augenbrauen hoch.

»Das Mädchen, das dort verschwunden ist – 1956.«

»Ja, ich weiß. Ich habe natürlich davon gehört. Ja, 1956, da war der alte Herr noch gut in Form.«

»Ich frage deswegen, weil mein Bruder für seine Zeitung die Geschichte von Láras Verschwinden recherchiert hat.«

»Ach ja?«

»Es wäre toll, wenn wir irgendwann mal mit deinem Vater reden könnten – vielleicht erinnert er sich ja an das Mädchen.«

»Da seid ihr ein bisschen spät dran – er ist vor ein paar Jahren gestorben.«

»Oh, das tut mir wirklich leid, bitte entschuldige.«

»Du musst dich nicht entschuldigen.« Der Fischer wechselte das Thema und sagte: »Wir sind fast da. Seid ihr sicher, dass ihr bis neun bleiben wollt? Da werdet ihr ganz schön durchgefroren sein. Aber nur dass ihr Bescheid wisst – die Kirche wird meistens nicht abgeschlossen. Ihre Türen stehen immer offen, wie man so sagt.«

Das könnte von Gunnar stammen, dachte Sunna und lächelte in sich hinein. Ein Teil von ihr wünschte, sie könnte dieses Abenteuer mit ihm erleben anstatt mit Margrét. Wenn er bloß zu Hause gewesen wäre, als sie angerufen hatte. Er war ein lieber Kerl, auch wenn er für ihren Geschmack ein bisschen zu viel über Gott redete. Aber damit konnte sie leben. Alle möglichen Leute kamen miteinander aus, obwohl sich ihre Interessen nicht hundertprozentig deckten.

»Dann vielleicht nur bis acht«, meldete sich Margrét plötzlich zu Wort. »Länger werden wir bestimmt nicht brauchen.«

Sie hielt einen großen Rucksack auf dem Schoß, der zwei kleine Spaten enthielt. Sie hatten keine größeren Werkzeuge auf die Insel mitschleppen wollen, da der Rucksack allein wahrscheinlich schon genug Verdacht erregte. Sunna hatte bemerkt, wie der Fischer ihn beäugt hatte, während sie sich unterhielten, aber zum Glück hatte er sie nicht danach gefragt. Wahrscheinlich war er von seinen Fahrgästen alle möglichen Eigenheiten gewohnt.

Nachdem er das Boot am Anleger festgemacht hatte, half er ihnen beiden von Bord.

Auf der Insel wehte ein bitterkalter Wind, und das Licht war bereits im Schwinden begriffen. Sunna kamen erste Zweifel. Sie fragte sich, ob sie nicht besser gleich zur Polizei gegangen wäre, anstatt Margrét in die Sache reinzuziehen.

Verstohlen betrachtete sie ihre Begleiterin. Konnte sie Margrét vertrauen? Sie hatte verblüffend schnell in diesen verrückten Plan eingewilligt. Was, wenn Margrét mehr wusste, als sie zugab? Was, wenn sie von ihren Eltern etwas über die Rolle von Óttar und Ólöf bei den Ereignissen gehört hatte und nur mitgekommen war, um Sunna daran zu hindern, das Rätsel zu lösen? Sie versuchte, Margréts Gesichtsausdruck zu deuten, doch die blickte den Hang hinauf zum Gutshaus und zur Kirche.

Sunna bemühte sich, ihre Bedenken zu ignorieren.

Margrét wollte ihr nur einen Gefallen tun, sagte sie sich. Und natürlich wollte Sunna im Moment noch nicht die Polizei einschalten. Sie wollte selbst die Antworten finden, und wenn ihr Verdacht sich bestätigte, wäre der nächste Schritt, die Behörden zu kontaktieren – und den Artikel für Dagbjartur zu schreiben. Valurs Werk zu vollenden …

»Nachteulen.«

Die Stimme riss Sunna aus ihren Gedanken, und sie blickte sich um. Sie und Margrét standen immer noch auf dem Anleger. »Wie bitte?«

»Nachteulen, hab ich gesagt.« Der Fischer grinste über seinen eigenen Witz, während er die Leinen losmachte. »Ich hab mich nur gefragt, was für Vögel ihr um diese Tageszeit zu sehen hofft. Ich persönlich finde ja, dass meine Augen bei Tageslicht besser funktionieren als bei Dunkelheit, aber jedem Tierchen sein Pläsierchen. Ich komm euch dann später abholen. Und verlauft euch nicht – die Insel ist größer, als sie aussieht.«

Ohne ein weiteres Wort verschwand er in seinem Ruderhaus und steuerte das Boot vom Anleger weg.

»Er hat offenbar erraten, dass wir …«, setzte Margrét an.

Sunna unterbrach sie. »Er kann unmöglich etwas ahnen, und außerdem spielt das keine Rolle. Wir müssen es tun – für Valur. Und auch für Lára. Okay?«

Margrét nickte. »Es kann nicht schaden, mal einen Blick auf den Friedhof zu werfen«, sagte sie, als ob sie sich selbst überzeugen wollte. »Und das genügt dann vielleicht auch. Ich meine, wenn wir das Grab nicht finden können, oder …«

»Wir tun, was wir können, Margrét.«

Obwohl es schon dämmerte, konnten sie für ihre Zwecke immer noch genug sehen. Sunna marschierte entschlossen los, den grasbewachsenen Hang hinauf auf das Gutshaus und die Kirche zu. Nach einer Weile hörte sie Margréts Schritte hinter sich.

Überwältigt von der Einsamkeit und Abgelegenheit der Insel, fragte sich Sunna, was Lára wohl durch den Kopf gegangen sein mochte, als sie zum ersten Mal einen Fuß auf Viðey gesetzt hatte, um ihren Job als Haushaltshilfe anzutreten. Fünfzehn war sie gewesen – fast noch ein Kind. Laut ihren Eltern war es im Mai gewesen. Sicherlich hatte die Umgebung in den hellen Frühlingsnächten viel verheißungsvoller gewirkt als jetzt in der herbstlichen Düsternis, und sie hatte mehr Hoffnung in der Luft gespürt, mehr Optimismus. Obwohl Viðey noch in Sichtweite von Reykjavík lag, musste es einem Stadtkind wie Lára vorgekommen sein, als wäre sie plötzlich mitten auf dem Land, wo sie sich näher an der Natur und zugleich seltsam frei fühlen konnte. Sicherlich war sie damals aufgeregt – endlich konnte sie auf eigenen Füßen stehen, ihr eigenes Geld verdienen, und sie würde die Bekanntschaft eines angesehenen Ehepaars aus den besten Kreisen machen. Óttar und Ólöf galten allgemein als vorbildliche Staatsbürger. Niemand hätte gezögert, sein Kind für sie arbeiten zu lassen: ein renommierter Rechtsanwalt, eine Frau aus guter Familie …

Sunna hätte gerne noch einen Umweg über das alte Bauernhaus gemacht, aber laut der Karte, die sie in der Nationalbibliothek konsultiert hatte, lag es zu weit ab von ihrem Weg, und sie hatten jetzt Wichtigeres zu tun. Außerdem stand das Haus ja längst leer, und sie würden dort nichts finden außer den Geistern der Vergangenheit …

Sunna blickte sich rasch um. Von den Grübeleien über die Vergangenheit lief ihr plötzlich ein Schauer über den Rücken.

Margrét warf ihr ein verschwörerisches Lächeln zu, worauf Sunnas Herzklopfen sich ein wenig legte. Aber dennoch wurde sie dieses unheimliche Gefühl nicht ganz los. Es lag etwas Bedrohliches in der Luft, als ob sie auf einer Reise ins Ungewisse wären … Und dass die beiden Freundinnen – waren sie das jetzt tatsächlich? – auf dem Weg zum Friedhof waren, trug nicht gerade zu Sunnas Beruhigung bei.

Sie näherten sich zwei Gebäuden mit weißen Wänden und schwarzen Dächern: zur Rechten das Gutshaus mit seinen Reihen von dunklen Fenstern, die im Dämmerlicht unheimlich wirkten, und zur Linken die Kirche, die noch kleiner zu sein schien, als Sunna sie in Erinnerung hatte. Aber es war auch eine Ewigkeit her, dass sie zuletzt auf Viðey gewesen war, und die Fotos, die sie sich angesehen hatte, täuschten.

Es war ein schmucker kleiner Bau, erst vor Kurzem renoviert, und dort, ein Stück weiter links, von ebenso bescheidenen Dimensionen, lag der Friedhof. Sie würden nicht lange brauchen, um Arnfríður Leifsdóttirs Grab zu finden, vorausgesetzt, die Grabsteine waren leserlich beschriftet.

»Das ist ein richtiges Abenteuer«, sagte Margrét geradezu übermütig. Sosehr sie anfangs geschwankt hatte, schien sie jetzt frei von den Bedenken, die Sunna quälten. Es war vielleicht doch eine vernünftige Entscheidung gewesen, sie mitzunehmen. Sie hatte ein sonniges Gemüt und nahm das Leben leicht. Vielleicht waren das genau die Eigenschaften, die Valur an ihr angezogen hatten. Sie schien jedenfalls nicht nach ihren Eltern geraten zu sein, diesen steifen, konventionellen Rechtsanwälten.

Nicht ausgeschlossen, dass sich zwischen ihr und Sunna mit der Zeit eine echte Freundschaft entwickeln würde. Wäre es nicht das, was Valur gewollt hätte?

»Gut, dann lass uns mal nach Arnfríður suchen«, sagte Sunna und sog die kalte, frische Luft in ihre Lunge, um sich zu stärken.

»Weißt du, Sunna, ich hätte mir nie träumen lassen, dass ich mich mal in der Abenddämmerung auf einen Friedhof schleichen würde, um dort nach Leichen zu graben. Bisher waren meine schlimmsten Verbrechen Geschwindigkeitsübertretungen und mal nachts ins Schwimmbad schleichen. Bist du nicht auch sonst eher der gesetzestreue Typ?«

»Doch – ich lasse noch nicht mal Bücher aus der Bibliothek mitgehen.«

Sunna drückte die Klinke der Kirchentür, sie war unverschlossen, wie es der Fischer gesagt hatte. Das war beruhigend – sie würden sich hinterher hier drinnen aufwärmen können. Sie tastete die Wand neben der Tür ab und fand den Lichtschalter. Der Raum, der sich ihrem Blick darbot, war nach modernen Maßstäben winzig, allerdings hatte es hier wohl nie eine große Gemeinde gegeben. Für einen Moment hatte Sunna das Gefühl, hundert Jahre in der Zeit zurückversetzt zu sein. Die meisten Gebäude in Island stammten aus dem zwanzigsten Jahrhundert, aber sie hatte gelesen, dass die Kirche auf Viðey in der zweiten Hälfte des achtzehnten

Jahrhunderts geweiht worden war – für isländische Verhältnisse in grauer Vorzeit. Die Holzbänke waren blau und braun gestrichen, und so hübsch sie aussahen, so unbequem waren sie vermutlich, wenn man länger darauf saß. Der Altar mit der kunstvollen Kanzel war in den gleichen Farben gestrichen, nur dass hier noch Grün dazukam. Sunna schloss die Augen. Sie hätte sich nie als religiös bezeichnet, und sie machte sich über Gunnar lustig, wenn er sich mal wieder vergaß und endlos über Christus, Gott, Synoden und religiöse Rituale dozierte. Und doch verspürte sie jetzt den Drang, ein stummes Gebet gen Himmel zu schicken – für ihren Bruder und Lára. Für einen kurzen Moment hatte sie das Gefühl, dass Lára ihr hier sehr nahe war. Einbildung oder Wunschdenken?

»Bringen wir's dann mal hinter uns?«, fragte Margrét ein wenig ungeduldig. Sie stand immer noch draußen vor der Kirche.

»Klar.« Sunna drehte sich um, schaltete das Licht aus und zog die Tür behutsam hinter sich zu.

Sie zögerte noch einmal, als sie im Begriff waren, den Friedhof zu betreten – ihr war sehr wohl bewusst, dass sie sich in einer rechtlichen Grauzone bewegten. Was sie vorhatten, galt als Störung der Totenruhe, und das wäre nur schwer zu rechtfertigen. Doch andererseits – Not kennt kein Gebot, sagte sie sich, grimmig entschlossen.

Sie waren nun einmal hier, und wie Margrét gesagt hatte, es konnte nicht schaden, sich ein wenig umzusehen. Sunna hielt inne, um im schwindenden Licht die Umgebung abzusuchen. Die Kirche und das Gutshaus standen auf einer flachen, grasbewachsenen Fläche zwischen zwei sanften Hügeln. Sunna konnte nirgends eine Bewegung ausmachen, und es gab in der offenen Landschaft nichts, wo sich irgendjemand hätte verstecken können. Wieder versicherte sie sich selbst, dass sie die einzigen Menschen auf der Insel sein mussten.

Dann trat erneut ein Bild von Lára vor ihr inneres Auge. Diesmal sah sie das Mädchen auf das Gutshaus und die Kirche zulaufen, vielleicht im Zwielicht des Augusts, verfolgt von jemandem, der ihr etwas antun wollte. Hatte es sich so abgespielt? War das Mädchen um sein Leben gelaufen, über den unebenen Grund, und über ein Grasbüschel gestolpert? War sie vor einem Angreifer geflohen – es war mit ziemlich großer Sicherheit ein Mann gewesen – und hatte es nicht geschafft, ihm zu entkommen? Sie hätte auch keine Chance gehabt, denn auf einer so kleinen Insel konnte man nirgendwohin fliehen. Hatte sie in der Kirche Zuflucht gesucht und sich zwischen die Bänke gekauert? Das hätte ihr wenig geholfen, denn hier gab es praktisch keine Verstecke.

»Also, jetzt lass uns dieses Grab suchen – Arnfríður Leifsdóttir.« Margrét klang entschlossen. Sie dachte offenbar nicht daran, jetzt noch einen Rückzieher zu machen, und wollte keine Zeit mit Spekulationen vergeuden. Sunna registrierte es dankbar.

»Ja, so viele sind es ja nicht.«

Der Friedhof war quadratisch, eingefasst von einer niedrigen Steinmauer, über die sie mühelos hinwegsteigen konnten, und die wenigen verstreuten Gräber waren an flachen Steinen oder leichten Erhebungen im Rasen zu erkennen.

Sunna bückte sich, um einen Stein zu inspizieren. Das letzte Tageslicht reichte gerade noch aus, um die Inschriften ohne Taschenlampe lesen zu können, aber bald würde es zu dunkel sein.

Sunna wusste, dass der Schriftsteller Gunnar Gunnarsson hier begraben war, und es dauerte nicht lange, bis sie auf sein Grab stieß. Aus Respekt hielt sie eine Weile inne.

»Bleib nicht an jedem Grab stehen, das ist Zeitverschwendung!«, zischte Margrét. Obwohl sie allein waren, hatten sie instinktiv die Stimmen gesenkt, vielleicht aus schlechtem Gewissen wegen der Fragwürdigkeit ihres Tuns.

»Ich habe einen berühmten Autor gefunden.«

»Wir sind aber nicht auf der Suche nach Autoren.«

Sunna gab sich einen Ruck und fuhr fort, die Inschriften auf den Grabsteinen zu lesen.

»Arnfríður! Hab sie gefunden!«, rief Margrét in etwas lauterem Flüsterton. »Das hat ja nicht lange gedauert.«

Sunnas Magen verkrampfte sich. Was nun? Sollten sie wirklich ein altes Grab öffnen?

»Ich habe eine Thermoskanne Kaffee dabei«, sagte Margrét. »In meinem Rucksack. Wie wär's, wenn wir uns in die Kirche setzen und was Warmes trinken, während wir warten, bis es richtig dunkel ist? Dann können wir uns an die Arbeit machen.«

Fünfzehn Minuten später verließen sie die Kirche, nunmehr ausgerüstet mit Taschenlampen und Spaten. Die Nacht war schnell hereingebrochen. Jenseits des Sunds funkelten die Lichter von Reykjavík.

»Ich fange an«, sagte Margrét. Sie hatten sich darauf geeinigt, dass es das Beste wäre, zunächst die Grabplatte hochzustemmen und dann darunter zu graben, damit der Rasen möglichst unversehrt blieb. Margrét schob ihren Spaten unter die Kante des schweren Steins und versuchte sie anzuheben – ohne Erfolg.

Sunna merkte, wie der Mut sie verließ. Es war wohl doch eine ganz schlechte Idee gewesen.

»Bist du sicher?«, fragte sie zaghaft.

»Wir tun das für Valur, schon vergessen?«, entgegnete

Margrét. Plötzlich war sie die treibende Kraft und Sunna die Zweiflerin.

Doch sie nickte und packte mit an, um ihrer Freundin zu helfen. Ja, Margrét war ihre Freundin, das wurde ihr jetzt bewusst. Hier waren sie, ganz allein auf dieser einsamen Insel, und öffneten das Grab einer unbekannten Frau …

Die Zeit verging quälend langsam, die Kälte setzte ihr zu – genau wie ihr Gewissen, doch Sunna versuchte beides zu ignorieren. Den Stein zu bewegen war viel schwerer, als sie gedacht hatte, und bald schon schwitzten sie beide vor Anstrengung. Aber sie ging mit äußerster Sorgfalt an die Aufgabe heran, und sie hatte den Eindruck, dass das auch für Margrét galt. Allerdings wurde Sunna schon bald klar, dass es ihnen nicht möglich sein würde, die Spuren ihrer Tat zu verwischen, da die frisch aufgegrabene Erde einen so auffallenden Kontrast zum Rasen bildete.

Und ihr war damit klar, was das bedeutete: Wenn Lára hier begraben war, dann müssten Óttar und Ólöf davon gewusst haben. Der Mörder müsste, nachdem er die Leiche verscharrt hatte, alle Spuren von frischer Erde beseitigt und die Grasnarbe so geschickt wieder geschlossen haben, dass den Polizisten und Helfern, die später zur Suche gekommen waren, nichts aufgefallen war. Das hatte mit Sicherheit einige Zeit gebraucht, und es war kaum vorstellbar, dass es ohne Wissen der einzigen Bewohner der Insel möglich passiert war. Alles schien auf die eine Schlussfolgerung hinauszulaufen: dass Óttar und Ólöf für Láras Tod verantwortlich waren.

»Hast du *Die Farbe Lila* gesehen?«

»Was?« Sunna blickte auf, verwirrt von der unerwarteten Frage.

»Den Film mit Whoopi Goldberg. Er läuft noch im Austurbær-Kino.«

»Oh. Nein, noch nicht. Aber ich gehe auch selten ins Kino«, antwortete Sunna. »Außer natürlich mit dir in *Top Gun.*« Sie erwähnte nicht, dass sie den Film noch einmal mit Gunnar gesehen hatte.

Indem sie das Gespräch auf alltägliche Dinge gebracht hatte, war es Margrét gelungen, die angespannte Atmosphäre ein wenig aufzulockern.

Sunna lächelte und sagte: »Vielleicht sollten wir nächste Woche zusammen hingehen.«

»Ich habe ihn schon gesehen. Ein Typ hat mich eingeladen – ein Dichter. Ich weiß nicht, warum ich Ja gesagt habe. Er hat mir erzählt, er hätte das Buch gelesen. Ich glaube nicht, dass ich noch mal mit ihm ausgehen werde. Dichter sind einfach nicht mein Fall. Aber wir sollten unbedingt nächste Woche zusammen ins Kino gehen.«

»Prima.« Es ärgerte Sunna ein wenig, wie beiläufig Margrét davon sprach, dass sie so kurz nach Valurs Tod schon wieder mit einem Mann ausgegangen war, aber sie versuchte das Gefühl zu ignorieren.

Sie verfielen wieder in Schweigen, und die einzigen Geräusche waren das Kratzen und Scharren der Spaten, begleitet vom Rieseln der gelockerten Erde und ihrem Keuchen. Sunnas Gedanken kehrten zu Óttar und Ólöf zurück. Die beiden wirkten so seriös, aber zugleich hatten sie sich auffällig abweisend verhalten. Bei dem Treffen in Margréts Elternhaus hatte Sunna instinktiv gespürt, dass sie etwas zu verbergen hatten. Es frustrierte sie jetzt, dass sie nicht energischer gewesen war und Antworten verlangt hatte. Ólöf hatte überhaupt nicht auf die Frage geantwortet, die Sunna ihr gestellt hatte. Trotz ihrer Gespräche mit Högni und Páll, die ihr beide ebenfalls verdächtig vorgekommen waren, gelangte Sunna immer wieder zum gleichen Schluss: Óttar musste der Mörder sein. Der einzige Haken an der Sache war, dass er keine roten Haare hatte. Gréta hatte gesagt, dass der Mann, der sie so bedrängt hatte, rothaarig gewesen sei, aber es war immerhin möglich, dass es keinen Zusammenhang zwischen den zwei Vorfällen gab. Und Gréta hätte es doch wohl gesagt, wenn es ihr Arbeitgeber gewesen wäre. War einer der Männer aus Óttars Freundeskreis Gréta gegenüber aufdringlich geworden, während ein ganz anderer für Láras Tod verantwortlich war?

»Reagan landet heute Abend in Reykjavík«, bemerkte Margrét unvermittelt. Offenbar hielt sie die Stille nicht lange aus.

»Ja, das habe ich auch gehört. Aufregende Zeiten, hm?«

»Es ist bestimmt spannend, sie aus der Nähe zu sehen. Soviel ich weiß, trifft Papa sie morgen.«

»Echt unglaublich, wenn man sich das so überlegt.«

In diesem Moment spürten sie die ersten Regentropfen, und es dauerte nicht lange, da schüttete es wie aus Kübeln. Was für eine Schnapsidee, hier bei Regen und Wind in der Dunkelheit herumzuschleichen, dachte Sunna. Der ganze Plan war wahrscheinlich idiotisch, und sie würden außer einer Lungenentzündung nichts von der Insel mitbringen.

»Sollen wir eine Pause machen? Warten, bis es aufhört?«, fragte sie.

»Nichts da«, antwortete Margrét ächzend vor Anstrengung. »Bringen wir's zu Ende. Nachher können wir uns in der Kirche unterstellen, wenn wir Lára gefunden haben.«

Es war, als ob die Wettergötter sie dafür bestrafen wollten, dass sie es gewagt hatten, ihren Plan in die Tat umzusetzen. Dennoch grub Sunna weiter. Sie senkte ihren Spaten vorsichtig in die Erde, versuchte einen gewissen Respekt vor dem Grab zu zeigen, war aber zugleich getrieben von dem unbedingten Willen, Lára zu finden. Ihre Stimmung schwankte zwischen der Gewissheit, dass ihre Theorie zutraf, und quälenden Zweifeln an der Richtigkeit ihres Tuns. Einmal glaubte sie irgendwo in der Ferne ein Geräusch zu hören, und sogleich meldete sich wieder ihr Misstrauen gegenüber Margrét: War es möglich, dass sie ihren Plan ausgeplaudert hatte? Kam da gerade jemand, um sie aufzuhalten?

Nein, natürlich nicht. Sunna ermahnte sich streng, sich auf die Arbeit zu konzentrieren und nicht so paranoid zu sein.

In diesem Moment stieß ihr Spaten mit einem Klicken an etwas Festes.

Sie prallte zurück, dann richtete sie sich auf und trat einen Schritt nach hinten.

»Schhh«, machte sie, und Margrét hörte sofort auf zu graben. Sie verharrten beide reglos, das einzige Geräusch war das Prasseln der Regentropfen.

Sunna leuchtete mit ihrer Taschenlampe in das schwarze Loch.

Ein Knochen ragte aus der feuchten Erde. Als sie den Lichtstrahl über das Grab wandern ließ, entdeckte sie noch weitere Knochen. Hier war also eindeutig jemand begraben. Und es konnten unmöglich Arnfríðurs Gebeine sein, da sie nicht tief genug lagen und von einem Sarg nichts zu sehen war. Sunna trat näher heran, kniete sich hin und bat Margrét, mit ihrer Lampe in das Loch zu leuchten. Dann begann sie mit den Händen in der Erde zu wühlen, in der Hoffnung, irgendeinen Hinweis darauf zu finden, wem diese Knochen gehörten. Da blitzte etwas im Lichtstrahl auf.

Sunna sah genauer hin und erkannte ein großes, aufwendig gearbeitetes filigranes Kreuz an einer Kette.

1986

9. Oktober

Während der kurzen Bootsfahrt zurück zum Hafen sprach Sunna kein Wort. Margrét folgte ihrem Beispiel und schwieg ebenfalls.

Es gab keinen Grund, dem Fischer von ihrer Entdeckung zu erzählen. Sie hatten die dreckverkrusteten Spaten zurückgelassen, um keine lästigen Fragen zu provozieren, und obwohl der Mann immer wieder neugierig ihre schmutzigen Kleider beäugte, fragte er nicht, was sie dort getrieben hatten – vielleicht schreckten ihn ihre versteinerten Mienen ab. Die Halskette hatten sie nicht mitgenommen – sie hatten sie an Ort und Stelle liegen lassen, weil sie den Fundort nicht noch mehr durcheinanderbringen wollten, als sie es ohnehin schon getan hatten. Sie hofften, die Polizei davon überzeugen zu können, noch an diesem Abend nach Viðey hinauszufahren, um eine gründliche Spurensicherung durchzuführen.

Sunnas Atem ging schnell und flach, und sie vermied es, den Fischer oder Margrét anzuschauen. Stattdessen blickte sie über die Faxaflói-Bucht aufs offene Meer hinaus, das sich dort in die Dunkelheit erstreckte, in der Hoffnung, ihre Nerven ein wenig zu beruhigen. Sie war so aufgeregt, dass sie kaum klar denken, geschweige denn ihre Gedanken in Worte fassen konnte.

Am anderen Ufer angekommen, liefen sie gleich zu ihrem Auto.

Margrét setzte sich hinters Steuer.

»Wahnsinn«, sagte sie, als sie den Motor anließ.

»Wohin fahren wir?«

»Zu mir«, entschied Margrét. »Da können wir erst mal was Warmes trinken und uns umziehen – ich kann dir was leihen –, bevor wir die Polizei anrufen. Ich fürchte, wenn wir in diesem Aufzug aufs Revier gehen, werden sie uns für verrückt halten und uns kein Wort glauben. Du hast doch die Nummer von dem Typ, der für den Fall zuständig ist, oder?«

»Ja, sowohl seine Dienst- als auch seine Privatnummer. Ich habe sie in meiner Tasche.«

Sunna wäre am liebsten gleich zur Polizei gegangen, aber sie wollte Margrét nicht widersprechen. Ein kleiner Umweg würde letzten Endes keinen großen Unterschied machen, und außerdem war die Aussicht, in Margréts warmem, gemütlichem Haus in Garðabær in frische, trockene Sachen schlüpfen zu können, sehr verlockend. Denn Sunna zitterte schon die ganze Zeit – vor Kälte, wegen des Schocks über ihre Entdeckung und der Sorge, wie es nun weitergehen sollte.

Sie hatten Lára gefunden, daran konnte es keinen Zweifel geben.

Margrét schaltete das Autoradio ein. Es war kurz vor neun, und es lief die Liveberichterstattung von Ronald Reagans Ankunft in Island. Die Stimme des Sprechers wurde vom Prasseln des Regens und dem Quietschen der Scheibenwischer fast übertönt. Sunna schloss die Augen, atmete tief durch und versuchte sich auf die Reportage zu konzentrieren. Es erschien ihr alles so unwirklich – dass die mächtigsten Männer der Welt sich hier in dem kleinen Reykjavík trafen und dass der eine just an dem Abend eintraf, an dem sie die Leiche eines Mädchens gefunden hatten, dessen Verschwinden dem ganzen Land drei Jahrzehnte lang Rätsel aufgegeben hatte.

Sie hatten Margréts Elternhaus fast erreicht, als die Glocken neun Uhr schlugen, Margréts Digitaluhr piepste und die Livereportage endete. Margrét schaltete auf Radio 2 um, und sie hörten die Stimme von Eiríkur Hauksson, der »Auf halbem Weg zwischen Moskau und Washington« sang. Das Lied, das im Frühjahr in der Auswahl für den isländischen Beitrag zum Grand Prix de la Chanson gewesen war, hatte plötzlich eine ganz neue Bedeutung bekommen.

»Meine Eltern sind zu Hause«, stellte Margrét fest, als sie in der Einfahrt parkte. »Sie wollten sich heute Abend die Premiere von TV2 anschauen.«

Die erste Ausstrahlung des neuen privaten Fernsehsenders! In der ganzen Aufregung hatte Sunna dieses einschneidende Ereignis völlig vergessen.

»Gehen wir ins Wohnzimmer«, sagte Margrét. Sunna schloss sich ihr an.

Margréts Eltern saßen vor dem Fernseher und blickten sich beide um, als sie eintraten. »Hallo, bist du wieder da? Und Sunna auch?«, fragte Nanna. »Der Start des neuen Senders war bis jetzt ein ziemliches Fiasko. Wir haben immer wieder zur Liveberichterstattung von Reagans Ankunft umgeschaltet, weil es bei TV2 technische Probleme gab. Aber es ist trotzdem aufregend, einen neuen Sender zu haben. Jetzt werden Jökull und ich uns abends nie mehr langweilen, nicht wahr, Schatz?«

Der ehemalige Justizminister brummte etwas Unverständliches.

»Meine Güte, ihr seid ja beide nass bis auf die Haut!«, rief Nanna, die offenbar erst jetzt den Zustand der beiden registrierte. »Wir haben gerade im Fernsehen gesehen, wie Reagan am Flughafen vom Regen überrascht wurde. Ist es euch auch so gegangen?«

Sunna hielt sich im Hintergrund und ließ Margrét für sie beide sprechen.

»Wir waren auf Viðey.«

»Auf Viðey?« Jetzt hatten sie auch Jökulls volle Aufmerksamkeit. »Was habt ihr denn da gewollt?« Er runzelte die Stirn.

»Wir haben nach …« Margrét brach mitten im Satz ab, entweder weil sie nach den richtigen Worten suchte oder weil sie erst ihren Mut zusammennehmen musste. »Wir haben nach Lára gesucht«, sagte sie. Sie klang außer Atem und ein wenig verlegen.

Nanna schnappte erschrocken nach Luft, und Jökull sprang vom Sofa auf. Selbst Reagan und Gorbatschow wurden von dieser jüngsten Entwicklung in den Hintergrund gedrängt, dachte sich Sunna.

»Ihr habt nach Lára gesucht?«, wiederholte Jökull. »Jetzt verstehe ich gar nichts mehr. Hat das etwas mit den Fragen zu tun, die Sie Óttar und Ólöf gestellt haben?« Die letzte Frage war an Sunna gerichtet.

»Nicht direkt, nein«, antwortete sie mit leiser Stimme. Allmählich beschlich sie der Verdacht, dass es ein schwerer Fehler gewesen war, mit Margrét herzukommen. Es war doch klar, dass ihre Eltern Einwände erheben und ihnen Schwierigkeiten machen würden.

Sie hatte plötzlich den irrationalen Wunsch, aus dem Haus zu stürzen, die Zeit zurückzudrehen und sich in die Arme ihres Bruders zu flüchten. Valur hätte ihr geholfen; sie hätten zusammen zur Polizei gehen können. Zusammen hätten sie alles schaffen können.

»Es hat nichts mit ihnen zu tun«, sagte Margrét bestimmt. »Sunna hat sich mit dem Fall beschäftigt, sie ist alten und neuen Hinweisen nachgegangen und ist zu dem Schluss gekommen, dass Lára auf Viðey begraben sein muss.«

»Was für ein hanebüchener Blödsinn!«, rief Jökull. »Dass Lára auf Viðey begraben ist … Niemand weiß, was mit ihr passiert ist. Sie könnte ebenso gut noch am Leben sein – vielleicht ist sie noch in Island, vielleicht arbeitet sie irgendwo im Ausland, wer weiß das schon? Ich verstehe nicht, was du dir dabei gedacht hast, Margrét, dich in diesen Unfug hineinziehen zu lassen!«

»Es ist kein Unfug, Papa. Wir haben sie gefunden.«

»Was habt ihr gefunden?«

»Wir haben Lára gefunden.«

»Du lieber Gott, Kind, ist das wirklich wahr?«, frage Nanna ungläubig. »Habt ihr das Mädchen wirklich gefunden?«

»Sie lag die ganze Zeit auf dem Friedhof. Im Grab einer anderen Frau.«

»Nein, das glaube ich nicht«, sagte Jökull und sank aufs Sofa zurück. Sein Gesicht war so aschfahl, dass Sunna sich schon Sorgen um ihn machte. Vermutlich hatte er, so wie sie, eins und eins zusammengezählt und begriffen, dass Óttar und Ólöf in die Sache verwickelt sein mussten. Dass ihre Freunde, dieses hoch angesehene Ehepaar, möglicherweise für den Tod eines jungen Mädchens verantwortlich waren oder zumindest bei der Vertuschung eines schrecklichen Verbrechens mitgewirkt hatten.

Margrét fuhr unerschrocken fort: »Wir haben ihre Halskette gefunden, und danach haben wir sofort aufgehört zu graben.«

»Ihre Halskette?«, wiederholte Nanna.

»Offenbar hat Lára diese eine Halskette immer getragen. Sie war auf keinem Foto von ihr zu sehen, aber Sunna hat von ihrer Existenz erfahren. Es besteht kein Zweifel, dass es sich um ihre Halskette handelt.«

»Habt ihr sie mitgebracht?«, fragte Jökull.

Margrét zögerte. »Nein, wir wollten keine Spuren verwischen. Wir wollten, dass die Polizei alles so vorfindet, wie es ist, deshalb haben wir …«

»Herrgott noch mal, ihr habt doch schon das Grab dieser anderen Frau beschädigt, was an sich schon eine Straftat ist. Ich weiß wirklich nicht, was ich sagen soll …« Jökull ließ einen langen Atemzug entweichen. »Aber wenn ihr wirklich Lára gefunden habt, nach all den Jahren … Es war völliger Wahnsinn, einfach so nach Viðey rauszufahren und Gräber auszubuddeln, aber …«

»Du wirst uns doch helfen, Papa, nicht wahr, wenn die Polizei uns Schwierigkeiten macht?«

Ihr Vater nickte abwesend.

»Wir sollten sie so bald wie möglich anrufen«, fuhr Margrét fort. »Sunna hat die Nummer des ermittelnden Beamten.«

»Ja, dürfte ich Ihr Telefon benutzen?«, fragte Sunna.

»Aber selbstverständlich. Margrét, zeig's ihr«, sagte Nanna. »Am besten ruft ihr sofort an. Du liebe Zeit, das muss doch untersucht werden.«

Sunna hatte schon den Zettel mit der Telefonnummer hervorgekramt.

Mit zitternder Hand hob sie den Hörer ab und wartete, bis sie ein Freizeichen hörte, ehe sie langsam und konzentriert die fünfstellige Nummer wählte, um nur ja keinen Fehler zu machen.

Es läutete.

Während sie wartete, ging sie im Geist die Möglichkeiten durch. Der Polizist war vielleicht nicht zu Hause, oder vielleicht war er schon zu Bett gegangen. Aber an diesem ganz speziellen Tag, wo der amerikanische Präsident zu Besuch kam und der neue Fernsehsender seine Premiere hatte, ging doch bestimmt niemand so früh schlafen, oder?

In diesem Moment meldete sich jemand.

Sunna erkannte Snorris Stimme sofort und nannte ihren Namen. »Bitte entschuldigen Sie vielmals die Störung, aber es ist dringend.«

»Ja?«

»Wir haben Lára Marteinsdóttir gefunden.«

Es war nach ein Uhr morgens.

Die Polizei hatte sich am Telefon eine genaue Beschreibung geben lassen, aber nicht verlangt, dass Sunna und Margrét sie auf die Insel begleiteten. So gerne Sunna bei der Exhumierung von Láras Gebeinen dabei gewesen wäre, hatte sie doch keine Einwände erhoben. Sie war erschöpft, aber zugleich so aufgedreht, dass an Schlaf nicht zu denken war. Stattdessen hatten sie und Margrét, nachdem sie beide heiß geduscht und trockene Sachen angezogen hatten, sich zu Jökull und Nanna ins Wohnzimmer gesetzt, wo sie sich ein Konzert des Symphonieorchesters im Radio anhörten und anschließend ein Video anschauten.

Endlich klingelte es an der Haustür.

Jökull ging hin, um zu öffnen, und Sunna folgte ihm.

Inspektor Snorri stand vor der Tür, begleitet von einem Mann, den Sunna von Fotos in den Zeitungen kannte.

»Guten Abend.« Snorri hatte versprochen vorbeizukommen, sobald sie ein klareres Bild der Lage hätten. »Das ist Kristján Kristjánsson, der die ursprüngliche Ermittlung geleitet hat.«

»Sie müssen Sunna sein«, sagte Kristján.

»Ja, richtig.«

»Möchten Sie nicht reinkommen?«, fragte Jökull.

»Ja, danke«, sagte Kristján. »Ich habe Ihren Bruder gekannt«, sagte er zu Sunna, während sie Jökull ins Wohnzimmer folgten. »Ich war schockiert, als ich hörte, was ihm zugestoßen ist. Darf ich Ihnen mein herzliches Beileid aussprechen?«

»Danke.«

Im Lauf des Abends hatten sie immer neue Zweifel bestürmt. Hatten sie und Margrét einen Fehler gemacht? Hätten sie die Halskette mitnehmen sollen? Und wenn es nun gar nicht Láras Halskette war? War es möglich, dass die Gebeine von jemand ganz anderem stammten? Außerdem quälte sie die Befürchtung, dass jemand die Insel vor der Polizei erreichen und die Beweise vernichten könnte.

»Nun, wie dem auch sei.« Snorri räusperte sich. »Um es kurz zu machen, ich glaube, dass es tatsächlich Lára ist, die Sie gefunden haben. Es ist wirklich unglaublich.«

Sunna schnappte nach Luft. »Es ist also eindeutig Lára?«

»Alles deutet darauf hin, dass sie es ist. Die sterblichen Überreste und die Kette lassen kaum einen Zweifel, bedauerlicherweise. Wir müssen natürlich noch eine gründlichere Untersuchung durchführen, aber wir gehen jetzt davon aus, dass Lára tot ist, dass sie auf Viðey gestorben ist und dort begraben wurde.«

»Sie war dort all die Jahre über versteckt«, sagte Kristján mehr zu sich selbst als zu den anderen. »Ich habe über drei Jahrzehnte meines Lebens damit verbracht, nach ihr zu suchen.« Er seufzte schwer.

»Man kann wohl sagen, dass die Ermittlungen damit wieder in Gang gekommen sind, und wir sind froh, dich mit an Bord zu haben, Kristján«, sagte Snorri. »Wir werden alles daransetzen, der Sache auf den Grund zu gehen.«

»Was ist mit Valur?«, fragte Sunna.

»Es sieht leider ganz so aus, als könnte der Tod Ihres Bruders mit diesem Fall in Verbindung stehen. Ich denke, wir werden ab jetzt in beiden Todesfällen parallel ermitteln. Die

Umstände seines Todes sind nach wie vor ungeklärt, aber wir werden jetzt der Aussage der Zeugin, die behauptet, er sei vor den Bus gestoßen worden, mehr Gewicht einräumen. Es ist nicht ausgeschlossen, dass er ermordet wurde, um ihn an weiteren Nachforschungen zu hindern. Denn er war offensichtlich der Wahrheit sehr nahe gekommen, genau wie Sie.«

»Glauben Sie, dass Sunna in Gefahr sein könnte?«, fragte Margrét unvermittelt.

Snorri schien noch nicht daran gedacht zu haben. »Hmm, ich bezweifle es. Wir können natürlich nie vorsichtig genug sein. Andererseits haben wir ja nun die Leiche, sodass es dem Mörder nichts bringen würde, Sie zu beseitigen, Sunna. Die Wahrheit ist im wahrsten Sinn des Worts ans Licht gekommen.«

»Ein großer Teil davon, ja«, entgegnete sie. Sie bemühte sich, ruhig zu klingen, obwohl Margréts Worte ihr durchaus Angst eingejagt hatten. »Aber wir wissen ja immer noch nicht, wer dahintersteckt …«

»Sind Sie denn in dem Punkt weitergekommen?«, fragte Snorri mit ernster Stimme.

Bis jetzt hatte Sunna ihre Spekulationen zumeist für sich behalten, da sie sich nie sicher gewesen war, auf der richtigen Spur zu sein. Außerdem hatte sie von Valur gelernt, dass gute Journalisten sich nicht in die Karten schauen ließen. Sie war entschlossen, diesen Artikel zu schreiben, daran hatte sich nichts geändert. Aber sie konnte schwerlich der Polizei noch länger wesentliche Informationen vorenthalten.

»Ich habe mich mit der Sache befasst, ja«, sagte sie zögerlich. »Soviel ich weiß, gab es da eine Gruppe von Freunden, die sich regelmäßig auf der Insel getroffen haben. Freunde von Óttar.«

Sunna wurde plötzlich bewusst, dass Jökull und Nanna zuhörten. Sie musste vorsichtig sein, aber es war zu spät, die Bemerkung jetzt noch zurückzunehmen.

»Wann war das?«, fragte Snorri.

»Auf jeden Fall im Sommer 1955, und es liegt nahe, dass sie die Treffen auch im Jahr darauf fortgesetzt haben, in dem Jahr, als Lára verschwand. Sie kamen einmal im Monat an einem Freitagabend zusammen, aber Valur hatte einen anonymen Hinweis erhalten, wonach Lára am Samstagabend gestorben ist. Meine Vermutung ist, dass sie sich dieses eine Mal am Samstag getroffen haben und dass an dem Abend irgendetwas passiert ist. Einer der Männer – ich weiß nicht, welcher – hatte das Mädchen belästigt, das im Sommer zuvor dort als Haushaltshilfe gearbeitet hat …«

Snorri sah sie verblüfft an. »Wer waren diese Männer?«, fragte er mit scharfer Stimme.

Sunna blickte zu Kristján, der mit gesenkten Schultern dasaß. War es möglich, dass er vor dreißig Jahren derselben Spur nachgegangen war, nur um sich in einem Labyrinth mit lauter Sackgassen zu verirren?

»Nun ja, Óttar natürlich … Und noch mehrere andere, glaube ich. Aber ich muss dazu sagen, dass das teilweise Spekulationen sind, basierend auf den Notizen meines Bruders und …«

»Fahren Sie fort. Wir brauchen die Namen, und natürlich werden wir auch die Unterlagen Ihres Bruders benötigen.«

Sunna zögerte zunächst noch, die Identität der Männer preiszugeben – sie hatte gehofft, damit in ihrem Artikel für Aufsehen zu sorgen. Es war jetzt Donnerstagabend – oder eigentlich schon Freitagmorgen –, und damit blieb ihr keine ganze Woche mehr, um ihren Text zu schreiben, wenn sie ihn in der nächsten Ausgabe des *Vikublaðið* bringen wollte. Und sie wollte den Artikel nur dort und nirgends sonst veröffentlichen. Valur zu Ehren.

»Also«, sagte sie nach einer Pause, »ich glaube, dass es vier waren: Óttar, dann ein Bauunternehmer namens Högni Eyfjörð …«

»Högni Eyfjörð? Sind Sie sicher?«, fragte Snorri und zog die Augenbrauen hoch.

»Soviel ich weiß – aber ich konnte keine klaren Antworten aus ihm herausbekommen.«

»Soll das heißen, Sie haben tatsächlich mit ihm gesprochen?«

»Ja, aber nur kurz.«

»Donnerwetter. Na gut, wir werden dem nachgehen. Wer noch?«

»Ein Großhändler namens Finnur Stephensen. Er ist vor Kurzem gestorben, aber ich habe mit seiner Witwe gesprochen.« Sunna war plötzlich klar, dass ihr nächster Schritt ein Besuch bei Þórdís sein musste. Irgendetwas sagte ihr, dass Þórdís von den Personen, die die Wahrheit kannten, die Einzige war, die bereit wäre zu reden. Aber diese Vermutung würde sie nicht mit der Polizei teilen. Besser, sie behielt wenigstens noch ein Ass im Ärmel.

»Ja, natürlich, ich habe von ihm gehört«, sagte Snorri. »Was meinst du dazu, Kristján?«

»Es ist sicherlich interessant«, sagte der ältere Ermittler leise. »Ich müsste mal in meinem Gedächtnis kramen und überlegen, ob diese Namen bei der ursprünglichen Ermittlung schon aufgetaucht sind.«

»Sonst noch jemand? Einer fehlt noch, oder?«

»Ja, ich glaube, es war Páll Jóhannesson vom Stadtrat.«

»Also, das ist ja eine ganz schön illustre Gesellschaft, die Sie uns da aufgezählt haben«, sagte Snorri und blies die Backen auf. »Sie müssen schon entschuldigen, aber es fällt mir ein bisschen schwer, das zu glauben.«

Aber Kristján widersprach ihm, und zum ersten Mal in diesem Gespräch hob er die Stimme. »Wir sollten auf sie hören. Ich habe das Gefühl, dass sie da an etwas dran ist.«

»Ich habe mit allen gesprochen, mit Ausnahme von Finnur natürlich«, erklärte Sunna, »aber Sie werden da sicher mehr Erfolg haben als ich. Diese alten Geheimnisse müssen ans Licht geholt werden.«

»Allerdings. Das ganze Land wird aufhorchen, wenn wir die Nachricht von dem Leichenfund veröffentlichen. Und die Menschen werden Gerechtigkeit verlangen. Wir werden in unserer Suche nach der Wahrheit keine Kompromisse eingehen, Sunna, das kann ich Ihnen versprechen.«

»Wann werden Sie es bekannt geben?«

Snorri antwortete nicht gleich, er schien darüber nachzudenken. »Morgen – oder vielmehr im Verlauf des heutigen Tages – wäre wahrscheinlich zu früh. Am Wochenende, denke ich. Wir möchten den Fundort noch einmal bei Tageslicht untersuchen, um sicherzugehen, dass alles zusammenpasst. Es wäre aber sinnlos, es zu lange unter Verschluss halten zu wollen. Die Leute werden irgendwann fragen, was die Polizei da auf Viðey macht, auch wenn der Gipfel uns eine kurze Atempause verschaffen dürfte, da aller Augen auf dieses Ereignis gerichtet sind.«

»Okay.« Sunna begann allmählich wie eine Journalistin zu denken. Sie hätte den Scoop ganz gerne noch etwas länger unter Verschluss gehalten, um sicherzugehen, dass sie als Erste mit der Story herauskam. Schließlich konnte die Polizei ihr kaum verbieten, über etwas zu schreiben, was sie selbst herausgefunden hatte, oder?

Es war eine Weile still im Raum. Eine Welle der Müdigkeit

erfasste Sunna. Vielleicht würde sie nach all der Aufregung doch ein paar Stunden schlafen können. Morgen würde sie dann den Artikel in Angriff nehmen – und Þórdís einen Besuch abstatten.

Es war Kristján, der überraschend das Schweigen brach. »Danke.«

Sunna blickte auf.

»Sunna, ich möchte Ihnen einfach danken. Diese Ermittlung ist dreißig Jahre lang nicht vom Fleck gekommen. Es gab keinerlei Fortschritte, keine neuen Anhaltspunkte. Und dann gelingt es Ihnen – und Ihrem Bruder und natürlich Ihrer Freundin hier – tatsächlich, das Mädchen zu finden. Ich habe mir immer die Hoffnung gestattet, dass sie noch am Leben ist, auch wenn ich es wohl im tiefsten Herzen selbst nicht geglaubt habe. Aber es ist eine solche Erleichterung zu wissen, dass sie endlich gefunden wurde, das kann ich Ihnen gar nicht sagen.«

Um eine Antwort verlegen, lächelte Sunna ihn nur an. Sie konnte nur ahnen, was dieser Moment für ihn bedeuten musste.

»Sunna, Sie bleiben doch heute Nacht hier, bei Margrét, nicht wahr?«

Es war Jökull, der die Frage stellte. Es klang eher wie ein Befehl und nicht wie eine Einladung.

»Nun ja, ich denke …«

Vielleicht war es die Müdigkeit, die alle anderen Überlegungen in den Hintergrund drängte, aber Sunna fand die Vorstellung zu verlockend, einfach ins Bett fallen zu können, anstatt noch einmal in die Kälte und Dunkelheit hinauszumüssen. Sie hatte ja nicht mal ein Auto. Und sie merkte, dass ihre Vorurteile gegenüber Margréts Familie in der warmen, behaglichen Atmosphäre ihres Hauses nach und nach dahinschmolzen. Es war so gemütlich und einladend. Und trotz ihrer Antipathie gegenüber Jökull musste sie feststellen, dass selbst er ihr sympathischer wurde, je besser sie ihn kennenlernte.

Die Alternative wäre, in ihre einsame kleine Wohnung in Hlíðar zurückzukehren. Und da war noch eine andere Überlegung, die Sunna allerdings für sich behielt: Sie hatte Angst. Ihr war nicht wohl bei der Vorstellung, in dieser Nacht allein zu sein. Irgendjemand hatte Lára ermordet, und dieselbe Person hatte mit an Sicherheit grenzender Wahrscheinlichkeit Valur in den Tod gestoßen. Offensichtlich schreckte dieser Mensch vor nichts zurück, um zu verhindern, dass die Wahrheit ans Licht kam. Und was, wenn er glaubte, dass Sunna zu viel wusste?

»Wir setzen das Gespräch am Morgen fort, Sunna, wenn es Ihnen recht ist?«, sagte Snorri, doch sie wusste, dass es weniger eine Frage als ein Befehl war. Sie würde ihre Aussage zu Protokoll geben müssen, alle Beweisstücke übergeben, eine detaillierte Schilderung ihrer Suche nach Lára liefern, der Polizei von Julia erzählen ... Sunna hatte sie bisher nicht erwähnt, und es hatte auch niemand nachgefragt.

»Ja, das klingt gut. Aber vielleicht lieber am späten Nachmittag, wäre das okay?«

»Natürlich. Ruhen Sie sich nur aus. Von jetzt an liegen die Ermittlungen in unseren Händen, und Sie können sich getrost entspannen.«

Die beiden Polizisten verabschiedeten sich.

»Ich glaube, ich würde die Einladung gerne annehmen, wenn es euch recht ist«, sagte Sunna halblaut zu Margrét.

»Das versteht sich ja wohl von selbst.«

»Ich kann gerne auf dem Sofa schlafen, wenn ...«

»Du kannst das Zimmer neben meinem haben«, unterbrach Margrét sie. »Das ist das größte Gästezimmer.«

Das größte Gästezimmer … Wieder einmal erinnerte Margrét sie daran, dass für diese Familie Geld nie ein Thema gewesen war.

Sunna dachte an ihre eigenen Eltern. Sie hätte sie anrufen und ihnen von den Ereignissen des Abends erzählen sollen, aber das konnte warten. Sie brauchte dringend Schlaf. Außerdem konnte sie ihnen noch keine Antwort auf die Frage geben, was mit Valur passiert war. Nein, der Anruf würde bis morgen warten müssen. Alles konnte bis morgen warten.

»Schlaf dich ruhig aus, Sunna«, sagte Margrét. »Dann kannst du den Artikel fertig schreiben.«

»Den Artikel?«, schaltete sich Jökull ein.

»Sunna schreibt über Lára. Sie bringt zu Ende, was Valur angefangen hat.«

»Ach ja? Für Dagbjarturs Zeitung?« Sein Ton und seine Miene verrieten deutlich, was er vom *Vikublaðið* hielt.

»Ja«, sagte Sunna. Sie stellte sich vor, wie sie am Montag oder Dienstag ins Büro des Chefredakteurs gehen würde, um ihm den fertigen Artikel zu präsentieren – einen Knüller für die Titelseite, von Sunna Róbertsdóttir und Valur Róbertsson. Und bei der Gelegenheit würde sie ihn auch gleich fragen, ob sie für ihn arbeiten dürfe, zunächst einmal bis zum Jahresende. Denn sie hatte sich inzwischen entschieden – es gab kein Zurück mehr. Elías Mar würde warten müssen, während sie ihr Glück als Journalistin versuchte.

Die Welt der Zeitungen erschien ihr auf einmal in einem rosigen Licht. Als ein Weg hinaus aus der Dunkelheit.

1986

10. Oktober

Am Freitag schaffte Sunna es kaum, aus dem Bett zu kriechen, so sehr war sie nach den Strapazen der vorhergehenden Nacht psychisch und körperlich ausgelaugt. Es ging schon auf zwölf zu, als sie zum ersten Mal aufwachte, und es war nach eins, als sie sich endlich einen Ruck gab und aufstand. Sie hatte beschlossen, gleich als Erstes Þórdís anzurufen oder sie zu Hause aufzusuchen, doch als sie deren Nummer wählte, hob niemand ab, und dann rief die Polizei an und bat sie, aufs Revier zu kommen und ihre Aussage zu Protokoll zu geben.

Sie ging zusammen mit Margrét hin. Die Prozedur dauerte viel länger, als Sunna für möglich gehalten hätte, und es war schon Abend, als sie endlich fertig waren.

»Sollen wir bei Þórdís vorbeischauen?«, fragte sie Margrét, als sie vom Polizeirevier losfuhren.

»Dazu ist es viel zu spät. Es kann ja nicht schaden, bis morgen zu warten, oder?«

Sunna zuckte mit den Schultern. Sie war immer noch hundemüde.

Nach einer Pause fuhr Margrét fort: »Hör mal, findest du nicht, dass wir es jetzt erst mal gut sein lassen sollten, Sunna? Wir haben Lára gefunden. Ist der Rest nicht Sache der Polizei?«

In diesem Moment wurde Sunna bewusst, dass sie wohl allein mit Þórdís sprechen musste. Sie musste diesem Geheimnis ein für alle Mal auf den Grund gehen, ohne irgendeine Einmischung von außen.

Statt auf Margréts Frage zu antworten, sagte sie: »Sag mal, könntest du mich vielleicht nach Hause fahren, nachdem ich meine Sachen bei euch abgeholt habe? Ich habe meine Jacke dort gelassen, und …«

»Warum bleibst du nicht übers Wochenende bei uns, Sunna? Es würde dir nicht schaden, dich ein bisschen auszuruhen. Du hast doch gut geschlafen in dem großen Bett, oder nicht?«

»Doch, sicher. Aber ich will euch nicht …«

»Sei nicht albern. Wir könnten heute Abend ins Kino gehen, wenn du magst, in die Elf-Uhr-Vorstellung …«

»Vielleicht lieber morgen. Heute würde ich bloß mitten im Film einschlafen.«

Sunnas Gedanken schweiften kurz zu Gunnar ab. Sie würde ihm alles erzählen müssen, was sie erlebt hatte, aber noch nicht gleich. Auch das konnte warten.

Sie war so furchtbar müde.

Morgen, dachte sie. Für heute würde sie Margréts Einladung annehmen.

Der Abend in Garðabær war sehr angenehm, und Sunna genoss die gemütliche Familienatmosphäre, die ihr so fehlte, seit sie von zu Hause ausgezogen war. Der Fernseher und das Radio brabbelten im Hintergrund vor sich hin – mit der flächendeckenden Berichterstattung vom Reagan-Gorbatschow-Gipfeltreffen –, es gab ein spätes Abendessen für sie und Margrét, als sie endlich nach Hause kamen, und noch später erfüllte der Duft von Kaffee das Haus, der mit Schmalzgebäck und Häppchen serviert wurde … Alles so, wie es sein sollte. Keine Haufen schmutziger Wäsche auf dem Fußboden, kein halb leerer Kühlschrank.

Und doch überlief sie hin und wieder ein Schauer, wenn sie daran dachte, dass irgendwo da draußen Valurs Mörder immer noch auf freiem Fuß war.

1986

11. Oktober

Sunna lag noch lange wach. Immer wieder glaubte sie Jökulls tiefe Stimme zu hören, doch wenn sie sich dann aufsetzte und lauschte, war alles still. Irgendwann sank sie doch in einen tiefen, traumlosen Schlaf.

Am nächsten Morgen wachte sie um neun auf. Verschlafen und mit schwerem Kopf tappte sie in die Küche, wo Margrét und ihre Mutter Nanna bereits am Tisch saßen. Es duftete nach Toast und gebratenem Speck.

»Guten Morgen«, rief Margrét munter. »Hast du gut geschlafen?«

»Sehr gut, danke.«

»Papa ist schon in die Stadt gefahren – heute ist doch der große Tag.«

»Bitte?«

»Na, Reagan und Gorbatschow. Mit etwas Glück wird er sie heute sehen. Es ist ihr erstes offizielles Gespräch.«

»Ach ja, natürlich.« Sunna hatte dieses historische Ereignis doch glatt vergessen. Seit sie die Augen aufgeschlagen hatte, beherrschte Lára alle ihre Gedanken.

»Möchtest du nicht was essen?«

»Doch, gerne. Toast und ein bisschen Käse wäre super, wenn es keine Mühe macht.«

»Fühl dich wie zu Hause.« Margrét lächelte.

»Ich habe nachher noch einen Termin«, sagte Sunna. »Fahrt ihr vielleicht zufällig in die Stadt, oder ...?«

»Wir können dir ein Auto leihen, Sunna«, sagte Nanna. »Unsere drei stehen sowieso nur in der Einfahrt rum. Du kannst meinen alten Wagen haben – wir sind nur noch nicht dazu gekommen, ihn zu verkaufen.«

Sunna nahm das Angebot an. Sie musste die Sache unbedingt zu Ende bringen, und dazu brauchte sie Þórdís. Sie war sich sicher, dass die Schauspielerin die mysteriöse Julia war und dass sie etwas zu erzählen hatte. Dass der Tod ihres Mannes etwas verändert und in ihr den Wunsch geweckt hatte, Wiedergutmachung für die Sünden anderer zu leisten. Sie hatte nicht ahnen können, was die Folgen sein würden: Lára war tatsächlich gefunden worden, aber Valur hatte dafür mit dem Leben bezahlt.

Nach dem Frühstück hatte Sunna noch einmal anzurufen versucht, aber Þórdís war nicht ans Telefon gegangen.

Jetzt stand sie vor dem Haus der Schauspielerin im Laugarásvegur. Es regnete, und die Luft war herbstlich kühl. In der Einfahrt parkte ein neu aussehender Mercedes. Das Auto und das große Einfamilienhaus waren sichtbare Beweise für den Erfolg des Ehepaars. Sie hatten es weit gebracht im Leben, Finnur in der Großhandelsbranche und Þórdís im Theater. Alles so, wie es sein sollte. Oder etwa nicht? Sie hatten dreißig Jahre lang geschwiegen, hatten Láras Eltern jeden Tag aufs Neue leiden lassen, obwohl es in ihrer Macht gestanden hätte, deren quälender Ungewissheit ein Ende zu machen, so bitter die Wahrheit auch sein mochte. Vielleicht war dies der eigentliche Grund, warum Þórdís Valur angerufen hatte – denn sie musste es gewesen sein. Sie hatte ein gutes Herz, das hatte

Sunna gespürt, und doch hatte sie all die Jahre geschwiegen, bis ihr Mann gestorben war. Sunna fragte sich, ob er es war, den sie geschützt hatte, oder ein Geheimnis, das Finnur und seine Freunde teilten. Hatte Finnur ihr vielleicht auf dem Sterbebett aufgetragen, die Wahrheit zu enthüllen? Oder hatte sie ihm die Erlaubnis abgerungen, es zu tun? Und wer hatte Lára getötet? Das war die große Frage. Wenn Sunna die Antwort darauf finden würde, hätte sie auch die Antwort auf die viel wichtigere Frage: Wer hatte Valur in den Tod gestoßen? Ihren Bruder, diesen herzensguten, hübschen, liebenswürdigen Jungen …

Die naheliegende Antwort auf die erste Frage war sicherlich, dass es Finnur selbst war. Er hatte Lára getötet. Þórdís wusste es, hatte aber erst darüber reden können, nachdem er tot war, und dann hatte sie zu retten versucht, was zu retten war.

Diese Theorie klang plausibel, aber sie hatte einen schwerwiegenden Haken: Es war nicht Finnur, der Valur getötet hatte. Das lag auf der Hand. Und Sunna würde nicht von der Stelle weichen, bis sie Antworten auf ihre Fragen hatte.

Sie klingelte an der Tür und wartete.

Das Haus hatte einen großen Vorgarten, und der Garten hinter dem Haus war sicherlich ebenso großzügig bemessen. Obwohl es Herbst war, konnte man sehen, dass die Bäume und Sträucher liebevoll gepflegt waren. Hier und da waren in den Beeten noch bunte Farbtupfer zu sehen, späte Blüten, die sich dem herannahenden Winter noch nicht geschlagen gaben, und die roten Blätter der Sträucher bildeten einen warmen Akzent im kalten Wind. Auch das Haus selbst mit seinem hellgrauen Anstrich wirkte sehr gepflegt.

Sunna hob den Türklopfer an, für den Fall, dass die Klingel nicht funktioniert hatte. Sie konnte nicht den ganzen Tag hier im Regen stehen. Schlimmstenfalls würde sie im Auto warten.

Sie trat ein paar Schritte zurück und sah, dass oben Licht brannte, Þórdís war also zu Hause. Sie konnte sich nicht ewig verstecken.

Als Sunna schon zu zittern begann und sich umdrehte, um ins trockene, warme Auto zu flüchten, hörte sie hinter sich die Tür aufgehen. Und da stand Þórdís – oder vielmehr, sie posierte, als stünde sie auf der Bühne, entweder bei ihrem großen Auftritt oder am Ende einer gelungenen Aufführung, wenn sie den Applaus des Publikums entgegennahm. Sie trug einen Morgenmantel aus roter Seide, und die Haare fielen ihr in Wellen über die Schultern, wie die einer viel jüngeren Frau. Glamourös und zugleich würdevoll, der unumstrittene Star der Vorstellung.

»Sunna«, sagte sie, und sie brachte es fertig, in dieses eine Wort so viel hineinzulegen: dass Sunna willkommen war, dass Þórdís sie erwartet hatte, und zugleich, dass sie der letzte Mensch war, den sie sehen wollte.

»Darf ich reinkommen?«, fragte Sunna. Sie war inzwischen klatschnass.

»Ich denke, es bleibt uns nichts anderes übrig, als Sie vor der Sintflut zu retten«, erwiderte Þórdís trocken. »Kommen Sie rein und ziehen Sie die nassen Sachen aus.«

»Wir können uns auch hier unterhalten, wenn es Ihnen lieber ist.«

»Seien Sie nicht albern. Finnur und ich bitten unsere Gäste immer in den Salon.«

Sunna zog die Schuhe und ihre triefnasse Jacke aus und folgte Þórdís ins Wohnzimmer.

Einen Moment lang kam sie sich vor, als wäre sie in einem Theaterstück gelandet, doch es gab kein Publikum, und sie hatte keine Ahnung, wer bei dem Drama Regie führte. Doch eines war ganz klar: Þórdís war die Hauptdarstellerin.

»Romeo und Julia«, sagte Sunna unvermittelt, nachdem sie sich gesetzt hatten. Mit reichlich Verspätung war ihr klar geworden, warum Þórdís dieses Pseudonym gewählt hatte.

»Romeo und Julia«, wiederholte Þórdís.

»Sie haben die Julia gespielt.«

»Ja, und ich habe sie gut gespielt, wenn ich das so sagen darf. Das ist allerdings sehr lange her. Ich habe meine jugendliche Frische verloren, Sunna. Ich werde die Julia nie wieder spielen.«

Es lag eine so unendliche Traurigkeit in ihrer Stimme, dass Sunna für einen Moment überwältigt war. Sie empfand unwillkürlich Mitleid mit dieser Frau, dabei sollte sie doch an Lára und Valur denken. Sie durfte nicht zulassen, dass Þórdís ihre Gefühle manipulierte. Valur könnte schließlich noch am Leben sein, wenn Þórdís schon früher ihr Schweigen gebrochen und die Wahrheit gesagt hätte.

Oder auch wenn Þórdís keine schlafenden Hunde geweckt und Valur nie diesen Anruf von ihr bekommen hätte. Dann wäre Valur der ganze Medienrummel um seine angeblich bevorstehende Enthüllung erspart geblieben.

Sunna war sich nicht sicher, wie sie Þórdís am besten aus der Reserve locken konnte. Sie war sich nicht mal sicher, ob die Frau eine Verbündete oder eine Gegnerin war – aber vielleicht drehte sich ja beim Theater alles um diese Art von Täuschung.

»Als Sie meinen Bruder angerufen haben, nannten Sie sich Julia, nicht wahr?«

Þórdís stand wortlos auf und begann auf und ab zu gehen, eine majestätische Gestalt in ihrem seidenen Morgenmantel. Dann setzte sie sich wieder hin, beugte sich vor und sah Sunna tief in die Augen. Eine Schauspielerin, deren Publikum aus einer Person bestand.

»Sunna, ich weiß, dass Sie Lára gefunden haben. Die Polizei war gestern bei mir. Genügt das nicht? Können wir es nicht dabei belassen?«

»Ich fürchte, Ihnen ist der Ernst der Lage nicht ganz bewusst«, entgegnete Sunna mit vor Erregung bebender Stimme. »Mein Bruder ist tot. Es ist passiert, nachdem Sie mit ihm gesprochen hatten. Sie haben ihm einen Brief geschickt. Deshalb ist er jetzt tot. Jemand hat ihn vor einen Bus gestoßen. Ich könnte das immer wieder sagen, bis ans Ende meiner Tage, aber es würde nichts ändern. Sie haben Finnur verloren, und das muss wehtun. Ich habe meinen Bruder verloren, und das tut so furchtbar weh, dass ich es gar nicht in Worte fassen kann, Þórdís. Es gibt keine Worte dafür.«

Sunna seufzte, es klang fast wie ein Stöhnen. Sie war vollkommen erschöpft, ausgelaugt, leer. Seit Valurs Tod schlief sie schlecht, weil ihr Verstand den ganzen Tag und die halbe Nacht auf Hochtouren arbeitete. Sie lebte seither nur noch dafür, die Wahrheit herauszufinden, aber jetzt wusste sie plötzlich nicht mehr, ob sie noch länger durchhalten würde. Ihre letzten Energiereserven waren aufgebraucht.

Als Þórdís nicht antwortete, nutzte Sunna die Gelegenheit, um hinzuzufügen: »Und Láras Eltern haben ihre Tochter verloren. Kennen Sie sie?«

Þórdís schüttelte den Kopf. »Nein, ich bin ihnen nie begegnet.«

»Dann sollten Sie vielleicht irgendwann mal auf einen Kaffee bei ihnen vorbeischauen. Es sind ganz normale Menschen, die es im Leben nicht immer leicht hatten. Ich glaube nicht, dass sie in einem teuren Haus wie diesem hier wohnen. Und sie trauern seit dreißig Jahren um ihre Tochter. Das ist eine lange Zeit, Þórdís. Was haben Sie in dieser Zeit getan?«

»Ich bin nicht glücklich gewesen. Wie Sie sich wahrscheinlich denken können.«

»Ja, sicher«, sagte Sunna. »Und ich weiß, dass Sie selbst Lára nichts angetan haben. Das war jemand anderes. Aber Schweigen kann auch fatale Folgen haben. Lára wurde ermordet, das haben Sie meinem Bruder gesagt. Wer hat sie ermordet?«

Þórdís vergrub ihr Gesicht in den Händen. »Das arme Kind.«

»Wer hat sie ermordet?«, wiederholte Sunna.

Þórdís antwortete nicht.

»War es Finnur? War es Ihr Mann?«

»Finnur? Nein, nein, nein. Er …« Ihre Stimme versagte. Sunna war sich nicht sicher, ob das Stück aus war oder ob dies nur eine neue Szene war. Nicht, dass es von Bedeutung gewesen wäre, da Þórdís' ganzes Leben offenbar eine einzige große Theatervorstellung war. Aber nun hatte sie anscheinend den Entschluss gefasst zu reden.

»Sunna, Sie nehmen dieses Gespräch doch nicht auf, oder? Alles, was wir hier sagen, muss unter uns bleiben.«

Þórdís sah sie eindringlich an, und Sunna schüttelte den Kopf. »Nein, ich nehme es nicht auf.«

»Finnur war ein guter Mann, das kann ich Ihnen versichern. Er hat sich nicht unbedingt in guter Gesellschaft bewegt, aber manchmal sind die Bande der Freundschaft zu stark, als dass man sie zerreißen könnte. Man teilt die gleichen Interessen, die gleichen Geheimnisse. Finnur war ein guter Ehemann. Wir hatten keine Kinder, aber wir hatten einander. Und er hat nie irgendjemandem etwas Böses getan. Er konnte keiner Fliege etwas zuleide tun. Er war ein harter Geschäftsmann, deshalb ging es uns finanziell gut, aber … in Wahrheit ist es uns persönlich nie gut gegangen. Es hat uns nie an Geld gemangelt; das Großhandelsgeschäft floriert und wird uns beide überleben, aber stets lag da dieser Schatten über allem – Láras Schatten. Wir haben nie darüber gesprochen, obwohl wir über alles reden konnten und uns immer nahestanden. Finnur war einfach nur zur falschen Zeit am falschen Ort. So ist es manchmal – alles hängt an einer einzigen grausamen Ironie des Schicksals. So ist es gewesen, Sunna …«

»Wer hat Lára ermordet?«, fragte Sunna in barschem Ton. Sie war entschlossen, dieses Spiel bis zum Ende zu spielen. Sie würde nicht zulassen, dass Þórdís das letzte Wort behielt. Und sie würde kein Mitleid mit ihr haben – nicht jetzt. Noch nicht.

»Ich weiß nicht … Ich kann es nicht … Ist das jetzt noch so wichtig?«

»Es ist sehr wohl wichtig!« Sunna hatte die Stimme gehoben. »Der Fall ist nicht abgeschlossen, bis der Gerechtigkeit Genüge getan ist und jemand die Verantwortung übernimmt. Das ist diese Person Láras Eltern schuldig. Mir und meinen Eltern. Þórdís, Sie müssen auf Ihr Gewissen hören.«

»Auf mein Gewissen hören? Aber ich …«

»Das hätte Finnur doch auch gewollt, oder nicht?«

»Ja.«

»Was hat Finnur gesagt?«

»Er hat es mir erzählt, gleich nachdem es passiert war. Ich selbst war ja nicht dabei. Und danach haben wir nie wieder darüber gesprochen. Was hätten wir auch sagen sollen? Sie hatten einander versprochen, Stillschweigen zu bewahren, weil das Mädchen ohnehin tot war. Das ließ sich nicht ungeschehen machen. Und Finnur hatte sich irgendwann in dieses Schweigen verrannt, so wie wir alle. Es verging nicht ein Tag, Sunna, an dem ich nicht Láras Eltern anrufen wollte, um ihnen zu sagen, was passiert war. Aber ich konnte Finnur nicht verraten.« Þórdís war einen Moment still, dann räusperte sie sich. »Das waren tatsächlich die letzten Worte, die mein Finnur zu mir gesagt hat, bevor er starb. Er sprach von Viðey, und da wusste ich, dass ich etwas tun musste. Es tut mir so unendlich leid, dass ich Ihren Bruder da hineingezogen habe, aber irgendwie schien es mir das Naheliegendste zu sein … Ja, es war das Naheliegendste …«

»Und jetzt ist er tot.«

»Es ist eine Tragödie – die ganze Sache ist eine Tragödie.«

»Aber eines verstehe ich nicht«, sagte Sunna. »Wieso hat die Polizei nie herausgefunden, dass Finnur und seine Freunde an diesem Wochenende auf der Insel waren und Óttar besucht haben? Wieso wurden sie nie vernommen? Man sollte doch meinen, dass derjenige, der sie auf die Insel gebracht hat, es der Polizei melden würde.«

»Óttar hatte sein eigenes Boot«, antwortete Þórdís. »Er hat sie immer selbst abgeholt und sie nach ihren Feiern wieder in die Stadt zurückgebracht; da spielte es keine Rolle, wenn es auch mal Sonntagfrüh wurde, ehe sie wieder nach Hause kamen. Wir Ehefrauen waren die Einzigen, die wussten, dass sie dort gewesen waren.«

»Warum haben Sie beide so lange geschwiegen, Þórdís?«

»Das Leben ist so kompliziert, so kompliziert – all die verschiedenen Interessen. Der kleinste Fehler kann so weitreichende Folgen haben … Finnur hatte sich in ein Netz verstrickt, aus dem er sich nicht mehr befreien konnte – aus dem wir uns nicht mehr befreien konnten. Die Fäden erstrecken sich in alle Richtungen. Einer für alle und alle für einen. Es war eine Blutsbrüderschaft, wie in den alten Sagen. Es fehlte nur noch, dass sie ihr Blut tatsächlich vermischt hätten. Sie haben einander geholfen, und sie haben alle davon profitiert. Wir haben ein florierendes Geschäft aufgebaut. Politik, Baugewerbe …« Sie brach abrupt ab, als fürchtete sie, zu viel zu sagen. »Keiner wagte es, sich zu weit aus dem Fenster zu lehnen und mit der Gruppe zu brechen.«

»Wer hat sie getötet, Þórdís? Wenn Sie mir das sagen, wird alles besser.«

Nicht, dass Sunna das auch nur eine Minute lang geglaubt hätte.

»Er hat sich auf sie gestürzt und wollte … Ich kann nicht einmal darüber reden … Er wollte sie missbrauchen, aber sie hat sich gewehrt. Als die anderen – seine Freunde – davon erfuhren, war sie schon tot. Er hatte sie zu fest am Hals gepackt, sagte er, zu fest zugedrückt … Sie waren alle betrunken, so war das nun mal. Und einer von ihnen – nicht Finnur – hatte die Idee, sie auf dem Friedhof zu begraben. Damit diese Sache nicht unser aller Leben ruinierte.« Sie lachte – ein kaltes, unheimliches Lachen. »Aber es hat unser aller Leben trotzdem ruiniert, als ob man jeden verdammten Tag Gift trinken würde.«

Finnur war also unschuldig. Das war Þórdís' Version der Geschichte; das, was sie glauben wollte. Sunna bezweifelte, dass die Erklärung so einfach war, beschloss aber, dass dies nicht der richtige Moment war, um Þórdís zu widersprechen. Sie brauchte die Schauspielerin. Und was sie von ihr brauchte, war ein Name. Nur ein einziger Name …

Sunna musste es selbst zu Ende bringen. Noch würde sie nicht die Polizei einschalten, aber es würde sich irgendwann nicht vermeiden lassen.

Sie war so dicht an der Wahrheit dran.

»Óttar – es muss Óttar gewesen sein«, platzte es aus ihr heraus. »Es war sein Haus – er war derjenige, der auf der Insel das Sagen hatte. Seine Frau war zu der Zeit oben, er musste nicht befürchten, dass sie etwas mitbekommen würde, und ich nehme an, dass er einfach die Beherrschung verloren hat. Er stürzte sich auf das Mädchen und …«

Þórdís schwieg eine Weile. Dann sagte sie: »Ich kann nicht … Wir müssen das irgendwie anders lösen, Sunna.«

»War es Óttar?«

Aber Þórdís beantwortete die Frage nicht. Stattdessen kam sie wieder auf ihre eigene Schuld zu sprechen. »Ich hätte sie so gerne angerufen – Láras Eltern, meine ich. Ich hätte es schon vor Jahren tun sollen. Aber manchmal fehlt einem einfach der Mut. Sie hatten ein Recht, zu erfahren, wo ihr Kind war. Manchmal schaue ich in den Spiegel und erkenne die Frau nicht wieder, die ich da sehe. Ich war doch einmal ein besserer Mensch. Ich weiß nicht, warum ich es so lange vor mir hergeschoben habe.«

»Es wird Zeit, dem Versteckspiel ein Ende zu machen, ein für alle Mal.«

»Sunna, Sie müssen sich in meine Lage versetzen. Finnur hat nichts Falsches getan, außer dass er geschwiegen hat. Er hat niemanden getötet. Er hatte nur Angst. Die Jungs haben immer zusammengehalten, seit ihrer Schulzeit schon, und es kam für Finnur einfach nicht infrage, es wäre ein Verrat gewesen an …«

Sunna hätte Þórdís am liebsten angeschrien. Konnte die Frau denn nicht verstehen, was für eine verzerrte Sicht der Dinge sie hatte? Sie schien sich erfolgreich eingeredet zu haben, dass sie und Finnur nie eine Wahl gehabt hatten, und nicht nur das, sondern auch, dass sie beide keine Schuld traf, obwohl Lára mehr oder weniger unter Finnurs Augen ermordet worden war. Sie war im Grab einer anderen Frau verscharrt worden, und ihr Mörder war ungestraft davongekommen. Und doch hatte Finnur den Mund gehalten, und Þórdís auch – bis zu dem Moment, als sie beschlossen hatte, Valur anzurufen.

Und der Mörder war immer noch auf freiem Fuß.

War es vielleicht doch Finnur gewesen, Þórdís' vehementen Beteuerungen zum Trotz?

Das würde erklären, warum sie ihr Schweigen erst gebrochen hatte, nachdem er tot war, und warum sie niemand anderen beschuldigen wollte – weil es diesen anderen gar nicht gab …

»Wann hat Finnur Ihnen erzählt, was passiert war?«

»Fast sofort nachdem er zu Hause ankam. Wissen Sie, er war danach nicht mehr derselbe. Die Last eines solchen Geheimnisses mit sich herumzuschleppen, das zerstört einen Menschen. Sie können das wahrscheinlich noch nicht verstehen, und ich kann sehen, dass Sie keinerlei Verständnis für mich haben. Das ist in Ordnung. Wir sind sehr verschieden, und Sie sind noch so jung. Sie werden es mit der Zeit noch lernen.« Ihre Stimme hatte jetzt einen überheblichen Ton. »Aber mir geht es nicht darum, Verständnis zu heischen. Ich spiele in dieser Geschichte nur eine Nebenrolle.«

»Þórdís, hat Finnur sie getötet? Er ist tot – Sie müssen nicht mehr für ihn lügen.«

Bei diesen Worten verlor Þórdís die Beherrschung. »Ich habe diese Frage bereits ganz klar beantwortet«, fuhr sie auf. »Mein Mann hat niemanden getötet. Ich schwöre es.«

»Und doch wollen Sie mir nicht helfen. Alles, was ich brauche, ist ein Name, dann kann ich zur Polizei gehen. Dann gibt es eine Chance, dass der Gerechtigkeit Genüge getan wird.«

»Ich brauche Zeit zum Nachdenken. Hören Sie auf, mich zu bedrängen.«

»Óttar?«

Þórdís schüttelte den Kopf. »Ich habe um Zeit zum Nachdenken gebeten.«

»Högni? Es würde wohl niemanden überraschen, wenn er etwas zu verbergen hätte …«

»Ich sage kein Wort, Sunna. Nicht jetzt. Sie können so viele Namen aufzählen, wie Sie wollen, es wird Ihnen nichts nützen. Es ist nicht wichtig, wer damals auf Viðey war.«

»Es ist von entscheidender Wichtigkeit, Þórdís. Von entscheidender Wichtigkeit!«

Þórdís stand auf. »Ich brauche mehr Zeit, Sunna. Danke für Ihren Besuch. Es war hilfreich, das alles einmal durchzusprechen.«

»Páll …?«, fuhr Sunna unbeirrt fort. Jedes Mal, wenn sie einen neuen Namen nannte, beobachtete sie genau Þórdís' Miene, doch die Frau blieb ungerührt wie ein Eisblock – da zeigte sich die jahrzehntelange Schauspielerfahrung.

Und dann, als hätte man plötzlich einen Hebel umgelegt, schien Þórdís nachzugeben.

»Ich stimme Ihnen zu, Sunna, falls es Ihnen damit besser geht.«

»Was?«, fragte Sunna verwirrt.

»Sie sagten, ich solle auf mein Gewissen hören«, fuhr Þórdís fort. »Da haben Sie völlig recht. Es muss ein Schlussstrich gezogen werden – und ich werde dafür sorgen. Ich …«

Sunna fiel ihr ins Wort: »Heißt das, Sie werden mir die Wahrheit sagen?«

»Ich werde diese verfahrene Situation auf meine Weise bereinigen. Ich gehe jetzt zu …« Sie brach ab. Hätte sie fast den Namen verraten? »Ich gehe zu ihm und überrede ihn, sich zu stellen.«

»Und Sie glauben, das wird funktionieren?«

»Ich bin mir sicher.«

»Aber was, wenn … er … Was, wenn er auch meinen Bruder getötet hat? Glauben Sie wirklich, dass es so einfach sein wird?«

»Vertrauen Sie mir, Sunna. Und jetzt muss ich mich leider von Ihnen verabschieden.«

Sunna erhob sich zögernd. »Warum sagen Sie es mir nicht einfach? Dann gehe ich gleich zur Polizei, und die kann sich um alles kümmern.«

»Nein, so läuft das nicht. Ich will Finnur aus der Sache heraushalten. Er hat es nicht verdient, dass sein Name in den Zeitungen auftaucht. Und was wir heute hier besprochen haben, ist natürlich vertraulich, wie ich eingangs bereits sagte. Niemand darf erfahren, worüber wir gesprochen haben. Ich werde leugnen, dass dieses Gespräch je stattgefunden hat, sollten Sie damit zur Polizei gehen.«

Sunna musste sich geschlagen geben. Es war unmöglich, diese Frau von ihrem Kurs abzubringen. »Danke, dass Sie bereit waren, mit mir zu sprechen«, sagte sie matt.

»Ich hatte ja nicht unbedingt eine Wahl.« Þórdís lächelte.

»Aber seien Sie bloß vorsichtig.«

»Vorsichtig?«

»Sie wollen schließlich einen Mörder zur Rede stellen.«

»Ich habe keine Angst – vor nichts und niemandem, Sunna.«

1986

11. Oktober

Sunna saß noch eine ganze Weile im Auto. Sie war ratlos – das Gespräch hatte sich in eine vollkommen unerwartete Richtung entwickelt. Þórdís war viel offener gewesen, als Sunna zu hoffen gewagt hatte, und doch hatte sie sich geweigert, die eine Information preiszugeben, auf die es ankam.

Sie waren also vor dreißig Jahren dort auf Viðey gewesen, diese Gruppe von Freunden, sie hatten zu viel getrunken, und einer von ihnen war zum Mörder an einem jungen Mädchen geworden. Doch sie alle hatten Stillschweigen bewahrt. So funktionierte das – einer für alle und alle für einen. Wie hatte Þórdís es ausgedrückt? Wie Blutsbrüder in einer Wikingersaga.

Sie hatten weitergelebt, als ob nichts passiert wäre, und jetzt waren sie in ihren Sechzigern – diejenigen, die noch am Leben waren –, und sie hatten es alle zu etwas gebracht. Sie hatten einander geholfen, Reichtum anzuhäufen und ihr Netzwerk nützlicher Beziehungen aufzubauen. Und die ganze Zeit hatte Lára allein in ihrem kalten Grab gelegen. Der Mord an sich war schon entsetzlich genug, doch die Komplizenschaft der Männer – und von Þórdís und vielleicht auch den anderen Ehefrauen, Ólöf und Gunnlaug – war nicht weniger empörend. Ihr Geheimnis hatte gut vergraben und vergessen auf dem Friedhof von Viðey gelegen, während Láras Eltern mit leeren Händen dastanden und nie erfuhren, was mit ihrer Tochter passiert war.

Sunna fragte sich, was in aller Welt sie jetzt tun sollte.

Sie betrachtete das Haus, diese luxuriöse Villa. Þórdís und Finnur hatten der Welt eine so glatte, makellose Fassade präsentiert. Aber jede Kette ist nur so stark wie ihr schwächstes Glied, und nun war dieses Glied verbogen und möglicherweise gerissen. Es war nicht zu übersehen, dass Þórdís von Schuldgefühlen geplagt wurde, und das war auch nicht weiter verwunderlich. Aber hatte sie wirklich Lob verdient dafür, dass sie jetzt ihr Schweigen gebrochen hatte, so lange nach dem furchtbaren Ereignis? Sunna hatte gemischte Gefühle: Einerseits war sie Þórdís dankbar für die Enthüllung, auch wenn das auf eine recht exzentrische Weise geschehen war. Aber andererseits hatte Þórdís eine Verkettung von Ereignissen in Gang gesetzt, die Valur vermutlich das Leben gekostet hatten.

Sunna versuchte ihre Gedanken zu ordnen. Sollte sie zu Margrét fahren oder zuerst nach Hause in ihre Wohnung? Oder gleich zur Polizei? Das Puzzle war fast vollständig, es musste nur noch irgendjemand das letzte Teil beisteuern. Die Polizei würde mit ziemlicher Sicherheit noch heute die drei überlebenden Männer vernehmen, falls das nicht schon geschehen war. Einer von ihnen würde mit Sicherheit gestehen müssen.

Högni, Óttar oder Páll?

Sie waren ihr alle gleich unsympathisch.

Ein solches Geheimnis drei Jahrzehnte lang mit sich herumzutragen, musste seinen Tribut gefordert haben, aber sie hatte den Verdacht, dass alle drei noch nie sonderlich edel, hilfreich und gut gewesen waren.

Wer von ihnen hatte die Beherrschung verloren? Ein fünfzehnjähriges Mädchen angegriffen, sie gewürgt und ihr beim Sterben zugesehen?

Und wer hatte Valur in den Tod gestoßen? Wer hatte ihren Bruder ermordet, und wie würde sie reagieren, wenn sie es herausfand?

Der einzige Weg, der ihr jetzt noch offenstand, war, zur Polizei zu gehen, mit Snorri zu sprechen – und vielleicht auch mit Kristján – und ihr Gespräch mit Þórdís Punkt für Punkt wiederzugeben. Sie hatte getan, was sie konnte, um den Fall zu lösen, und jetzt mussten andere übernehmen.

Sie ließ den Motor an, und das Radio erwachte zum Leben. Der Sprecher der Zehn-Uhr-Nachrichten sagte gerade, dass die Vertreter der bedeutendsten Nachrichtenagenturen der Welt sich an der Borgartún versammelt hätten und darauf warteten, dass die beiden Spitzenpolitiker sich auf der Treppe des Höfði-Hauses zeigten. Nie zuvor hatte Reykjavík solche Beachtung in der internationalen Presse erhalten.

In diesem Moment sah Sunna, dass Þórdís das Haus verließ und auf ihr Auto zuging, offenbar ohne zu bemerken, dass Sunna noch dasaß und sie beobachtete. Die Schauspielerin hatte sich umgezogen und trug jetzt ein schwarzes Kleid und einen weißen Mantel, majestätisch wie die Dame auf einem Schachbrett, die zu ihrem nächsten Zug ansetzt.

Sunna überlegte fieberhaft und traf eine Entscheidung. Sie würde sich an Þórdís dranhängen, die das Auto nicht erkennen und vermutlich keinen Verdacht schöpfen würde.

Denn wenn Þórdís wie angekündigt auf dem Weg zu Láras Mörder war, musste Sunna ihr nur folgen, um zu erfahren, wer es war.

Þórdís fuhr den Laugarásvegur entlang und bog dann links in den Sundlaugavegur ab.

Die Nachrichten waren vorbei, und ein gut gelaunter Moderator kündigte einen brandneuen Song an, »Moscow, Moscow«, eigens für den Anlass geschrieben von der isländischen Band Strax.

Moscow, Moscow, can't you hear me, waiting on the line …

Während sie der eingängigen Melodie lauschte, wurde Sunna klar, dass Þórdís in Richtung Borgartún und Höfði unterwegs war. Konnte es wirklich sein, dass sie einfach nur einen Blick auf Reagan und Gorbatschow erhaschen wollte?

Moscow, Moscow, hurry up, it's almost news at nine …

An der Einmündung zur Borgartún stellte sich jedoch heraus, dass die Straße für den Verkehr gesperrt war. Þórdís wendete und parkte verbotenerweise auf dem Gehsteig. Sunna steuerte eine Parklücke in einiger Entfernung an, ohne dabei die Schauspielerin aus den Augen zu lassen.

Þórdís war eindeutig auf dem Weg zum Höfði-Haus. Das war äußerst merkwürdig. Angesichts der Dringlichkeit, Láras Mörder zur Rede zu stellen, schien es undenkbar, dass sie sich vorher noch die Zeit nehmen würde, beim Gipfeltreffen vorbeizuschauen. Aber Sunna wollte es nicht riskieren, die Frau aus den Augen zu verlieren, trotz des Regens, der jetzt vom Wind gegen die Autofenster gepeitscht wurde. Sie warf einen Blick auf ihre Uhr: Viertel nach zehn. Bei der Szenerie, die sich ihr draußen darbot, fühlte sie sich in eine große ausländische Metropole versetzt. An jeder Ecke standen Polizisten, zweifellos verstärkt durch Angehörige der amerikanischen und sowjetischen Geheimdienste. Zahllose Autos, Limousinen und Geländewagen säumten die Straße. Sunna stieg aus und stapfte durch den böigen Wind und den Regen auf das Höfði-Haus zu. Als sie näher kam, erblickte sie die Scharen von Journalisten, die sich davor versammelt hatten. Kein Zweifel, die Augen der Welt waren auf Reykjavík gerichtet.

Obwohl Þórdís sich nicht ein einziges Mal umschaute, blieb Sunna in gehörigem Abstand hinter ihr. Sie sah, wie die Frau auf einen Polizisten zuging und ihn ansprach. Hatte Þórdís etwa beschlossen, selbst zur Polizei zu gehen? Nein, offensichtlich wollte sie in den abgeriegelten Bereich durchgelassen werden. Und zu Sunnas Erstaunen gelang es ihr auch, denn jetzt war sie schon hinter der Absperrung.

Sunna war inzwischen selbst nicht mehr weit vom Höfði-Haus entfernt, doch sie konnte die beiden Staatschefs nirgends sehen, nur Bodyguards, Polizisten und eine Gruppe von isländischen Politikern und Offiziellen, von denen sie einige, aber nicht alle erkannte. Alle warteten auf Reagan und Gorbatschow. Die Welt hielt den Atem an … Würde dieses Treffen ein Ende des Kalten Krieges bringen?

War Þórdís wirklich nur hergekommen, um die beiden mit eigenen Augen zu sehen, oder hatte sie ein anderes Motiv?

Wenn sie gekommen war, um jemanden zur Rede zu stellen, konnte es eigentlich nur der Stadtrat Páll Jóhannesson sein.

Sunna erinnerte sich an ihre unangenehme Begegnung mit ihm in seinem Büro. Sie ließ den Blick über die Menge schweifen, doch sie konnte ihn nirgends entdecken, obwohl die Mitglieder des Stadtrats alle hier sein mussten, wie die gesamte Führungsschicht des Landes.

Konnte es wirklich der angesehene Stadtrat gewesen sein, der ungerührt zugesehen hatte, wie Lára starb, und der dann seine Kumpel überredet hatte, sie heimlich auf dem Friedhof zu verscharren? Sunna schauderte bei dem Gedanken.

Sie hatte jetzt die Absperrung erreicht, an der Þórdís zuvor kurz aufgehalten worden war, und stand demselben Polizisten gegenüber.

»Dieser Bereich ist gesperrt«, brummte er mürrisch, während der Regen von seiner Mütze troff.

»Ich arbeite für das *Vikublaðið*«, sagte sie mit fester Stimme.

»Fürs *Vikublaðið*? Ah, okay, einen Moment … Haben Sie einen Presseausweis?«

Und da fiel ihr ein, dass sie Valurs Presseausweis eingesteckt hatte, als sie seinen Schreibtisch in der Redaktion geräumt hatte. Sie kramte in ihrer Tasche und fand ihn nach kurzer Suche. Als sie ihn dem Polizisten hinhielt, achtete sie darauf, den Namen mit den Fingern zu verdecken.

Der Beamte nickte. »In Ordnung, aber halten Sie genug Abstand. Niemand darf zu nah hingehen.«

»Alles klar.«

Dann erkannte sie an der plötzlichen Bewegung in der Menge, dass etwas Wichtiges im Gang sein musste.

Ein schwarzer Wagen fuhr am Höfði-Haus vor, und aus dem Fond stieg niemand anderes als Ronald Reagan.

Sunna hielt inne, ihr stockte der Atem.

Sie hätte nie gedacht, dass sie den Präsidenten der Vereinigten Staaten einmal aus der Nähe sehen und Augenzeugin bei einem solchen historischen Ereignis sein würde.

Reagan begrüßte die Presse mit einem Lächeln und ging dann auf das Haus zu, ohne Fragen zu beantworten.

Sunna sah sich um. Sie fürchtete schon, Þórdís verloren zu haben, doch dann entdeckte sie die Schauspielerin, die sich einen Weg durch das Gedränge bahnte. Sie wollte ihr folgen, doch gleich darauf ging erneut ein Raunen durch die Menge, als ein zweiter Wagen vorfuhr, in dem – wenig überraschend – Michail Gorbatschow saß. Reagan trat wieder vor die Tür und begrüßte den sowjetischen Generalsekretär. Sunna blieb wie angewurzelt stehen und starrte die beiden an. Es schien alles so unwirklich.

Als sie sich endlich zusammenriss und sich hektisch umsah, war Þórdís verschwunden.

Verdammt!

Hatte sie die Schauspielerin verloren?

Wie hatte sie nur so fahrlässig sein können?

Sie suchte die Umgebung ab, doch in der Richtung, in die Þórdís gegangen war, konnte sie nur eine Phalanx von Polizisten sehen. Die Journalisten begannen sich schon wieder zu zerstreuen, da sie vorläufig auf keine weiteren Fotos von den Politikern hoffen konnten.

Wo konnte Þórdís hingegangen sein?

Und in diesem Moment sah Sunna deren weißen Mantel aufblitzen – sie verschwand gerade in einem modernen Bürogebäude gegenüber dem Höfði-Haus, auf der anderen Seite der Borgartún. Dort standen die Leute dicht an dicht, und man kam nur langsam voran, doch Sunna kämpfte sich entschlossen zwischen Menschen und Autos hindurch. Ihr Herz klopfte wild, teils aus Furcht, Þórdís zu verlieren, teils aus Angst vor dem, was als Nächstes passieren würde. Vielleicht würde sie gleich Valurs Mörder gegenüberstehen.

Sie hatte schon zwei oder drei kostbare Minuten verloren, als sie endlich das Gebäude erreichte. Sie stürmte zur Tür hinein, ohne um Erlaubnis zu fragen, und wurde von einem vielsprachigen Stimmengewirr empfangen – Englisch, Russisch und Isländisch. Es handelte sich offenbar um das internationale Pressezentrum für das Gipfeltreffen. Aber was konnte Þórdís hier wollen? Waren in dem Gebäude auch Büros untergebracht? Oder hielt sich Stadtrat Páll Jóhannesson hier vielleicht für ein Interview auf?

Sie sah sich um, und da sie Þórdís nirgendwo entdecken konnte, lief sie aufs Geratewohl los und schaute nacheinander in alle Räume. Überall ging es laut und hektisch zu, sie bekam Bruchstücke von Unterhaltungen mit, in denen es stets um den Gipfel, um Meldungen oder Fotos ging. Und wieder spürte sie dieses Kribbeln, diesen Kick, den Reiz des Reporterlebens. Es wäre ein Traum, in beruflicher Funktion hier zu sein – obwohl natürlich nicht jeder Tag im Leben einer isländischen Journalistin so aufregend sein konnte.

Þórdís schien wie vom Erdboden verschluckt.

Es war nur noch ein Büro übrig in diesem Teil des Gebäudes, das letzte auf dem Flur. An der Tür war kein Schild. Sunna wurde plötzlich von einer Vorahnung gepackt. Das Gefühl glich dem, das sie auf Viðey empfunden hatte: die intuitive Gewissheit, dass sie der Wahrheit ganz nah war. Sie hatte schon die Hand gehoben, um anzuklopfen, kam aber noch rechtzeitig zur Besinnung und riss die Tür ohne Vorwarnung auf.

Das stand Þórdís, ihr Gesicht angstverzerrt, in die Ecke gedrängt von einem Mann, der sie gegen die Wand zu drücken schien. Er redete auf sie ein – Sunna konnte nicht genau hören, was er sagte, aber er hatte die Stimme gehoben, offenbar überzeugt, dass der Lärm draußen jedes Geräusch übertönen würde – und dass es, während alle Augen auf Höfði gerichtet waren, keine Zeugen geben würde, wenn in einem fensterlosen Büro an der Borgartún eine finstere Tat verübt wurde.

Der Mann riss den Kopf herum, als Sunna ins Zimmer platzte und die Tür hinter sich weit offen ließ.

Als ihre Blicke sich trafen, sah sie an seinen schreckgeweiteten Augen, dass nunmehr er es war, der Angst hatte.

1986

11. Oktober

Sunna erstarrte.

Im ersten Moment weigerte sich ihr Gehirn zu glauben, was ihre Augen sahen.

Vor ihr stand Dagbjartur.

»Sunna … Sunna …«, stammelte er.

Einen Sekundenbruchteil lang hatte sie die rasende Wut in seinen Augen gesehen, doch jetzt war seine Miene die eines Mannes, dem kein Ausweg mehr bleibt, der weiß, dass das Spiel aus ist.

Vier oder fünf.

Sie hätte sich ohrfeigen können.

Vier oder fünf, hatte Gréta gesagt.

Óttar und ein paar seiner Freunde. *Vier oder fünf, nicht mehr.*

Und dummerweise war Sunna nicht auf die Idee gekommen, dass ein Name auf der Liste fehlen könnte.

Óttar, Högni, Páll, Finnur – und Dagbjartur.

Sie wankte ein paar Schritte rückwärts, zur Tür hinaus, ohne den Chefredakteur auch nur für eine Sekunde aus den Augen zu lassen.

Draußen hielt sie die erste Person an, die vorbeikam – eine Frau, die es offenbar eilig hatte.

»Entschuldigung, aber können Sie bitte die Polizei anrufen oder draußen einen Polizisten suchen und ihn bitten, sofort herzukommen?«

»Was?«

»Bitte, es ist äußerst dringend. Ich brauche hier einen Polizisten, und zwar sofort.« Sunnas Stimme und Auftreten waren viel ruhiger und souveräner, als sie es unter den Umständen für möglich gehalten hätte, doch sie durfte jetzt keine Schwäche zeigen. Nicht, solange sie Valurs Mörder gegenüberstand. Sie hatte ihm in die Augen gesehen und gespürt, wie der Schmerz und die Wut in ihr hochkamen und zum Ausbruch drängten.

Sie drehte sich wieder zum Zimmer um, stellte sich in die Tür, um den Ausgang zu versperren, und sagte mit fester Stimme: »Lassen Sie Þórdís in Ruhe.« Sie spürte, dass sie jetzt die Oberhand hatte. Vor Dagbjartur hatte sie keine Angst – er konnte ihr nicht mehr gefährlich werden.

Er stöhnte auf und blickte sich fieberhaft um, als ob er nach einem Ausweg suchte, dann fuhr er sich mit einer Hand über den kahlen Schädel. In diesem Moment fiel Sunna etwas anderes ein, was Gréta gesagt hatte: Der Mann, der sie belästigt hatte, sei rothaarig gewesen. Die Beschreibung passte auf keinen der vier anderen Männer – es sei denn, Högnis gefärbte Haare wären ursprünglich rot gewesen –, aber vielleicht hatte Dagbjartur ja rote Haare gehabt, bevor sie ihm ausgefallen waren?

»Ich hätte ihr doch nichts getan«, sagte er lahm.

»Du hast mich angegriffen, du Ungeheuer!«, rief Þórdís, deren Angst offenbar Empörung gewichen war.

In diesem Moment wusste Sunna, dass das Spiel wirklich und wahrhaftig aus war. Þórdís würde Dagbjartur nicht länger schützen, und das musste auch ihm klar geworden sein.

»Zuerst Lára, dann Valur und jetzt … um ein Haar auch Þórdís.«

»So war das nicht, ich wollte sie nicht …«

»Du bist damals auf Viðey über Lára hergefallen, wir wissen alles darüber. Wir haben ihre Leiche gefunden.«

Dagbjartur starrte sie mit großen Augen an, dann schlug er sich die Hände vors Gesicht.

Die Minuten verstrichen, aber noch immer tauchte kein Polizist auf. Sunna hielt die Stellung und versperrte weiter die Tür.

»Habt ihr sie gemeinsam begraben, du und deine Freunde?«

Er nickte.

»In Arnfríðurs Grab.«

»Ja, es war irgendeine Frau. Arnfríður Leifsdóttir. Wir haben sie zufällig ausgesucht.«

»Und Valur war auf der richtigen Spur.«

»Dank Þórdís«, sagte Dagbjartur mit vor Wut gepresster Stimme.

»Ihr alle?«

»Was?«

»Habt ihr alle mitgemacht beim Vergraben der Leiche? Bei der Vertuschung des Verbrechens?«

»Ja, es war die einzige Möglichkeit. Finnur ist es immer am schwersten gefallen, damit klarzukommen. Er war ein guter Mann. Herzensgut, aber schwach.« Dagbjartur wandte sich Þórdís zu und sah ihr in die Augen. »Aber auch er hat nicht Nein gesagt zu den Gelegenheiten, zu dem Geld. Wir haben zusammengehalten.« Sein Blick ging wieder zu Sunna. »Sie sind alle genauso schuldig wie ich, diese Freunde von mir. Ich habe ihnen eine gute Presse gegeben, sie haben meine Zeitungen finanziert. Páll hat seine politischen Beziehungen spielen lassen, Finnur und Högni haben den Profit eingestrichen – jeder hat seine Rolle gespielt.«

»Aber Lára musste sterben.«

»Es ist im Eifer des Gefechts passiert. Tragisch, ich weiß. Sie war so jung, so hübsch.«

»Und dann Valur.«

Einige Sekunden vergingen, ehe Dagbjartur antwortete.

»Du musst mir glauben, Sunna – ich wollte deinem Bruder nichts tun, du musst …« Ihm versagte für einen Moment die Stimme. »Ich wollte ihn nur im Auge behalten. Ich war beunruhigt – ich hatte Angst, dass er der Wahrheit zu nahe kommen würde. Das konnte ich nicht zulassen. Ich habe sogar daran gedacht, nach Viðey zu fahren und die Leiche auszugraben, aber … Es war einfach nicht realistisch, es wäre ein zu großes Risiko gewesen. Valur schien sich seiner Sache so sicher zu sein, er war so überzeugt, dass er das Rätsel rechtzeitig für die nächste Ausgabe lösen würde, und er fing schon an, die Namen meiner Freunde zu nennen. Und dann …« Wieder brach er ab, holte tief Luft und fuhr fort: »Dann sah ich ihn da in der Menschenmenge an der Bushaltestelle stehen, und es kam gerade ein Bus in voller Fahrt daher, und ich … ich bin gestolpert und gegen ihn gestoßen – ich schwör's, es war ein Unfall, ich wollte ihn doch nicht …«

»Nie und nimmer war das ein Unfall«, fiel ihm Sunna ins Wort, ihre Stimme schneidend vor Wut und Abscheu. »Du hattest alles sorgsam vorbereitet, nicht wahr? Du hast der Nachrichtenredaktion des Fernsehens gesteckt, dass Valur dem Geheimnis auf der Spur wäre, damit alle Welt es wüsste und es keinen Grund gäbe, dich zu verdächtigen. So ist es doch gewesen, nicht wahr, Dagbjartur?«

Er gab keine Antwort, doch an dem Flackern in seinen Augen erkannte sie, dass sie richtig geraten hatte.

Es kostete sie ihre ganze Selbstbeherrschung, sich nicht sofort auf den Mann zu stürzen.

Sie holte tief Luft, während sie gegen die Tränen ankämpfte. Dies war weder die Zeit noch der Ort, um Valur zu beweinen. Es lag ein schwacher Trost in der Gewissheit, dass Dagbjartur eine lange Gefängnisstrafe zu erwarten hatte.

»Du und Valur wart Freunde«, sagte sie mit belegter Stimme.

»Er hat für mich gearbeitet. Man geht nicht ins Zeitungsgeschäft, um Freunde zu gewinnen. Und natürlich wollte ich ihn nicht töten. Ich hatte ihm grünes Licht gegeben, in dem verdammten Fall herumzuschnüffeln und in der Vergangenheit zu wühlen. Aber die ganze Sache ist außer Kontrolle geraten. Anfangs hat er nur Meldungen aus den Archiven wieder aufgewärmt – das ist alle paar Jahre passiert und hat mich nicht weiter beunruhigt. Das Geheimnis war ja gut vergraben und würde nie ans Licht kommen. Es standen zu viele Interessen auf dem Spiel – all die anderen Leute, die davon wussten, hatten zu viel zu verlieren.« Er blickte sich kurz um. »Ich wusste nicht, dass Finnur gegenüber seiner Frau geplaudert hatte«, sagte er verächtlich. »Ich hätte es mir denken können. Wir anderen haben stets den Mund gehalten, obwohl Ólöf natürlich etwas wusste. Das war unvermeidlich.«

»Hast du nie auch nur eine Minute an Láras Eltern gedacht?«

»Was hätte ich ihnen denn sagen sollen?«, entgegnete Dagbjartur verärgert. »Dass sie tot war? Das muss ihnen doch klar gewesen sein. Sollte ich sie etwa nach Viðey führen, zu dem Grab? Dann hätte man doch unweigerlich die Verbindung zu Óttar hergestellt, und am Ende womöglich auch zu mir, obwohl dir und Valur das nicht gelungen ist. Die gute alte Schulclique …«

»Was ist mit Valur? Ist es für dich bloß eine Nebensache, dass mein Bruder tot ist? Empfindest du gar nichts dabei?«

Dagbjartur gab keine Antwort.

Þórdís hatte während des Wortwechsels wie eine Statue dagestanden und Dagbjartur und Sunna stumm beobachtet; nur ihre Augen spiegelten ihre Gefühle wider. Sunna kam der Gedanke, dass dies für die Schauspielerin nur ein weiteres Stück war, in dem sie eine Rolle spielte. Doch dann wurden ihre Überlegungen durch einen Tumult im Flur hinter ihr unterbrochen, und als sie sich umdrehte, sah sie zwei Polizisten herbeieilen.

»Ist etwas passiert?«, fragte der eine.

»Dieser Mann dort ...« Sunnas Finger zitterte, als sie auf Dagbjartur zeigte. »Dagbjartur Steinsson – er hat diese Frau angegriffen, Þórdís heißt sie, und ...«

Dann fiel ihr ein, was Þórdís gesagt hatte, als Sunna in ihrem Haus im Laugarásvegur mit ihr gesprochen hatte. Mit Valur zu reden, schien das Naheliegendste zu sein. So ähnlich hatte sie es ausgedrückt. Natürlich – sie hatte sich an ihn gewandt, weil er für Dagbjartur arbeitete.

»Ist das wahr?«, fragte der Polizist. »Hat er Sie angegriffen?«

Þórdís nickte. »Allerdings. Er wollte mich umbringen.«

»Ich bin gerade noch rechtzeitig gekommen«, sagte Sunna. Sie fühlte sich mit einem Mal völlig kraftlos und ausgelaugt. »Und das ist noch nicht alles: Dagbjartur hat außerdem gerade zwei Morde gestanden.«

»Wie bitte?« Der Polizist sah sie verblüfft an. »Morde?«

»Ja«, antwortete Sunna mit kühler Gelassenheit. »Er hat meinen Bruder ermordet, den Journalisten Valur Róbertsson. Und er hat 1956 auf Viðey ein junges Mädchen ermordet. Ihr Name war Lára Marteinsdóttir.«

»Lára? Das Mädchen, das verschwunden ist?«

»Am besten reden Sie mit zweien Ihrer Kollegen, Snorri Egilsson und Kristján Kristjánsson – sie leiten die Ermittlungen. Sie müssen ...«

Sunna brach unvermittelt ab. Ihr war schwindelig, und sie schaffte es gerade noch, an Þórdís und Dagbjartur vorbeizuwanken, ehe sie sich in der Ecke auf den Boden sinken ließ. Benommen sah sie zu, wie die beiden Polizisten Dagbjartur abführten.

Eine Flut von Erinnerungen an Valur brach über sie herein – alltägliche Momente, die zu der Zeit nicht wichtig zu sein schienen, aber jetzt alles bedeuteten. Sein Lächeln, seine Begeisterung für seinen Beruf. Dagbjartur hatte den Fehler gemacht, Valur zu unterschätzen. Valur hätte eine so große Story selbstverständlich niemals in Angriff genommen, ohne gründliche Vorarbeit zu leisten, und jetzt war es ihre Aufgabe geworden, zu Ende zu führen, was er begonnen hatte.

»Wir bringen Dagbjartur auf das Polizeirevier in der Hverfisgata«, sagte einer der Polizisten. »Würden Sie beide bitte dorthin nachkommen?«

»Wir werden dort sein«, versicherte ihm Þórdís. Sie wandte sich zu Sunna um. »Ich bin Ihnen so dankbar, dass Sie gekommen sind, dass Sie … nun ja, Sie sind mir doch gefolgt, nicht wahr?«

Sunna nickte.

»Ich habe bei der Zeitung angerufen, gleich nachdem Sie gegangen waren«, erklärte Þórdís. »Man sagte mir, ich könne ihn hier finden, und …«

Sunna schloss wieder die Augen. Sie hatte nicht die Kraft zu antworten.

»Es wird alles gut, meine Liebe«, sagte Þórdís mit sanfter Stimme. »Wir machen unsere Aussage, und dann können Sie nach Hause gehen und sich ausruhen. Kann ich jemanden für Sie anrufen?«

Sunna überlegte einen Moment und sagte dann: »Gunnar – ja, doch, Sie könnten Gunnar anrufen.« Sie hatte »Margrét«

sagen wollen, es sich aber im letzten Moment anders überlegt. »Gunnar Gunnarsson, der mich bei meinem ersten Besuch bei Ihnen begleitet hat.«

»Wissen Sie, wo ich ihn erreichen kann? Haben Sie seine Nummer?«

Sunna versuchte sich daran zu erinnern, aber sie war zu aufgewühlt. »Er steht im Telefonbuch … Gunnar Gunnarsson, Theologiestudent.«

»Wir werden das schon regeln«, sagte Þórdís.

Sunna wollte nur noch nach Hause, erst einmal ausschlafen und sich dann, sobald sie wieder bei Kräften war, ans Schreiben machen.

Aber eines war klar: Der Artikel würde auf keinen Fall im *Vikublaðið* erscheinen.

1986

1. November

Ehe sie sichs versah, warf Weihnachten schon seinen Schatten voraus.

Sunna hatte einen Stadtbummel gemacht und war eine Weile vor dem festlich dekorierten Schaufenster eines Touristengeschäfts in der Hafnarstræti stehen geblieben, aus dem ihr die traditionellen dreizehn Weihnachtsgesellen entgegengrinsten.

Sie war auf dem Weg zu ihrem »zweiten Wohnzimmer«, dem Café Mokka, doch diesmal würde sie dort mit Gunnar anstatt mit Valur bei Kaffee und Waffeln sitzen. Er war in den letzten Wochen immer mehr zu einem festen Bestandteil ihres Lebens geworden. Inzwischen fand sie es sogar charmant, wenn er endlos über Theologie dozierte, aber sie dachte sich, dass sie wohl immer schon ein bisschen in ihn verliebt gewesen war. Er war an ihrer Seite gewesen in der Woche, als die Welt auf den Kopf gestellt wurde, als Dagbjartur hinter Gitter kam und die isländische Öffentlichkeit endlich die Wahrheit zu hören bekam.

Am Abend des Tages, an dem der Artikel veröffentlicht wurde, hatte Gunnar Sunna ins Theater eingeladen. Und obwohl sie selbst nicht die große Theatergängerin war, hatte sie ohne Zögern zugesagt, und es war ihr gelungen, für diesen einen Abend alles andere zu vergessen. Zwei, drei kurze Stunden lang waren ihre Gedanken erstaunlicherweise kein einziges Mal zu Valur oder Dagbjartur oder Viðey abgeschweift.

Und für diesen Abend hatte er sie zur letzten Vorstellung von *Il Trovatore* eingeladen, aufgeführt von der Isländischen Nationaloper. Auch das war etwas, was Sunna normalerweise kaum interessiert hätte, aber sie ließ sich von ihm überreden. Ihre Beziehung entwickelte sich langsam, aber stetig. Sie hatte keine Eile, und ihr Artikel – ihr und Valurs Artikel – löste ein so gewaltiges Medienecho aus, dass sie fürs Erste wahrlich genug Aufregung hatte. Immerhin hatte sie Gunnar ihrerseits dazu überreden können, nach der Oper mit ihr ins Hotel Borg tanzen zu gehen, denn es war schließlich Samstagabend.

Sie hatte am Ende entschieden, den Artikel im *Morgunblaðið* erscheinen zu lassen. Margréts Vater Jökull hatte ihr dringend dazu geraten, woraufhin Sunna sich mit den beiden Redakteuren zum Kaffee getroffen hatte. Sie hatten sie davon überzeugt, dass ein Beitrag wie dieser – eine große Story in jeder Hinsicht – in die größte Zeitung des Landes gehörte, und als Bonus hatten sie ihr angeboten, sie zum Jahresanfang auf Probe bei der Zeitung anzustellen.

Sie hatte dagesessen und sich ruhig und geduldig die Konditionen angehört, in dem Bewusstsein, dass sie den Scoop des Jahres in der Tasche hatte, und dann gefragt: »Er kommt doch bestimmt auf die Titelseite, oder?« Dabei wusste sie ganz genau, dass die Titelseite des *Morgunblaðið* traditionell für Auslandsnachrichten reserviert war.

Die Redakteure hatten zunächst gezögert, doch schließlich hatte der eine geantwortet: »Ja, selbstverständlich.« Und damit war die Sache abgemacht.

Der Artikel erschien am 18. Oktober, genau zwei Monate nach Valurs Tod. Sunna durfte das Datum selbst aussuchen.

Letzten Endes musste sie sich die Samstagszeitung und die Titelseite mit der Präsidentin teilen, die den Papst im Vatikan besuchte, aber wenigstens war sie in guter Gesellschaft. Die Schlagzeile war von drei Fotos begleitet, die Lára, Valur und Sunna zeigten, und beide Geschwister wurden als Verfasser genannt.

Sie hatte Tag und Nacht am Feinschliff des Textes gearbeitet.

Dagbjartur hatte gestanden, aber Sunna hatte sein Foto nicht auf der Titelseite haben wollen – ihrer Ansicht nach war der Innenteil gut genug für den Dreckskerl und seine Kumpane, die ihn gedeckt hatten. Auch Ólöf und Þórdís kamen nicht ungeschoren davon. Sie waren beide mitschuldig an der Vertuschung eines Mordes, daran gab es keinen Zweifel. Ganz Island wurde von dem Skandal erschüttert, und nach dem Erscheinen des Artikels war die Presselandschaft in Aufruhr. Die Geschichte machte immer noch Schlagzeilen. Sunna war von beiden Fernsehsendern interviewt worden – die *Botin der Wahrheit* hatte ein Produzent sie genannt –, und der Fall löste eine große Debatte aus über die Notwendigkeit, die Korruption in der isländischen Gesellschaft zu bekämpfen. Politiker sämtlicher Parteien sprangen auf den fahrenden Zug auf. Páll hatte sein Stadtratsmandat aufgeben müssen, und Högni Eyfjörð hatte einen Auftrag nach dem anderen verloren. Wie Sunna hörte, stand er kurz vor dem Bankrott. Die beiden mussten zudem immer noch befürchten, wegen Mittäterschaft verhaftet und angeklagt zu werden. Þórdís hingegen war wie durch ein Wunder von der Kritik weitgehend verschont geblieben – vermutlich, weil die Schauspielerin so etwas wie ein Nationalheiligtum war und weil Sunna es ihr als Verdienst angerechnet hatte, dass sie Valur und sie auf die richtige Spur gebracht hatte, wenn auch mit reichlich Verspätung.

Als Sunna jetzt durch das Stadtzentrum spazierte, registrierte sie, dass Passanten sie erkannten, sie heimlich beobachteten und untereinander tuschelten. So war es also, wenn man berühmt war – oder so etwas in der Art. Es machte ihr nichts aus – sie glaubte, dass sie sich daran gewöhnen könnte.

Dagbjartur saß in Untersuchungshaft, und das *Vikublaðið* war seit dem Reagan-Gorbatschow-Gipfel nicht mehr erschienen. Die Mitarbeiter hatten alle der Reihe nach gekündigt, da keiner von ihnen weiter für Dagbjartur arbeiten wollte, und die anderen Zeitungen hatten die Finanzen des *Vikublaðið* und die Zuwendungen an das Blatt durch Óttar, Högni und den verstorbenen Finnur unter die Lupe genommen. Die Klüngelei unter den fünf Schulfreunden war offenbar umfassend gewesen. Dagbjartur hatte sich weitgehend im Hintergrund gehalten und die offene Nähe zu den anderen gemieden, doch wie es aussah, hatte er die Zeitungen, die er herausgab, über die Jahre stets benutzt, um die Interessen seiner Freunde zu fördern. Er hatte lediglich den einen Fehler begangen, Valur zu gestatten, so viel Zeit auf den Fall Lára zu verwenden. Ein fataler Fall von übersteigertem Selbstvertrauen, dachte Sunna. Sie hatte den Eindruck, dass Dagbjartur sich für unverwundbar gehalten hatte, im Vertrauen darauf, dass ihr so lange erfolgreich gewahrtes Geheimnis nie gelüftet würde. Es war auch denkbar, dass er glaubte, es wäre sicherer, wenn er die Kontrolle über alles hatte, was über Lára geschrieben wurde.

Als die unglaublichen Enthüllungen über den Mord an Lára erschienen, waren Reagan und Gorbatschow, der neue Fernsehsender, das Stadtjubiläum und alles, was bis dahin die Nachrichten beherrscht hatte, in kürzester Zeit so gut wie vergessen. Aber irgendwann würde auch das Interesse an dieser Geschichte nachlassen. Sunna war darauf vorbereitet. Sie wollte es bis Weihnachten ruhig angehen lassen, vielleicht endlich das Kaffeetrinken mit Elías Mar nachholen und ein bisschen an ihrer Magisterarbeit basteln.

Sie würde Gunnar eine Chance geben und sehen, wie sich die Dinge entwickelten.

Zum ersten Mal seit Valurs Tod spürte sie, dass sich in ihr so etwas wie Vorfreude regte. Sie freute sich auf Weihnachten, trotz allem, und hatte vor, die Feiertage im Norden bei ihren Eltern zu verbringen. Und im neuen Jahr würde sie sich mit frischer Kraft in die Welt des Journalismus stürzen, voller Selbstvertrauen und beseelt von dem Wunsch, etwas zu bewirken.

Was die Magisterarbeit betraf – nun, eines Tages würde sie die auch fertig schreiben.

Aber das hatte keine Eile.

Nachwort

Es war im Januar 2020, als wir uns bei einem Mittagessen über unser Interesse an Kriminalromanen austauschten, dass Ragnar erstmals die Idee einer Geschichte über einen alten Vermisstenfall auf der Insel Viðey aufbrachte, die hauptsächlich in den 1980er-Jahren spielen sollte. Wir sind zufällig genau gleich alt, und wir haben das Jahrzehnt beide als eine sorgenfreie, glückliche Zeit in Erinnerung. Wir waren zehn Jahre alt, als die Stadt Reykjavík alle Register zog, um ihre Zweihundertjahrfeier zu zelebrieren, und wir waren mittendrin im Geschehen, als sich halb Island darum stritt, ein Stück von dem zweihundert Meter langen Kuchen abzubekommen. Wir erinnern uns an die Achtziger auch als eine Zeit rapider Veränderungen in Island. Und da unsere Persönlichkeiten und Ansichten sehr unterschiedlich sind, lag eine gewisse Freiheit im Schreiben über eine vergangene Zeit mit ihren ganz eigenen sozialen Fragen und Problemen, die keinen Bezug zu denen von heute haben.

Nicht lange nach diesem Mittagessen schlug die Pandemie zu und veränderte unser aller Leben. In dieser Zeit war es heilsam, sich bei jeder sich bietenden Gelegenheit mit Lára und dem Rätsel ihres Verschwindens beschäftigen zu können. Unsere Arbeit an dem Buch ging gemächlich voran, ohne jeden Druck von außen, in gestohlenen Momenten zwischen anderen Verpflichtungen, hauptsächlich unternommen aus reinem Vergnügen an unserem gemeinsamen Hobby.

Im Frühjahr 2022 war dann endlich der Abschluss unseres Projekts in Sicht. Obwohl wir bis zur letzten Minute heftig über den einen oder anderen Punkt diskutiert haben, können wir ehrlich sagen, dass das Buch uns enorm viel Freude gemacht hat, und wir hoffen, dass auch unsere Leserinnen und Leser etwas davon spüren werden.

Im Zuge unserer Hintergrundrecherchen haben wir über alten Zeitungen gebrütet und viel über die Persönlichkeiten und Themen der Zeit gelesen. Aber während einige namentlich genannte Personen, die damals in aller Munde waren, kleine Gastauftritte in der Geschichte haben, sind sämtliche Hauptpersonen unsere eigene Erfindung. Natürlich hat es uns auch großen Spaß gemacht, in Erinnerungen an alle möglichen Aspekte des Lebens und der Kultur Mitte der Achtziger zu schwelgen, von der Musik bis hin zum Essen.

Das Schreiben über die Vergangenheit hat notwendigerweise seine Tücken, und allen unseren Bemühungen zum Trotz kann es durchaus sein, dass sich der eine oder andere sachliche Fehler in die Darstellung der damaligen isländischen Gesellschaft eingeschlichen hat. Wir haben uns auch die Freiheit genommen, ein paar kleine Details im Interesse des Plots zu modifizieren.

Es wird Sie vielleicht amüsieren zu erfahren, dass Sunnas Unterhaltung mit Elías Mar über seine Übersetzung eines Agatha-Christie-Krimis – und die missbilligende Reaktion eines bedeutenden Komponisten auf Elías Mars frühere Christie-Übersetzung – auf einem Gespräch beruhen, das Ragnar tatsächlich mit dem Schriftsteller geführt hat.

Viele Menschen haben daran mitgewirkt, dieses Buchprojekt Wirklichkeit werden zu lassen, darunter die fantastischen

Teams bei Penguin Michael Joseph in Großbritannien und Bjartur & Veröld in Island, unsere wunderbare Übersetzerin Victoria Cribb und nicht zuletzt unsere Familien, die viele hilfreiche Ratschläge beigesteuert und den Text für uns durchgelesen haben. Wir sind auch den Freundinnen und Freunden zu großem Dank verpflichtet, die das Buch im Manuskript gelesen haben: Björn Gíslason, Halldóra Björt Ewen, Hulda María Stefánsdóttir und Víkingur Heiðaar Ólafsson. Für sämtliche Fehler sind ausschließlich wir als Autorenduo verantwortlich, doch wir bitten unsere Leserinnen und Leser, nicht zu vergessen, dass die Geschichte von Anfang bis Ende frei erfunden ist. Und zu guter Letzt hoffen wir sehr, dass unsere Leserinnen und Leser Spaß an der Geschichte und an der Zeitreise zurück ins Reykjavík des Jahres 1986 hatten.

REYKJAVÍK, IM SOMMER 2022
KATRÍN JAKOBSDÓTTIR
RAGNAR JÓNASSON

Anhang

Zur Aussprache der isländischen Namen

Allgemeines

Die Betonung liegt immer auf der ersten Silbe. Der Akzent (´) hat nichts mit der Betonung zu tun, sondern verändert die Aussprache des jeweiligen Vokals. Der Laut »r« wird mit der Zunge gerollt. Der Laut »s« ist immer stimmlos.

Buchstaben, die es im deutschen Alphabet nicht gibt

æ – gesprochen »ai« wie in »Kaiser«.
ð – entspricht dem englischen stimmhaften »th« wie in »that«; wird in deutschen Texten manchmal mit »d« wiedergegeben.
Þ – entspricht dem englischen stimmlosen »th« wie in »thing«; wird in deutschen Texten manchmal mit »th« wiedergegeben.

Personen- und Ortsnamen

(Die Aussprachehilfen in Anführungszeichen stellen nur ungefähre Annäherungen dar.)

Arnfríður Leifsdóttir – »Artnfrithur (stimmhaftes th) Läifsdouchtir«
Guðrún – »Gwühthruhn« (stimmhaftes th)
Guðjónsdóttir – »Gwühthjounsdouchtir« (stimmhaftes th)
Jökull – »Jöküttl«

Lára – »Laura«
Laufey – »Löiwey«
Margrét – »Margrjet«
Marteinn – »Marteytn«
Óttar – »Ouchtar«
Páll – »Pautl«
Sunna – »Sün-na« (stimmloses s, langes n)
Þórdís – »Thourdies« (stimmloses th)
Valur – »Valür«
Höfði – »Höwthe« (stimmhaftes th)

Viðey – »Wiethey« (stimmhaftes th)
Hallgrímskirkja – »Hatlgrimskirkja«
Hverfisgata – »Kwärwissgata«
Tjarnargata – »Tjartnargata«

Die isländische Originalausgabe erschien 2022 unter dem Titel *Reykjavík* im Verlag Veröld, Reykjavík.

MIX
Papier | Fördert gute Waldnutzung
FSC® C014496

Penguin Random House Verlagsgruppe FSC® N001967

1. Auflage

Umschlaggestaltung: semper smile, München, nach einem Entwurf von Ragnar Helgi Ólafsson unter Verwendung von Motiven © Trevillion Images / Silas Manhood
Satz: GGP Media GmbH, Pößneck
Druck und Einband: GGP Media GmbH, Pößneck
Printed in Germany
ISBN 978-3-422-76259-0

www.btb-verlag.de
www.facebook.com/penguinbuecher